U0646800

启真馆 出品

海外中国思想史研究前沿译丛

北辙

薛瑄与河东学派

[新加坡] 许齐雄 著　叶诗诗 译

A Northern Alternative

Xue Xuan (1389-1464) and the Hedong School

献给吾生最重要的四名女性

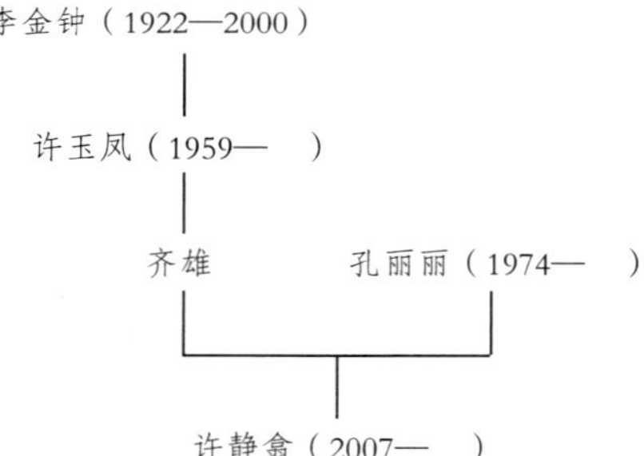

总　序

“思想”与“历史”之间的“中国思想史”

彭国翔

2012年夏天，我应邀在位于德国哥廷根的Max Planck Institute for the Study of Religious and Ethnic Diversity从事研究工作时，有一天突然收到浙江大学出版社北京启真馆公司负责人王志毅先生的邮件，表示希望由我出面组织一套“海外中国思想史研究前沿译丛”。如今，这套书就要正式出版了，出版社要我写个总序。在此，就让我谈谈对于“思想史”和“中国思想史”的一些看法，希望可以为思考如何在一个国际学术界的整体中研究“中国思想史”这一问题，提供一些可供进一步思考的助缘。

“思想史”（intellectual history）、“哲学史”（history of philosophy）、“观念史”（history of ideas）等等都是现代西方学术分类下的不同专业领域，既然我们现代的学术分类已经基本接受了西方的学术分类体系，那么，讨论“思想史”的相关问题，首先就要明确在西方专业学术分类中“思想史”的所指。虽然我们在中文世界中对“思想史”这一观念的理解可以赋予中国语境中的特殊内涵，但毕竟不能与西方学术分类中“思想史”的意义毫无关涉。比如说，“中国哲学”中的“哲学”虽然并不对应西方近代以来居于主流的理性主义传统尤其分析哲学所理解的“philosophy”，但却也并非与西方哲学的任何传统毫无可比性与类似之处，像皮埃尔·阿多（Pierre Hadot）和玛莎·努斯鲍姆（Martha C. Nussbaum）所理解的作为一种“生活方式”（way of life）、“精神践履”（spiritual exercise）以及“欲望治疗”（therapy of desire）的“philosophy”，尤其是“古希腊罗马哲学”，就和“中国哲学”包括儒、释、道三家的基本精神方向颇为一致。再比如，儒学作为一种“宗教”固然不是那种基于亚伯拉罕传统（Abrahamic tradition）或者说西亚一神教（monotheism）模式的“宗教”，但各种不同宗教传统，包括西亚的基督教、犹太教和伊斯兰教，南亚的印度教、佛教以及东亚的儒教和道教，尽管组织形式不同，又都对同样一些人类的基本问题，比如生死、鬼神、修炼等，提供了自己的回答。事实上，不独历史这一学门及其进一步的各种分支，对于“哲学”、“宗教”、“伦理”等学科，这一点同样适用。

那么，在西方的学术分类体系中，“思想史”是怎样一个研究领域呢？“思想史”诚然一度是“一个人文研究中特别模糊不清的领域”，但是，就目前来说，“思想史”所要研究的对象相对还是比较清楚的。换言之，对于“思想史”所要处理的特定课题，目前虽不能说众口一词，却也并非毫无共识。正如史华慈（Benjamin I. Schwartz）所言，“思想史”所要处理的课题，是人们对于其处境（situation）的自觉回应（conscious responses）。这里，处境是指一个人身处其中的社会文化脉络（social and cultural context）。这当然是历史决定的，或者说根本就是一种历史境遇（historical situation）。而人们的“自觉回应”，就是指人们的“思想”。再进一步来说，“思想史”既不是单纯研究人们所在的外部历史境遇，也不是仅仅着眼于人们的思想本身，而是在兼顾历史境遇和主体自觉的同时，更多地着眼于两者之间的互动关系，即“思想”与“历史”的互动。并且，这里的“人们”，也不是泛指群体的大众意识，而往往是那些具备高度自觉和深度思考的思想家们。

其他一些专业领域，比如“社会史”、“文化史”，与“思想史”既有紧密的联系，也有相对比较明确的区分。比如，按照目前基本一致的理解，较之“思想史”通常指重要的思想家们对于社会历史的各自反思，“文化史”往往关注较为一般和普遍的社会历史现象，以及作为群体的社会大众而非社会精英在一个长程的社会变动中扮演的角色。从作为“文化史”这一学科奠基人的雅各布·布克哈特关于意大利文艺复兴的研究，以及彼得·伯克（Peter Burke）和菲利普·普瓦里耶（Philippe Poirrier）等人对于“文化史”的直接界定，即可了解“文化史”这一领域的特点。因此，“文化史”不但常常整合“人类学”的方法和成果，就连晚近于尔根·哈贝马斯关于“公共领域”（public sphere）论述和克利福德·格尔茨（Clifford Geertz）关于“深度描述”（thick description）的观念，由于同样注重人类社会的整体与共同经验，也成为支持“文化史”的理论援军。至于“社会史”，则可以说是史学与社会科学更进一步的结合，甚至不再被视为人文学科（humanities）的一种，而是一种从社会发展的角度去看待历史现象的社会科学（social science）。像经济史、法律史以及对于公民社会其他方面的研究，都可以包括在“社会史”这一范畴之下。最能代表“社会史”研究取径的似乎是法国年鉴学派（French annales school）了，不过，在史学史的发展中，社会史可以被视为发生在史学家之中的一个范围更广的运动。无论如何，和“文化史”类似，“社会史”最大的特点也许在于其关注的对象不是精英的思想家，而是社会大众。正是在这个意义上，“社会史”通常也被称为“来自下层的历史”（history from below）或者“草根的历史”（grass-roots history）。

其实，在我看来，至少在中文世界的学术研究领域，“思想史”是介于“哲学史”、“观念史”与“文化史”、“社会史”之间的一种学术形态。以往我们的“中国哲学史”研究，基本上是相当于“观念史”的形态。“观念史”的取径重在探究文本中观念之间的逻辑关联，比如一个观念自身在思想内涵上的演变以及这一观念与其他观念之间的逻辑关系等等。站在“哲学史”或“观念史”之外，从“思想史”的立场出发，当然可以说这种取径不免忽视了观念与其所在的社会环境之间的互动；从“文化史”、“社会史”的立场出发，当然可以说这种取径甚至无视其所探讨的观念之外的文化活动的丰富多彩，无视观念所在的社会的复杂与多变。但是，话又说回来，“哲学史”或“观念史”的基本着眼点或者说重点如果转向观念与其环境之间的互动，转向关注文化的多样与社会的复杂多变，那么，“哲学史”和“观念史”也就失去了自身的“身份”（identity）而不再成为“哲学史”和“观念史”了。

事实上，学术的分门别类、多途并进发展到今天，之所以仍然为“哲学史”或“观念史”、“思想史”、“文化史”以及“社会史”保留了各自的地盘，并未在“物竞天择，适者生存”的法则下造成相互淘汰的局面，就说明这些不同的取径其实各有其存在的价值，彼此之间虽然不是泾渭分明，没有交集，但却确实各有其相对独立的疆域。站在任何一个角度试图取消另一种研究范式（paradigm）的存在，比如说，站在“中国思想史”的角度批评“中国哲学史”存在的合理性，实在恰恰是“思想”不够清楚的结果。“思想史”、“哲学史”、“文化史”、“社会史”等等，其实是研究不同对象所不得不采取的不同方法，彼此之间本来谈不上孰高孰低、孰优孰劣。恰如解决不同问题的不同工具，各有所用，不能相互替代，更不能抽象、一般地说哪一个更好。打个比方，需要用扳手的时候当然螺丝刀没有用武之地，但若由此便质疑后者存在的合理与必要，岂不可笑？因为很简单，扳手并不能“放之四海而皆准”，需要用螺丝刀派用场的时候，扳手一样变得似乎不相干了。这个道理其实很简单，我经常讲，各个学科，包括“思想史”、“哲学史”、“文化史”和“社会史”等等，分别来看都是一个个的手电筒，打开照物的时候，所“见”和所“蔽”不免一根而发。对此，设想一下手电筒光束的光亮在照明一部分空间的同时，也使得该空间之外的广大部分益发黑暗。通过这个比喻，进一步来看，对于这些不同学科之间的关系，我们也应当有比较合理的理解。显然，为了照亮更大范围的空间，我们不能用一个手电筒替换另一个手电筒。无论再大的手电筒，毕竟只有一束光柱。而我们如果能将不同的手电筒汇聚起来，“阴影”和“黑暗”的部分就会大大减少。医院的无影灯，正是这一原理的运用。事实上，不同的学科不过是观察事物的不同视角而已。而我这里这个无影灯比喻的意思很清楚，“思想史”、“哲学史”、“社会史”等等，甚至人文学科和社会科学之间、文理科之间，各个不同学科应当是“相济”而不是“相非”的关系。否则的话，狭隘地仅仅从自己学术训练的背景出发，以己之所能傲人所不能，正应了《庄子》中所谓“以为天下之美尽在己”的话。另一方面，却也恰恰是以己之所仅能而掩饰己之所诸多不能的缺乏自信的反映。

一个学者有时可以一身兼通两种甚至多种不同的学术取径。比如说，可以兼治哲学与史学，同时在两个不同的领域都有很好的建树。不过，哲学与史学的建树集于一身，却并不意味着哲学和史学的彼此分界便会因此而不存在。打个比方，一个人可以“十八般武艺，样样皆通”，但是很显然，这个人只有在练习每一种武艺时严格遵守该武艺的练习方法，才能最后做到“样样皆通”，假如这个人以刀法去练剑法，以枪法去练棍法，最后不仅不能样样皆通，反倒会一样都不通，充其量不过每样浅尝辄止而已。这里的关键在于，一个人十八般武艺样样皆通，决不意味着十八般武艺各自的“练法”因为被一个人所掌握而“泯然无际”，尽管这个人在融会贯通之后很可能对每一种武艺的练法有所发展或创造出第十九种、二十种武艺。落实到具体的学科来说，在没有经过“哲学史”、“观念史”、“思想史”、“社会史”、“文化史”其中任何一种学术方法的严格训练之前，就大谈什么打破学科界限，无异痴人说梦，在学术上不可能取得大的成就，这是不言而喻的。很多年前就有一个讲法叫“科际整合”，即加强不同学科之间的互动与互渗，这当然是很有意义而值得提倡的。但“科际整合”的前提恰恰是学科之间的多元分化，只有在某一学科里面真正深造有得之后，才有本钱去与别的学科进行整合。

本来，“思想史”并不是一个很容易从事的领域，好的思想史研究是既有“思想”也有“史”。而坏的思想史则是既无“思想”也无“史”。比如说，对于一个具体的思想史研究成果，如果治哲学的学者认为其中很有“思想”，而治历史的学者认为其中很有“史”，那么，这一成果就是一个好的思想史研究。反之，假如哲学学者看了觉得其中思想贫乏，观念不清，而历史学者看了觉得其中史料薄弱，立论无据，那么，很显然这就是一个并不成功的思想史研究。因此，“思想史”这一领域应该成为“哲学”和“历史”这两门学术甚至更多学科交集的风云际会之所，而不是沦为那些缺乏专长而又总想“不平则鸣”的“自以为无所不知者”（其实是“学术无家可归者”）假以托庇其下的收容站。

徐复观曾经说“对于中国文化的研究，主要应当归结到思想史的研究”。对于这句话，在明了各种不同研究取径及其彼此关系的基础上，我是很同意的。因为较之“哲学史”，“思想史”在“思想”、“观念”之外，同时可以容纳一个“历史”的向度，换言之，“中国思想史”可以做到既能有“思想”也能有“史”。而这一点，刚好符合传统中国思想各家各派的一个共同特点，即一般都不抽象地脱离其发生发展的历史脉络而立言。因此，我很希望越来越多的学者加入到“中国思想史”的团队之中，只要充分意识到我们前面讨论的问题，不把“思想史”视为一个可以无视专业学术训练的托词，而是一个和“哲学史”、“观念史”、“文化史”、“社会史”等既有联系甚至“重叠共识”，同时又是具有自身明确研究对象和领域而“自成一格”的学科视角，那么，广泛吸收各种不同学科训练的长处，宗教的、伦理的、哲学的，都可以成为丰富“思想史”研究的助力和资源。

西方尤其美国关于中国思想史的研究，以狄百瑞（William T. de Bary）、史华慈、列文森（Joseph R. Levenson）等人为代表，在 20 世纪 70 年代一度达到巅峰，但随后风光不再，继之而起的便是前文提到的“文化史”、“社会史”以及“地方史”这一类的取径。这一趋势与动向，中文世界不少学者“闻风而起”。无论是可以直接阅读西文的，还是必须依靠翻译或者借助那些可以直接阅读西文文献的学者的著作的，都在不同程度上受到这一风气的影响。但是，如果我前文所述不错，各种取径不过是“横看成岭侧成峰，远近高低各不同”的不同视角，彼此之间非但毫无高下之别，反而正需相互配合，才能尽可能呈现历史世界与意义世界的整全，那么，“思想史”的研究就永远只会被补充，不会被替代。如果不顾研究对象的性质，一味赶潮流、趋时势，则终不免“邯郸学步”，难以做出真正富有原创性的研究成果。事实上，西方从“思想史”的角度研究中国，迄今也不断有新的成果出现。而且，如前所述，“思想史”和“哲学史”、“观念史”、“文化史”、“社会史”之间，也是既互有交涉，又不失其相对的独立性，越来越呈现出五光十色的局面。因此，真正了解西方中国研究（Chinese studies）的来龙去脉及其整体图像，尤其是西方学术思想传统自身的发展变化对于西方中国研究所起的制约甚至支配作用，而不是一知半解的“从人脚跟转”，对于中文世界人文学术研究如何一方面避免“坐井观天”和“夜郎自大”，另一方面在充分国际化（“无门户”）的同时又不失中国人文研究的“主体性”（“有宗主”），就是极为有益的。

中国思想史是我多年来的研究领域之一，而我在研究中所遵从的方法论原则，正是上述的这种自觉和思考。也正是出于这一自觉和思考，我当初才感到义不容辞，接受了启真馆的邀请。我的想法很简单，就是希望这套丛书的出版，能够为推动国内学界对于“中国思想史”的研究提供些许的助力或至少是刺激。这套丛书首批的几本著作，作者大都是目前活跃在西方学界的青壮年辈中的一时之选。从这些著作之中，我们大致可以了解西方中国思想史研究的一些最新动态。当然，这里所谓的“思想史”，已经是取其最为广泛的涵义，而与“文化史”、“社会史”等不再泾渭分明了。这一点，本身就是西方“中国思想史”研究最新动态的一个反映。至于其间的种种得失利弊，以及在中文世界的相关研究中如何合理借鉴，就有赖于读者的慧眼了。

是为序。

2015 年 8 月 18 日

于武林紫金港

致 谢

我的学术研究得益于我在哥伦比亚大学亦师亦友的教授韩明士（Robert Hymes）。在其每周的课上，我所学的不仅仅是"仕人与士绅"的知识。其敏锐的历史直觉，或直接或在潜移默化中，对我和其他同学的影响最为深刻。我也从无论是学识或体格都堪称是鸿硕高大的先生包弼德（Peter Bol）那里受益良多。由于身高的差距，我们对话时，他都每每在"渺视"我。而我一直受到他的启发和鼓励。王昌伟曾指出我的书稿中有太多包弼德的影子。我回复他，谓自己修读韩明士的课上所作的首篇作业就是回应包弼德的有关金华理学家章懋之研究。至少目前在中国思想史和社会史领域里，似乎不可能绕开韩明士和包弼德的研究。我也要特别感谢施珊珊（Sarah Schneewind）。她审阅了拙著从早期作为论文到最终作为完整书稿的数个版本。我由衷地欣赏她的见解，亦因她每次的审阅评语和意见中所流露的机敏而获益不浅。最后，我的本科和硕士论文导师李焯然也一直非常支持我。若非他的教导，我可能不会走上学术研究的道路。

我也非常庆幸，在众多友人中，可以得到王昌伟的指点。在过去的几年里，我经常向昌伟讨教。而在拙著的研究和书写期间，他的回复和建议，实是宝贵。其他我想感谢的朋友和同事包括在我准备此书稿的最后阶段时，雪中送炭的 Douglas Skonicki，以及张艺曦、陈雯怡、戴彼得（Peter Ditmanson）、李卓颖、魏月萍、沈俊平和 Nick Tackett。他们各自都与我分享过极具洞见的想法。再者，Alexander

Akin 和 Bruce Tindall 在拙著修改的过程中给予了我珍贵的帮助。

我也感谢“中央研究院”的巫怨仁教授、山西省社会科学院的张正明教授和李元庆教授、北京社会科学院的陈祖武教授和袁立泽先生，在我到访他们所在的城市和图书馆进行研究考察时所给予的帮助。我亦犹记得哥伦比亚大学史塔东亚图书馆的管理员们之热情和帮助。我在新加坡国立大学也继续享有中文图书馆管理员们的专业服务。我也想感谢洪赐圆助我准备书稿，以及叶洲瑞允许我以他所摄的照片作封面。

哈佛大学亚洲研究中心的两名匿名审稿和一名编辑委员所提出的意见即具有挑战性又发人深省，而我很感激那些意见所带来的学习经验。此外，John Ziemer、William Hammell，尤其是 Kristen Wanner 等编辑的专业意见和帮助，让拙著付梓的过程即顺利又愉快。

学术机构的支持也同样重要。我感谢新加坡国立大学中文系相对减轻了我的教学职务，这让我在学术生涯初期可以潜心致力于学术研究。国大文学院的教员研究支持计划资助了我的部分研究。本书第五章的部分内容最早刊登于 *Harvard Journal of Asiatic Studies* (2007) 67.2。

目录

绪　论 1

第一章　“七十六年无一事”：薛瑄与明代思想史中的北方学派 13
第二章　“以‘性’之一字贯之”：薛瑄对一个理气合一的世界之探索 25
第三章　“恤其本”：薛氏的宗族实践与其有关族谱、宗族组织的理念 48
第四章　“讲道河汾”：河东式网络 78
第五章　“我朝真儒”：薛瑄从祀孔庙始末 115

结　语 154
后　记 159

附录一　有关《薛氏族谱》的统计 170
附录二　有关薛瑄弟子及支持者的统计 180
注　释 191
参考书目 242
索　引 280

绪　论

1571 年 9 月 27 日这天，明代（1368—1644）当朝皇帝诏曰：“薛 1
瑄（1389—1464）公论既定，准从祀。钦此。”[1] 终明一朝，获得从祀孔庙殊荣的明代理学家仅有四位——薛瑄、王阳明（1472—1529）、胡居仁（1434—1484）及陈献章（1428—1500）。朝廷每年于全国孔庙中举行两次正式的祭祀活动。而如薛氏那样，被朝廷认为值得祭祀的后儒，则可与孔子齐受官员和有科第功名者的礼拜。这些儒者在世世代代士人的记忆中不朽，同时亦成为人们的楷模。从祀孔庙的精英是官方认可之正统中非常真实的具体表现。[2]

在四位膺受从祀之荣的明代理学家中，薛瑄不仅是第一位获准从祀的明儒，也是唯一的北方人。[3] 薛瑄，字德温，号敬轩，是河东学派（一场人们后来谓作学派的思想运动）的鼻祖。明朝初期，河东学派在今山西、陕西和河南省的部分地区影响不小。[4] 虽然薛氏与其河东学派对程颢（1032—1085）、程颐（1033—1107）和朱熹（1130—1200）的学说有所修正和发展，但是终究信奉程朱的学说。程朱理学自元朝
（1271—1368）成为朝廷认可的学术正统以后，明和清（1644—1911）两 2
朝的士人就视薛氏为程朱理学传统的明代代表，将之与反程朱理学的王阳明并列为两位当时最受景仰的大儒。[5] 15 世纪末 16 世纪初期间，当吕柟（1479—1542）成为中国北方最为重要的学术人物后，就加剧了这两个学术传统之间的分庭抗礼。吕氏是当时最受崇敬的理学家之一，也是新兴王阳明学派的主要竞争者。[6]

本书针对薛瑄与河东理学学派的讨论，采用了结合哲学、传记

学、社会史、思想史及制度史的综合方法。本书试图关注北方不同的理学发展模式，以求为至今明显着重讨论南方的理学史提供新见解。同样，本书对明初至明中叶几代的北方理学家与同期南方理学家之间的差异之比较，将挑战我们以往对理学思想的认识以及有关理学家网络的组织模式和宗族组织机构的既定看法。这群理学家和他们的支持者以薛氏作为其主要的代表，表现出在理学传统中有异于南方的立场。而当代学界却尚未考察这些人对于理学独特的构想。

理学研究方法论

把理学当作一种哲学思想来研究，无疑是学者最普遍的研究角度之一。许多学者选择着重讨论一个主题，并追溯其历史发展，譬如狄百瑞的学术研究。他的著作一般先讨论某个哲学主题或将某个哲学主题定位于其发端阶段，继而考察该主题于后世的发展。[7] 狄百瑞是所谓的哥伦比亚学派的领导者。所谓的哥伦比亚学派是一个从 20 世纪 60 年代至 20 世纪最后 10 年间，在美国具有巨大影响力的现代学者网络。这群学者主要的研究方法是细读文本，并尝试在那过程中与作者产生“对话”。[8] 反对者批评狄百瑞的学术性质是非历史性的；有些人则将哥伦比亚学派
3 中其他成员的著述标签为洛夫乔伊式的“观念史”或结构主义的作品。[9] 批评者认为狄百瑞仅关注理学家哲学学说而比较忽视历史背景的做法，无法与某些史学家产生共鸣。虽然这不一定公允。

另一种研究理学家的思想的方法，是集中研究某个特定人物的思想。[10] 例如威拉德·彼得森（Willard Peterson）有关 17 世纪学术变迁的重要研究。他深入地考察方以智（1611—1671）不断变化的思想。[11] 尽管彼得森承认当中国治学模式从 17 世纪 30 年代变化时，社会观念和政治环境有助于塑造“新”治学模式特定的特征，但他的研究还是本诸对方以智思想的详细研究。[12] 较近期采用同样研究方法的一个例子是伍安祖有关清初理学家暨官僚李光地（1642—1718）的研究。[13] 尽管他没有完全忽视李光地在政治和社会上的身份，伍氏强调

自己的研究始终属于观念史的范畴。对伍氏而言，一位思想家受到的最主要影响是之前或同时的著述，而非其个人在地方上的经验。[14]

尽管彼得森和伍氏的研究都基于不同的预设，也在不同程度上考虑了那些思想家身处的环境，但是两者都强调仔细分析其哲学学说的重要性。另一方面，安妮·波德斯蒂尔（Anne Birdwhistell）的李颙（1627—1705）研究则源于截然不同的一组问题。她亦是针对明清之际的理学家的哲学思想进行研究，但与注重历史脉络和思想家哲学发展的思想史学家在方法上大相径庭。波德斯蒂尔的著作是严格意义上的认识论式的哲学分析。[15] 迄今，学者从这个角度如此深入研究的唯一明清北方人物是李颙。尽管波德斯蒂尔通过分析李颙有关教育议题的想法，来重构其哲学体系，但她既未处理关键社会因素，也未识得北方学术的重要性。[16]

余英时关于朱熹的最新研究处于与上述诸研究相反的另一型态。他的著作提供我们其所谓的理学研究新方法。[17] 余氏指其研究方法结合了政治史和文化史。他还主张文化史必须与其所考察的时代中的思想互动。因此，他没有将政治史和文化史分开独立考察，而是结合思想家的 4
实际生活经验来观察之。对他而言，这些实际的生活经验本质上是具政治性的。余氏认为此即文化史和思想史的基本差异。[18] 余氏指责那些有思想史或哲学史范式取向的学者，尤其是那些与所谓的哥伦比亚学派及新儒家有关系的学者，在"'大叙事'典范下"进行研究，"处理道学的兴起与形成也往往采取超时空的方式，不涉及具体的历史情境"。[19] 对余氏而言，"大叙事"的研究方法，因过于脱离历史语境而无意义。另一方面，他认为其方法则揭示了推动思想的形成的复杂历史动力。

余氏在其著作中对社会史学家的批评也不留余地。他认为现代社会史的基本取向是"纯从现实的角度观察，宋代的'士'好像只知道怎么为利益——个人的、家族的以至'士'整体的——精打细算"[20]。余氏坚持"以天下为己任"是进入宋朝士大夫内心世界的关键。[21] 因此，他总结"两宋士大夫的政治文化虽略有变异，但王安石（1021—1086）时代重建秩序的精神在南宋已由理学家集体承担了下来"[22]。尽管余氏非常注重具体政治事件和议题，但他对理学家的政治文化的重构，是通过研究理学家针对政治的想法和说法来实现的。

我认为上述的方法各有长短。理学的研究既应该超越哲学议题发展的分析，也不能只揭示个人思想或特别领域（如政治思想）的思想而已。平心而论，社会史学家告诉了我们有关中国历史的什么事？更为重要的是，我们如何把社会史学家的研究和理学研究联系起来？如今研究唐代以后的中国社会史的学者，很难忽略理学家当时在地方上日益活跃的角色。学界现在普遍接受南宋理学家倡导和建立的公益和
5 地方建制，即乡约、社仓和书院，是北宋官立的“保甲”相互监督制度、“青苗”农贷法和较为一体的官学系统的替代建制。这些全国性计划的产物，是王安石所发起的新法的一环。[23] 而与王氏同是抚州人的南宋理学家陆九渊（1139—1193）则是非常不同的精英分子。根据韩明士突破性的个案研究，北宋变法宰相王氏的关怀是全国性的；而南宋理学家陆氏则关心地方事务，经营一种地方性的策略。[24] 社会史学家的研究不局限于理学，其所关心的是南宋以降的社会变迁如何影响理学家的自我组织，以及理学家如何理解自己和国家所扮演的角色。这个对理学家的活动之社会面向的关注，虽然揭示了理学更为复杂的面貌，但却还不够完整。

纵有社会史学家的贡献，有个问题依旧没有解决：理学家是否拥有社会计划以外的关注？根据包弼德的研究，理学也针对政治，尤其皇帝和士人精英要负起的角色，提出新的理解方式。[25] 若要理解这个新的政治理论，我们就必须研究理学学说，尤其是与其相关的宇宙论和道德哲学。如包弼德的近著中所显示，只有当我们结合了对理学家哲学与社会活动的分析后，才可能完成周详的理学研究。简言之，只有将理学家的哲学体系、其社会计划和政治想象联系起来，才可能呈现理学较为完整的面貌。

制度史可以为我们提供另一个有助于理解理学的面向。例如，南宋的重要发展之一关乎科举考试的变化。魏希德（Hilde De Weerdt）
6 从制度史的角度展现了永嘉学派和道学（即理学家）的学官如何通过限定科举考试的内容和标准，把科举制度塑造成他们想要的样子。她也揭示了科举制度如何提高那些学官的学术声望。魏希德进一步主张

作为一种制度的科举考试，其发展是两宋精英的策略重点从全国性激进行动转向对地方精英利益的更高敏感性的催化剂。[26]不同时代和不同地区的理学家对科举考试有不同的反应。尽管魏希德的研究仅限于南宋，但是其著作提醒我们注意两者之间的磨合。

包弼德的研究也表明理学家主要是在南宋时期，也即北方领土被入侵的女真人占领之后，在南方倡导其社会计划。包弼德提示我们南方发展出来的制度最适于南方的经济条件，即有大量的商业财富和富户。根据包弼德的说法，“在南方，理学主要是在地方士人群体中普及开来，它获得地方士人非官方的资助，偶尔也获得地方官的支持”[27]。包弼德进一步提出这个理学史上重要的特色是士人取向的不同所造成的，因为南方的理学家有两种选择：他们既可以追求全国性的事业，也可以依靠地方资源；可是，北方士人只能转向国家。[28]

虽然理学是北宋时期于中国北方兴起的，但却是在南宋朱熹的领导下，以一种新式的儒学思想暨一种具有影响力的社会运动开始广泛流传开来。上述的研究因而都把焦点放在南方。综观这些研究，显示了理学的传播和其支持者对科举考试制度的参与息息相关，并且也揭示了朝廷当时抽离了对教育事务的积极参与。理学中的形上学、教育及政治学说是这个新社会构想和新网络组织模式的基础。由于南方人累积了较多的私人财富，他们各式各样的社会计划是建立在一个较为商业化，并且人口较为密集的环境中。南方数量空前的应举生，加上较为活跃的印刷业，导致人们日益关心地方利益且强调公益意识。尽 7
管理学后来的发展出现周期性的起伏兴衰，学界还是依循这条思路去理解理学后来的发展。[29]然而，与南方理学相反，理学在中国北方却沿着不同的道路发展。再者，对理学的发展进行笼统表面的描述，将遮蔽了其内部的多元性。反之，针对某个理学家群体，尤其是对北方理学家群体进行更集中的研究，将会改善我们对这个主题的理解。

同样，尽管王昌伟关于关中士人的近著让我们更加理解地方史的复杂，但是他的分析专注于长期的时空变化，没有对某个群体进行深入的考察。王氏的研究最重要的贡献也许是提醒我们定义“地方”这个概念的必要。除了从空间方面来诠释以外，“地方”也可以是一种由历史的动因建构其传统、历史和地方身份的过程中所表现出来的意识。王氏利用三组关系（全国 / 地方、“官方” / “非官方”、中央 / 区域），具有说服力地显示关中士人公共自我意识在一千年中的改变。[30] 与王氏的研究相反地，本书比较不关心士人对于某个特定的地方的身份意识。事实上，如本书之后将表明的那样，薛瑄丝毫没有表现出地方意识。

中国北方理学家

金朝（1115—1234）期间，中国北方士人和南宋理学家的学术取向判然不同。[31] 蒙古人征服金朝和南宋，成立元朝以后，最著名的北方理学硕儒是许衡（1209—1281）。许衡最为人所记得的，是其为理学取得元廷的支持一事。[32] 戴彼得指出元代北方理学先锋如许衡和郝经（1223—1275）者，试图将朝廷置于其理学运动的中心。而理学家如此以朝廷为主的努力与南方的运动南辕北辙。[33] 陈雯怡主张元代期
8 间，南方同时存在着地方性传统和王朝式论述；北方却只有王朝式论述。这表明北方有一个以朝廷为中心、趋向中央的文化秩序。陈氏认为，这在很大程度上是唐中叶以来，中国政治和文化中心历经长期分离过程的结果，而“元朝的中国北方是一个士人依旧想象政治中心同是文化中心的地方”[34]。陈氏进一步指出，汉族士人在元代入仕和升迁的途径有限，尤其当时科举制度也不再是入仕的主要途径。这代表了产生新文化秩序的一个重要因素。其结果之一是士人转而以士人群体的成员相互验证彼此的声望这种方式联系起来。[35]

我主张明中叶以前，以理学家自居的北方士人跟当时的南方理学家有着不同的想象——即有着另一种思考和实践理学的方式，以及不同的社会网络建构方法。薛瑄从祀孔庙的始末反映了这个替代模式。薛氏支持者的努力塑造了明代官员与士人品评从祀孔庙人选的新范式及理解明代硕儒在理学史上的位置的新方式。明代的中国比起元代，或许对于南北之别并不陌生，可是，这些差异的形成以及背后的原因绝不相同。那么历史意义，就更是不用说了。例如，科举制度作为入

仕的主要途径之功能到了薛瑄的时代已经完全恢复了。本书对此北方替代模式的分析将考察两种主要的关系：亲属关系和学术关系。

学界承认人类学家莫里斯·弗里德曼（Maurice Freedman）与其追随者有关中国宗族的研究深刻地影响了中国历史的研究。与此同时，历史学家如今对待人类学家获得的结论也更为谨慎小心，因为人类学家主要依靠访问活着的信息提供者来进行研究。再者，中国人类学家的研究焦点几乎都局限于广东和台湾这些南方之地。[36]因此，就其研
究的时间段和地理空间两方面而言，人类学家仅提供我们关于中国宗 9
族组织有限的理解。另外，人类学家强调物质产业，尤其族田，是宗族组织的基础。他们把葬礼和祖先祭祀理解为政治和经济活动的派生。他们假设女人的角色被边缘化，并认为入赘是不理想的。人类学家的这些看法目前都已经受到不同程度的挑战。[37]社会史学家强调南宋和元代中国南方宗族的其中一个共同特点是：这些宗族具地方性和公益性。[38]如同人类学家一般，社会史学家如韩明士和万安玲（Linda Walton）也主要关注南方的案例。

那我们为何要研究北方呢？北方少有拥有可观族产的宗族，而且北方的社会精英不认为宗族是其可用以影响社会，具地方性和公益性的组织。即使祖先是当朝国家级的人物，理学家若缺乏具有强大向心力的宗族组织，也不能仰赖宗族组织支撑其学说的推广。薛瑄与其后人表现出不同于其南方同辈的明显差异。与南方理学家截然相反地，薛瑄不认为宗族组织是地方社会的组件，因而不认为可以通过宗族组织展示地方领导权。宗族的包容性是南方处理社会秩序的手段，但薛氏一族却表现出排他性，他们将其文化声威限制在薛瑄直系的亲人。在这个意义上，薛氏一族之举是较为典型的北方行为。典型北方行为特点可以从韩书瑞（Susan Naquin）的琅琊王氏研究中看到。琅琊王氏的宗族理念强调身份地位的重要性。[39]而对于薛瑄而言，由国家授予的那些身份地位就是对一个宗族组织有意义的身份地位。

除了宗族以外，本书也讨论北方人建立和维持学术关系的不同方法。有关这个议题的分析，我将关注薛瑄有关官学和书院的立场以及他对学派的性质的看法。朱熹及那些追随朱熹的理学家的一个主要

创举是南宋书院的普及。连同乡约和社仓，书院“基本上是一种具地
10 方性和公益性，针对中央在北宋变法中所倡导的主要国家建制的替代”[40]。从南宋开始，书院是理学家师徒集聚的主要平台，而朱熹的角色在这个发展中是必不可少的。在朱熹所设立的方针下，理学家享有进行道德和伦理教育的高度自主性；尽管他们之中许多人仍以科举中式为鹄的，但他们不用过于在意科举考试。这些人在经济上也享有自主性，因为他们依赖的是捐赠的土地和资金，而不是国家定时的资助。至于祭祀方面，他们祭祀自己所选择的前辈理学硕儒，而不是祭祀国家所指定的人物。[41]

书院和官学系统的关系，随着时间的推移而有所变化。在某些时候，朝廷对书院表现出敌意，并极端地下令禁毁书院；而有时候，朝廷则试图把书院融入国家公器中。然而，尽管受到国家时而施加的干预，中国帝国晚期的理学家仍继续建立自己的书院。[42] 因此，在由南宋历元至明代期间，这些书院在延续中国南方重要理学家的事业与经验的过程中起了关键作用。[43] 可是，这类机构在中国北方则没有那么充满活力。而明初河东学派的传统中，也未见有这类机构的存在。

除了学术活动空间的设立以外，师徒建立人际关系时所用的模式，也是学术取向的一个重要指标。学派中是否有正式建立直接的师承关系？学派成员如何想象他们的传统？其成员是否有共同的学派意识？[44] 明初期间，浙东金华学派采用了强调师徒之间有个人直接传承的网络建构模式。换句话说，金华学术宗派的成员不是由亲属关系，而是学术关系联系起来。其成员认定自己是自宋代以来，唯一真正继承朱熹之统的人。他们的这种学派意识，以方孝孺宣扬自己为宋濂
11 （1310—1381）继承人为最好的例证。[45] 然而，在方孝孺拒绝与篡位的成祖皇帝（1403—1424 年在位）合作后，金华学派之统就遭到破坏。[46] 虽然金华之统在明初遭到破坏，但是，这种通过代代师承相传，把理学家和朱熹连接起来的金华式谱系理念却延续了下去，并且成为鉴定朱熹的真正继承者的重要指标。

成祖在位期间，占据朝廷核心位置的是另一群不同的士人。这些士人主要是江西籍。其家族所盛行的是通过继承家学学习儒家经典的

传统。他们至少有两个方面不同于金华的精英：他们没有倡导理学家那样的具公益性和地方性的社会建制；其次，他们没有强调通过师承建立的学术宗派或学术关系。这些江西士人愿意配合新皇帝。新皇帝通过下令编修《性理大全》、《四书大全》、《五经大全》，来宣称自己有为理学定义的权威。[47]虽然朝廷试图定义理学正统，并将其选择施加于所有参与科举考试的士人身上，但是南方的理学家还是继续建立他们的网络，继续讨论正学的性质。终明一朝，兴建书院是一个主要由南方理学家进行的事业。在这些书院中建立师承关系，也是常有的事。这些书院当中甚至有试图在南方建立新学派的尝试。吴与弼（1391—1469）的个案就是一个证明。可是，这个我们所熟悉的叙述，不适用于明代的中国北方。

薛氏与其河东学派在各种重要的方面，都不同于其南方同辈。薛氏不相信“为己之学”的追求需要师承。这与其哲学思想息息相关。本研究的第二章将分析薛氏思想中的两个主要主题，即“道统”和
“复性”。这个分析是为了要理解薛瑄何以否认追求理学真理需要特 12
定的师承。薛瑄的这个立场进而使他认为不需要去建立一个以从某位硕儒那里继承某些知识为基础的学派网络。否认具体师承的重要性是薛氏所提供的北方替代模式的主要特征，也无疑局限了河东学派的发展。薛氏与其南方同辈，甚至是与他所敬重的宋代前辈之间，另一个主要的差异是他不重视书院。尽管兴建书院是南方常见的做法，薛氏却既没有修建任何书院，也没有为书院作文。反之，他的目光朝向国家。薛氏不仅视官学为国家育才之处，也视之为教授理学，尤其是教授其“复性”理论的渠道。这无疑代表薛瑄明确地脱离南宋理学家的传统。而正是这两个特征，标志着河东学派是南方模式的一种替代。

薛瑄与河东学派

学界迄今有三种主要研究薛氏与其河东传统的方法。采取第一种方法的学者对晚明黄宗羲（1610—1695）对于薛氏的负面评价一概接

受。[48] 讽刺的是，黄宗羲对薛瑄的看法，在很大的程度上，是其门户之见的具体表现。这群学者包括钱穆和容肇祖这些中国著名的学者。他们的看法对这个领域有着深刻的影响。因为他们的影响，薛氏以往一直被当成明初可有可无，对中国哲学思想发展没有真正显著贡献的理学家。[49] 我将在第一章中讨论黄宗羲的门户之见及其对于现代学者的影响。至于采取第二种方法的学者，则为了提高薛氏的地位而讹称薛氏是“朴素的唯物主义哲学家”以回应黄氏的批评。一个主宰他们的讨论，重复出现的主题是薛瑄倡导理气合一，与朱熹的理气二
13 元论相悖。他们硬说薛瑄对明代理学的贡献在于统一理气，即罗钦顺（1465—1547）和王廷相 (1474—1544) 气学的前奏。然而，他们也注意到薛氏在这个问题上的立场不一致。有鉴于薛瑄的“气”论，这些学者会标签他为“朴素的唯物主义哲学家”，不足为奇。这是中国研究人员给予前马克思时期的人物最正面的评价之一了。[50] 第三种方法则是极端地把薛瑄和隋（581—618）唐（618—907）儒者王通（584—617）、柳宗元（773—819）联系起来，虚构“河汾道统”。[51] 实际上，他们的学术思想没有大致相似之处。第一种方法对整个领域影响深刻，甚至有着“教科书般”的地位。而第二种方法主要是山西一带的学者在奉行。第三种方法则最为新颖，但目前尚属次要，未成气候。

这些学者当中的许多人对薛瑄的普遍批评关乎其哲学思想的不一致，尤其是其所认为理和气的关系。可是，我认为这样的解读误解了薛氏的思想。这是因为学者们忽略了薛氏哲学观点的整体发展。薛氏的主要哲学著述是《读书录》。《读书录》是由两个不同的部分组成。而这两个部分由薛氏在两个不同人生阶段中编成。[52] 学者们在分析薛氏的哲学思想时，未经辨别便援引《读书录》中的两个部分。因此，误将薛氏的学术发展痕迹，看作是其哲学思想的矛盾。本书将针对薛氏随着时间推移对理学主要议题的不同立场进行详细的讨论，以求更为全面地呈现薛氏对理气合一的探索。只有把《读书录》一分为二，将《读书录》中的两个部分仔细分开考察，才可能完成本书第二章的分析。对薛氏哲学较为准确的认识，有助于吾人理解薛氏的理论与他对国家公器和社会组织的态度之间的关系。

~ 14

这三种主要方法的存在导致许多学者忽略了河东学派的深刻影响，并且误将薛氏的思想诠释为缺乏新意。此外也致使有些学者关注他们所认为的薛瑄哲学思想前后之矛盾。本书的第一章将描述薛氏如何被黄宗羲边缘化，同时也更完整地叙述薛氏的生平。第一章的讨论是我用以分析《读书录》、《读书续录》以及薛氏治学之历史的基础。

针对哲学思想学说进行微观分析，依旧是研究理学的重要一环。本书第二章正是为此而设。第二章试图深入研究薛氏哲学思想，以求修正学界视其哲学思想存有矛盾这一常见的谬误。该章的讨论亦揭示薛瑄强调国家权威与国家公器的哲学基础。这样的哲学基础，使得他与同时期南方理学家对宗族和学术网络的想法，有着显著的差异。宗族和学术网络分别是第三章和第四章主要的主题。连同第二章，这些章节表明了欲使任何理学研究显得合理，就要兼顾哲学和社会史两方面，甚至还必须将两者有意义地联系起来。独立考察薛氏关于理学核心主题的哲学讨论，可能会得到薛瑄的思想与方孝孺和吴与弼的思想很类似（因为他们三人都属于程朱学派）的这个结论，但将忽略他们在实践理学方面的重要差异。

在理学史上，薛瑄应该要受到承认。这既不是因为他是首位获准从祀孔庙——这个漫长的过程我将在第五章论述——的明代硕儒，也不是因为明清士人视其河东学派为明代程朱传统的代表，更不是因为河东学派在一个覆盖三个省份的地区中，最有影响力。最重要的原因是因为薛瑄与其河东学派主张一种不同的实践理学和思考理学之方
式。这个中国北方的替代模式有异于吾人所熟悉的常见的理学叙述， 15
那种偏重南方的叙述。

在这个绪论中，我要论述的最后一点关乎本书书名。本书中的南方模式与其北方替代模式的对比，提供了一个有关中国社会和学术史较为完整的画面。可是，我必须强调，把北方的模式叫作“替代模式”，并不是有意以之证实南方模式为过去中国的规范。由于现代学界过于集中研究南方，导致学界呈现南方代表中国整体的景象。称这个北方模式是一种替代模式，主要还是就现在学界的研究而言。

第一章 16

“七十六年无一事”：薛瑄与明代思想史中的北方学派

在抽象地探讨薛瑄的思想理念以前，我们必须把薛瑄与河东学派定位在更大的理学框架里。纵使他们在理学史上有着重要的地位，并对 15 到 16 世纪初的中国北方影响深远，具门户之见却又具有影响力的《明儒学案》还是厚此薄彼，贬低薛瑄与河东学派，边缘化他们在明代思想史中的地位。如斯的偏私也进而影响今日学者的视野，使我们忽略河东圈子在明初中国北方的影响。本章将更详尽地叙述薛氏的传记，以阐明薛氏逐渐臻于成熟的思想发展轨迹，以及置其主要的著述，即该发展的成果，于适宜的背景中考察。

元代与明初理学背景

元代已经不再被视为是中国文明的中断，或是中国生活和文化的黑暗期。反之，许多后来在明清两代被定义为是中国的生活方式的发
展，不是源自元代，就是在元代发生重要的转型。[1] 元代在中国的律 17
法制度和性别关系两方面，也有着重要的意义。[2] 至于思想方面，元朝则见证了“一个新的儒家传统取代之前的儒家传统”，并且在那过程中，“理学首次彻底成为国家正统，成为一个注定影响中国乃至整个东亚知识分子的生活和政治文化的‘正统’”。[3]

在教育史和儒家祭祀的领域中，元朝也同样是个重要的朝代。

萧洛克（Shryock）指出，虽然孔庙祭祀仪式的内容没有根本上的改变，但是却变得空前繁缛。他也注意到《元史》是首部收入祭孔祀典细节的断代史。[4] 在每个行政中心设立庙学这一工程虽滥觞于唐代，却在元朝臻于高峰。[5]

另一方面，尽管元朝统一了金朝、南宋的领土，而元廷也最终重建全国科举考试，各区域对于程朱传统的学说之传承并非完全一致。陈荣捷辨别了三个主要的支派。一派入北，是在赵复（约 1206—1299）戏剧性的经验下，扩散开来的程朱传统。[6] 另外两支则南传：一派在浙江金华府，源自黄干（1152—1221）并由何基（1188—1269）、王柏（1197—1274）、金履祥（1232—1303）和许谦（1270—1337）四子延续到明朝；另一个则是吴澄（1249—1333）一派，其于传承程朱传统则扮演着比前两者较弱的角色。[7]

明初南方金华传统的领袖方孝孺将其传统理解为一个可以追溯师承网络的学术宗派。而且更重要的是，他对其学术宗派有强烈的学派意识。[8] 但是，这个显赫的南方学术宗派在成祖下令杀方孝孺，诛其十族后就中断了。相较之下，赵复一支即笼统又具包容性，因而北方
18 无有如此深具凝聚力的学术宗派。实际上，在女真人 1127 年灭了北宋以后，中国北方没有连续不断的理学学派，就连对二程的传承也不是连续不断的。[9] 即使北方的理学的确基本上以重新确立道统开始，[10] 对北方的元儒而言，他们对笼统的“道统”的接受，一般来说到朱熹为止。他们没有建构一个把自己与前儒联系起来的学脉。[11]

许衡在元朝思想界中独占风骚，并且是陈氏所谓“实际上决定北方（哲学）景象的色彩和形状”的人。他不但将《四书》定为元代思想的“主要关怀”，也是推举朱熹受国家认可的核心人物。[12] 尽管明初的儒士，尤其是那些北方儒士不认为需要有一个紧密且有明确师承的学术宗派，或是有像金华式的明确同门意识，他们一般视许衡为某种指标，一个处于朱熹和他们时代之间的老师，一个举足轻重的全国性的思想领袖。这是大多数朱熹弟子所未曾享有的领导地位。薛瑄除了是许衡的崇拜者以外，他后来还被刻画成是受曹端（1376—1434）影响，“闻先生之风而起”的人。[13] 薛氏也结交一些元末的儒士，并且其

思想可能曾受益于他们。纵使薛氏和这些思想家有关系，但无论他或曹端都显然不属于任何像金华模式那般规模的学术宗派。[14]

绪论已经提及黄宗羲试图在其著述中把北方传统边缘化。这样不公地呈现明代思想史与两种南辕北辙的学术网络模式有关，同时也和黄氏选择比较忠于南方模式的立场有关。黄氏的门户之见应该从两个方面来探讨：黄宗羲乃王阳明传统的成员之一这个事实以及明末北方模式的式微。在言归正传回到薛瑄的讨论以前，我将针对薛氏与其北方学者的网络如何遭到黄宗羲与跟随他的人之不公平的对待，进行讨论。

北方学派的边缘化 19

尽管已经有学者提醒我们黄宗羲《明儒学案》中的门户之见，但此书无疑影响了明代思想史的书写。[15] 黄宗羲一面倒地强调王阳明的创新与其诸支派内部呈现的变化，并且以王阳明学派这个较为狭隘的故事取代明代思想史复杂的情况。这混淆了我们对中国历史的理解。黄氏的目的显而易见。秦家懿注意到黄宗羲摒弃其前辈，《圣学宗传》的编者周登汝（1547—1629）和《理学宗传》的编者孙奇逢（1587—1675），所遵循的严格按时间顺序的编纂方式，转而围绕着两个中心人物王阳明和刘宗周（1578—1645）组织其书。刘宗周是黄宗羲之师，也是王阳明思想的再诠释者。[16] 凭借对这种体裁的重新组织，黄氏可通过对明儒的选择和分类来成就自己的私心。他针对他们的生平简述和文录，加入自己的评价或转述其他明儒对他们的意见。

《明儒学案》的结构，尤其是将儒士分为特定地方的几个学派的结构，导致明代思想史呈现出将非王阳明同道者缩入限定的北方区域或更小单位的表象。[17] 没有人知道黄宗羲的章节设计和编辑的具体顺序，但区分地域的标签法无疑最有利于王阳明学派。黄氏将阳明学案标签成“姚江学案”，然后继以阳明学其他主要支派。黄宗羲主要从地理上分类这些支派：“浙中王门学案”、“江右王门学案”、“南中王门学案”、“楚中王门学案”、“北方王门学案”、“粤闽王门学案”、“止 20

修学案”、“泰州学案”。

必须要注意的是，黄宗羲并未给最后两个学派冠上“王门”二字。这是因为黄宗羲根据其师刘宗周的分析，认为“止修学案”的主干李材（约 1520—约 1606）提出了自己独立的思想。此外，黄宗羲如同其师一样，对泰州学派，尤其是泰州学派末流有所保留。另一方面，黄氏仍视他们为继承王阳明传统的后学。[18] 首六个学案涵盖了一大片中国明朝土地，分别代表了浙江、江西、南直隶、湖广、山东－河南、广东－福建省的王阳明传统支派。《明儒学案》这种强调南方的表现方式对阳明学派很有利。

与上述学案相反的是，黄氏把薛瑄的学派标签为“河东学案”。“河东”一词在不同时期表示不同的意思。有明一朝，不再用以表示一个行政单位，只具其字面上的意义“黄河以东”，且普遍用以代指山西省的南部。其中心范围是今运城市。[19] 再者，黄宗羲承认三原学派是薛瑄学说的“分支”的同时，却没有将之标签为“薛门”（薛氏的门派）。三原只是陕西省内的一个县名。[20]

和河东学派的学案相比，崇仁学案（指吴与弼的学派）以及白沙学案（指陈献章的学派）所代表的地理范围更为狭窄。而其余的学案连这点地理标示也没有：例如甘泉是湛若水（1466—1560）的“号”；而王阳明学派的主要对手之一，东林，是一座书院的名字；以及“诸儒”全部被压缩挤进上、中、下三个部分。

21 黄宗羲在凡例中指出：“有明文章事功，皆不及前代，独于理学，前代所不及也。”[21] 可是，明代的理学如何更胜前儒呢？对此，黄氏回答道：

> 程、朱之辟释氏，其说虽繁，总是只在迹上；其弥近理而乱真者，终是指他不出。明儒于毫厘之际，使无遁形。[22]

根据黄氏的说法，明儒在他们理解理学和佛教精微的差别上，超越了宋代的硕儒。如果是这样的话，那么：我们应该看哪些明儒呢？对于黄宗羲而言，答案是清楚的。他总结道：“有明学术，白沙开其端，至姚江而始大明。”[23]

这样的一种表现，影响了很多现代学者的观点。例如钱穆主张“其实明代学术，只须举王守仁一人作代表，其他有光彩有力量的，也都在守仁后”[24]。即使钱穆认为薛瑄可代表“明代初期之北学”他也显然没有予与这个“北学”更多的思考，因为他针对薛氏着墨不多，只写了一页。更重要的是，他严格遵循黄宗羲的意见来品评薛瑄。钱氏逐字逐句地摘引黄宗羲的看法，认为薛瑄的学说大抵“悃愊无华，恪守宋人矩矱”。[25] 尽管这个评价的前半部分是中立的，但后半部分的杀伤力却很强。其将薛瑄的学说视为缺乏新意，只是派生自宋代硕儒的学说。钱穆以这则记录结束他对薛瑄简短的评价：“高攀龙说其无甚透悟，殆是的评。”[26]

让我们更仔细地看黄宗羲如何排斥薛瑄以及河东学派的另一位重要成员吕柟：

> 从前习熟先儒之成说，未尝反身理会，推见至隐，所谓“此
> 亦一述朱，彼一述朱”耳。高忠宪云：“薛敬轩、吕泾野《语录》 22
> 中，皆无甚透悟。”亦为是也。[27]

在黄氏的重构下，薛氏和吕氏除了重复朱熹旧法外，没有其他超越朱熹的成就。倘若我们只是根据黄宗羲表面之词就进行判断的话，其言对薛瑄和吕柟的杀伤力自然就很大。高攀龙被誉为是“原东林思想家中，学说最有新意和影响力的人”，并且是程朱传统的仰慕者以及王阳明学派的反对者。[28] 若高氏真的贬低薛氏和吕氏的话，那他的言论将具一定分量，因为那会是程朱支持者对自己人的攻击。

可是，黄宗羲似乎有学术不诚之嫌。他对高攀龙的话断章取义，将一个正面的评论变成负面的评价。在《明儒学案》的其他地方中，黄宗羲引用高攀龙的著述时，会全部呈现或引用完整。可是，有关薛瑄和吕柟的这一段，他却没有呈现完整的引文。实际上，高氏是这么说的：

> 薛文清、吕泾野《语录》中，无甚透悟语，后人或浅视之，岂知其大正在此。他自幼未尝一毫有染，只平平常常，脚踏实地做去，彻始彻终，无一差错，既不迷，何必言悟？所谓悟者，乃为迷者而言也。[29]

从这段更完整的引文看来，高攀龙对于薛瑄及吕柟的看法，显然跟黄宗羲的不一样。相反地，高攀龙强调他们对躬行儒家之道的投入，但黄宗羲扭曲了他的意见。黄宗羲在介绍王阳明时，故意错误地引用高攀龙之言的原因很明显：他想贬低薛瑄和吕柟，并将之边缘化，导致他们成为不贤的“他者”，进而用以强调王阳明之革新的重要性。这或许是有意为之的。因为薛瑄和吕柟都是北方主要的硕儒，他们一个是河东学派的鼻祖，另一个则是该学派第五代成员中最重要的一人，并且曾直言不讳地批评王阳明的哲学思想。

23 有关黄宗羲对薛瑄的描述，钱穆不是唯一接受它的现代学者。容肇祖在其重要的明代思想史论著中，以“懒惰”、“古人言语及古人思想的奴隶”且“拘守与迂腐”贬低薛瑄。而容氏同样不完整地引用高攀龙的文字，来结束其讨论薛氏的部分。这可能也是源自《明儒学案》。[30] 其他研究明代思想的重要学者，如陈祖武和王健，亦跟随那一套说法。[31] 接受和认同黄宗羲之语的学者们或许对黄氏的想法完全有所察觉，并且甚至可能认为其观点是正当的。陈荣捷指出黄宗羲虽然以周登汝和孙奇逢同为一个阵营为由而批评其著述，但是他自己也有同样的偏私之嫌。不过，陈氏接着援引钱穆之语：

> 因明代理学本来是以阳明为中心的，恰恰梨洲是这一传派，他的书当然以阳明学为中心。既非偏差，而由他写来，也能胜任。……所以《明儒学案》偏重王学是应该的。[32]

陈氏虽然没有进一步补充，但他似乎同意钱穆对黄宗羲的维护。在哲学思想的研究中，有无新意可能的确是一个评估哲学立场发展的重要标准。可是，这个标准无法衡量历史上某个哲学思想动向的影响有多深远。而在我们的世界里，有些保守者也许没有标新立异，但是谁能否认他们的影响呢？

薛瑄与其学术传统在中国明代学术界中，占据了一席重要的位子。这是因为薛氏的思想与其河东学派是影响力甚大的王阳明传统以外的另一个传统。晚明和清代的士人认为明代儒学分成两个传统：理学和心学，分别以薛氏和王氏为代表。可是，全祖望后来反驳指这种切分很荒谬。[33] 像这样拒绝承认明代理学中有分明的差异与黄宗羲反对在《明史》中开辟道学一节，是相互呼应的。《宋史》首创道学这个部分，并以之表彰理学与定义其传统。有人试图为王阳明在儒学正统中，争取一席之地，而在黄宗羲与其弟子看来，在明代期间接受“理学”与“心学”的二元对立，并在“道学”部分加入明代程朱 24
传统的理学家，会破坏那些努力。[34] 这个议题在明代灭亡之后，变得更加敏感。因为人们把朝代灭亡之责，归咎于王阳明学派之后学流入空虚。[35]

将“儒”者归为一类、采用《明儒学案》的结构以及当所有其他学派或传统只是较为重要的王阳明学派的参照点，黄宗羲所呈现的明代思想史，是在为其试图将阳明传统抬高至他人之上的目的服务。黄氏的门户之见引起其他同辈开始以编辑他们自己对明代学术的看法来回应之。另一个我经常援引的资料是沈佳（1688 年进士）的《明儒言行录》。以《四库全书》编纂者四库馆臣的评价介绍该书最为妥当。四库馆臣关于该书的论点都有充分的解释；他们注意到沈佳把薛瑄当成明儒之宗，且沈佳虽然对陈献章有所不满，其书的正文还是记录了王阳明，但却省略了王氏大多数的弟子。更重要的是，四库馆臣指出：

> 初黄宗羲作《明儒学案》，采摭最详。顾其学出于姚江，虽于河津一派不敢昌言排击，而于王门末流诸人流于猖狂恣肆者，亦颇为回护。门户之见未免尚存。佳撰此录，盖阴以补救其偏。[36]

四库馆臣正确无误地指出沈氏编辑《明儒言行录》的动机是为了回应《明儒学案》中黄氏的偏私。更能说明情况的是，四库馆臣接着评论万斯大（1633—1683）所作之序：

> 万斯大，宗羲之弟子。平生笃信师说。而为佳作是录序，但
> 25 微以过严为说，而不能攻击其失。盖亦心许之也。[37]

四库馆臣通过把万氏甚少批评沈氏一事表现成是万氏为沈氏的立场背书，证明了沈氏对黄氏的挑战。当时至少有两部时代相近的著述，以对立的门户之见来区分明代理学家。我们拿两者相互对照，不仅可以揭示有失偏颇的立场或记录，也有助于调和矛盾的说法。这两部著作与《明实录》、正史、文集、笔记和地方史料，将是我们理解政治如何影响明代思想史的书写的重要原始材料。

薛瑄的生平、教育和事业

在这一节中，我将详细地重构薛瑄的生平，以求理解薛瑄的治学经验、其作为纯正理学家的传说，以及其人生重要的分水岭。[38] 这些皆有助于我们探究其思想的发展。此处的论述主要本诸薛瑄的《年谱》（薛文清公年谱），且将分为两个部分。第一个部分集中在薛瑄人生的前半段，关注其所受的教育、其随同父亲他乡任职之行、其早年的仕途以及《读书录》的编撰。最后，第一部分以薛瑄四十四岁离职为继母守制结束。第二个部分以薛瑄拜除其“理想官职”提学佥事开始，处理其后半段的人生。其中论及薛瑄通过仕途的兴起、几乎死于大太监王振（？—1449）淫威下的经历、入阁一事以及《读书续录》的编辑。

早期所受的教育与事业

薛瑄在 1389 年出生于河北省真定府元氏县。其家族来自河津县，但是薛瑄的父亲薛贞（1355—1425）于 1389 年任元氏县的学官。1389

年间，薛贞一家，包括薛瑄的祖父母，都在元氏县生活。[39] 1396 年，
薛贞被调往邻近郑州的荥阳县。当时的薛瑄正值七岁，而其祖父薛仲 26
义（？—1419）则负责薛瑄的基础教育。薛仲义以不仕元廷的私人塾
师之身份，为其邑人所记得。在 1399 年北方官学遭废除后，他们举家
在薛贞任吏目一职时迁至四川。[40] 可是，又于 1404 年薛贞复任教谕时
返回荥阳。[41] 后来，薛贞在 1409 年间又被调迁至玉田县。

薛瑄敬仰元儒许衡。他不只曾明确地表达自己的忻慕，还认为朱熹上继程氏兄弟之统后，继承朱熹之统的是许衡。[42] 可是，有关薛瑄和许衡的学术关系，我们未见有任何类似于金华式学脉谱系的提示。薛瑄和许衡之间也没有任何直接的关系。既然不存在一种南方式的学术宗派，那么北方的理学学说是如何传承的呢？薛瑄的哲学思想中，可有任何元代的渊源？根据薛氏的《年谱》，

> 玉田多贤豪长者，济南王素亨、大梁范汝舟、东莱魏希文、永嘉徐蕴夫、安阳范仲仁、海昌李大亨诸公，皆年德老成。[43]

薛瑄延请这些长者至其家，与之讲习。而他们则觉得这位年轻人不但
聪明特异，而且已经躬行正道，有朝一日将会是伟大的儒士。因此他
们皆避西席，与薛瑄结为朋友，一起学习宋代理学家的著述。过了一
段时间，薛瑄声言他们所读乃正道正脉，并焚毁自己所作诗赋。[44] 阎
禹锡（1426—1476）为其师薛瑄所撰写的《行状》指出这些长者都是
元朝的御史等官，后来被谪戍玉田。[45] 而薛瑄是真的视他们为“友人”。
从他写给他们的诗文和提及他们的方式看来，所谓“友人”显然不只 27
是礼貌性的师友关系，毕竟他们也不是薛瑄之师。薛瑄当他们是真正
的朋友，有时甚至是“知己”。[46]

薛瑄在 1419 年其父再次被调离玉田县时，才离开玉田。其父这次是被调往鄢陵县。他和这些长者一起相处了九年，大概是他 21 岁到约 31 岁期间。这是一个年轻人的成形期。[47] 然而，这六人是否传给薛瑄任何学术宗派的“正统性”或声威呢？答案显示是没有。这些人不是什么显著的人物，而且只有他们的字被提及这一事实无助于现代的

学者。经过寻找有关他们的资料的冗长过程后，证实他们之中无人属于任何显著的学派。[48] 以下将提供其中四人的简短传记。

范济（字汝舟）可能是六人中唯一元朝的进士。他在 1354 年中进士，并且在 1382 年被推荐任明代的官员。[49] 朝廷任他为广信府的知府，但他因卷入一起不明的风波而遭谪戍兴州。他于 1426 年上疏，向新皇帝提出八项建议。当时他虽然已年逾八旬，但却被任命为官学训导。[50]

魏纯（字希文）在南京当私塾教师，而其父则在南方任知县。他在遭反对者指摘之后，被谪至玉田县。当薛贞抵达玉田时，魏纯在距离县学不远处教育诸将官之子。魏纯大约于 1423 年受到推荐至吏部考试，但他没有通过考试。后来，又在 1426 年，再次受到推荐应试。他虽然通过这次的考试，却在朝廷拜除任何官职以前就骤逝了。[51]

徐怀玉（字蕴夫）于 1390 年中举人，任兴国县教谕。[52] 之后，他被调至沛县。徐氏因言事而擢升山东都司断事一职，之后又改任湖广
28 都司经历。后来，他因诖误而被谪戍玉田。他在 1424 年受到举荐，并且在表示愿意任教职以后任建宁府学训导。1430 年间，他因其母去世而致仕守制。最后，他于 1441 年去世，享年 76 岁。[53]

李贞（字大亨）是洪武朝（1368—1398）的岁贡生。建文在位期间，他揣测必有内难而赴南京上奏用兵方略，并授任御史一职。靖难之后，他遭谪至玉田。在宣宗皇帝（1426—1435 年在位）1426 年继位以后，则任扬州知府。他居扬州三年后乞归。而皇帝赐他敕谕以表彰之。其传记撰写者认为这是空前的礼遇，因为知府无与敕者。李贞后来入祀乡贤祠。[54]

就薛瑄的教育而言，他应该受益于其祖、其父和其六名友人。可是，就我们所知，他们之中无人与任何特定的学术宗派有关系。虽然薛瑄年少时，厌恶科举考试，但是他终究还是应举。1419 年间，薛氏一家住在鄢陵县。当时有一个规定，即若任何县学无一生员通过乡试，就要贬谪该县学的教谕。因此，薛贞以薛瑄补鄢陵弟子员。而薛瑄是 1420 年乡试的解元。之后，33 岁的薛瑄于 1421 年中进士。[55]

1424 年间，薛氏的父亲被调往河内县，年轻的薛瑄则侍奉在侧。隔年，其父去世而薛瑄为其守孝，因此薛瑄一直要到 1428 年才任官。

他最初的官职是广东道监察御史。后来他上疏乞任教职，结果却被拜除湖广沅州御史一职，掌管银场。他之后又在 1432 年离职为其继母守制。[56] 他在沅州任官期间，手抄《性理大全》并记录自己的想法，后来编成《读书录》。[57]

薛氏仕途的兴衰和里居教人 29

薛瑄服除之后，于 1435 年复任御史，并在次年擢升为山东提学佥事。薛瑄对此非常高兴，声称教育乃其真正的使命。山东生员皆感慕薛瑄，人们始称之为“道学薛夫子”。[58]

1441 年，大太监王振问及杨士奇（1365—1444）、杨荣（1371—1440）和杨溥（1372—1446）其故里山西省有无可举荐至京城任高官者。虽然王振不是一直手握大权，但是当时的王振，着实是朝廷中一股影响甚大的强大势力。王振后来鼓动英宗皇帝（1436—1449 和 1457—1464 年在位）亲征蒙古瓦剌。北征失败后，明朝因皇帝遭俘虏而受到极大的屈辱，而王振则遭谴责。但是，这是要到 1449 年才发生的事情。王振提问之时，还是很有势力的。[59]

而薛瑄正是“三杨”推荐的人。51 岁的薛瑄受召时，正任山东提学佥事，而朝廷授予他的新官职是大理寺少卿。[60] 可是，薛瑄一反“三杨”热切的建议，拒绝向王振谢恩。[61] 此外，根据记载，薛瑄还将王振所送之礼全数归还。还有一次，群臣于东阁议事，薛瑄是唯一见到王振却不行跪拜礼的官员。由于王振赞同擢升薛瑄是为了培养山西同乡以结为朋党，因此薛瑄的反抗以及拒绝承认有受过王振任何私恩的表现，当然触怒这位宦官。

王振最终找到报复这位忘恩负义的“门生”的机会。当时发生了一起谋杀案，关乎一名官阶不高的军官之死。那位军官之妾诬蔑其妻
以巫术谋杀他。而真相是该军官之妾想在其夫死后嫁给一名叫王山的 30
人。而该军官之妻拒绝不从时，王山教唆该军官之妾陷害她。可是，薛瑄在这个案件传至大理寺时发现其中有冤情，并屡次要求重审，试图解救那名遭陷害的妇人。不幸的是，王山乃王振之侄。御史们因畏

惧王振的权势而维持原判。因此，薛瑄要求刑部重审该案。刑部最终改变原判，洗雪该妇人的冤屈。薛瑄因而接着弹劾那些御史，得罪了都御史王文（1421 年进士）。王振大怒而教唆御史弹劾薛瑄，导致薛瑄被判死刑。薛瑄的三名儿子向朝廷乞求代其受刑，结果都失败。可是，据说当薛瑄即将被处决时，王振听到仆人泣于厨下。询问其仆之后，才知道他是因为薛夫子将被处决而哭泣。王振为之感动，在削除薛瑄的官职后，让他归返乡里。[62]

薛瑄归里后，在 1443 年到 1449 年间，教导了来自全国各地的学生（包括其最重要的弟子阎禹锡）。然而，在王振死于 1449 年土木堡事件后，代宗皇帝（1450—1456 年在位）登基。薛瑄受诏复任大理寺右寺丞，并在蒙古人围京城时，领北门锁钥。[63]隔年，薛瑄则被调至四川和云南督饷。薛瑄后来于 1452 年擢升为南京大理寺卿，但是在一年之后，被调任北京大理寺卿。[64]

英宗皇帝在薛瑄的仕途正值顶峰时，于 1457 年复辟。可是，其在位统治的时间不长。薛瑄在那期间成为大学士，任礼部侍郎兼翰林院
31 学士。可是，薛瑄却无法营救助明朝抵御蒙古人而因支持代宗皇帝被处死的于谦（1398—1457）。[65]他不久后便辞官归里。自此至 1464 年薛瑄去世前的这期间，他居里授徒。其《读书续录》是在 1459 年间编成的。[66]

第二章 32

“以‘性’之一字贯之”：薛瑄对一个理气合一的世界之探索

前文展示了薛瑄研究在过去和现在的不足。我在上一章中，勾勒了薛氏其人的生平，并且着重注意其治学形成期的经历以及影响《读书录》编辑的两段人生历程。此处，我希望可以更深刻地理解薛氏的哲学思想，以便在之后的章节中能更全面地解释他对社会诸建制的态度。本章旨在关注薛氏对于“道统”、理气之间的关系的阐释，以及他对“复性”的强调，并以之勾勒出我们研究薛瑄之社会建制理念的背景。只要记住《读书录》是在其生命中两个不同时期辑成的，那么我们就会看到薛氏的思想发展反映了他在寻找一个理气合一的世界之历程，并试图以“性”这个概念来回答存在本体的问题。本章首先探究薛氏，尤其是其通过《读书录》呈现的想法，对明代理学家的影响。

评估《读书录》 33

许多不属于河东学派的明儒，被认为受到薛瑄本人或是他的著作，尤其是《读书录》所启发。[1] 后者的例子包括晚明河津人侯鹤龄（活跃于 1599 年）和秦安县人胡缵宗（1560 年卒）。胡缵宗编辑和出版了薛瑄的著作与《读书录》。[2] 很多受薛瑄启发的士人，都来自河东学派区——山西、陕西和河南省内的其他县，也不足为奇。他们包括河内的何瑭（1474—1543）、新安县的方泰（1429 年举人）、稷山县的史瑛（1478年进士）、太原府的高坚（1474年举人）和韩城县的薛亨。[3] 而奏请朝廷建立薛瑄祠的杨廉（1452—1525）认为明代其他著作无法超越薛氏的《读书录》，[4] 此亦不足为怪。然而，也有些受《读书录》所启发的士人来自南方的徽州：张聘夫（1564年举人）以薛氏弟子自居，且其学说效仿了薛氏的理念；汪禔（生卒年不详）少时首受薛氏启发[5]；新建县的邹正芳（1609年举人）一生为学本诸薛瑄的两句话，想必出自《读书录》。[6] 16世纪福建的学术圈也与薛瑄有关系。其中不仅蔡清门人同安县的林希元仰慕薛氏，晚明福建士人如李廷机（1583年进士）、王畿（1598年进士）和刘弘宝（1586年进士）亦不是把薛瑄当成他们的模范，就是深入研读过《读书录》。而这三位士人，皆来自晋江县。[7]

东林运动领导人物中的程朱追随者，例如高攀龙，也对薛瑄有很高的评价；而顾宪成（1550—1612）在治学和教人方面，也都仰赖《读书录》。[8] 除了影响这些与东林书院有关系的晚明理学家以外，薛氏和他的《读书录》也对王阳明学派的重要成员有显著的影响。

34 这些士人承认自己受益于薛瑄，认为《读书录》于他们作为士人的形成期，扮演了关键性的角色。譬如薛瑄的《读书录》指引了年轻的罗汝芳走向理学的道路。[9] 另一位王阳明学派的主要成员邹元标，写了一首诗向薛瑄致敬：

当年我爱薛夫子，
日日焚香可告天。
复性功深濂洛秘，
谁云书录是言诠。[10]

尽管像罗氏和邹氏这样的士人，后来转而追随王阳明学派，这里要点出的，是《读书录》不仅流传广泛，并且是那些继续追随程朱传统，以及那些后来跟随其他方向的士人们的入门读物。某些属于后者的士人，在改变了自己所追随的传统之后，仍继续承认自己在学术上曾受益于薛瑄。视薛瑄的哲学思想为个人修身的起点这样的看法，还出现在邹元标写给友人的信札中：

> 薛文清是朴实路，头从此学决不误事。久之，洒然。[11]

除了告诉友人自己把薛瑄当作个人修身的模范以外，邹氏也为薛氏的一版《读书录》撰写过序文，以彰显它的成就和重要性。[12] 他在序文中叙述薛氏著作对年少的自己所产生的影响：

> 忆余十年前，勃然师古而最慕用河津。凡有忆见悉录之，以纪吾学若效《读书录》也者。[13]

邹氏为整修王阳明祠一事写过记文。文中的回忆，更能说明事情：

> 忆余幼从乡先生游，言必曰先生（阳明）。心窃疑之，而实嗜文清所为《读书录》也者，故日必有录。[14]

尽管邹氏最终选择追随阳明学派，但这里再次要点出的是《读书录》 35
的普及，以及其作为有志于理学的明代士人的入门读物的重要性。《读书录》不只是在程朱学派和阳明学派的士人中流行而已，其他士人，如不属于那两个阵营的吕坤（1536—1618）以及学术观点迥然不同的颜元（1635—1704）也皆承认了薛氏的影响力。[15]

“少有著述”是反对薛氏从祀孔庙的人提出的主要论点，这点我将在下文予以详细的讨论。而薛氏的支持者的反驳，则以《读书录》为薛瑄对理学著述传统有所贡献的证据。然而《读书录》的性质到底是什么？为何《读书录》是许多明代理学初学者的重要基础读物呢？可以肯定的是，理学传统自宋代以来创作了数量巨大的各种著述。特别是在元廷决定以《四书》作为教育和科举考试范围的核心之后，理学传统的核心著作，当然是朱熹《四书集注》。明清两朝承袭元廷的这个政策。迨至明代，应试的考生唯一必须学习且只能引用的《四书》和《五经》注释版本，就是朱熹与其他程朱学派理学家的注释。

后来的理学家除了为追求理学思想和应试而阅读注释以外，那些忠实的理学家，经常阅读的另一种体裁是语录。

语录源于佛教。[16] 可到了 12 世纪以降，语录也成为一个记录、保存和传播理学思想的流行方法。语录典型的书写方式是先记录一个弟子的问题，继而记录其师的回答。尽管约定俗成以师名为题，但是语录一般是由弟子记录、编辑和出版的。在讨论语录作为一种话语的模式时，丹尼尔·加德纳（Daniel Gardner）指出这种体裁背后的知识论预设，即所有人有受教和体认真理的能力，有助于解释理学家何以重视讨论。用加德纳的话说，“语录本身作为许多参与者对话的记录，揭
36 示了理学家赋予讨论的重要性，也透露了口头上哲学思想的交流”[17]。可是，加德纳提醒读者注意，该讨论并非旗鼓相当者彼此进行讨论以追寻真理。一般是“由一个具有权威性的存在，一个已经体认了那些真理并且能够引领他人寻求真理的教师引导讨论”[18]。这反映自宋代而下，理学传统新兴起的对教师的重视。[19]

然而，薛瑄个人为学和教人的经验，并不符合语录中所呈现的师徒积极讨论的景象。[20] 从薛氏的传记中，我们未见他曾向任何当时著名的理学家求学。事实上，他可以被称作是自学成才的理学家。他相信“自考亭以还，斯道已大明，无烦著作，直须躬行耳。”[21] 的确，薛氏对后儒为儒家经典所作的经注著述感到厌烦，并且一再地谴责这类著作。[22]

在早期理学家的著作中，真德秀（1178—1235）的《西山读书记》与薛氏的《读书录》最相似。即便如此，我们也很难视它为《读书录》的先河。薛氏的《读书录》在三个方面，不同于真氏的著作：首先，《西山读书记》所记的主题安排是作者自己安排的，而且当中从有关天命之性的笔记到鬼神之论，都反映了真氏对理想的治学过程的想法；其次，真氏弟子汤汉（活跃于 1198—1275 年）认为《西山读书记》和真氏的《大学衍义》，关系密切，所以《西山读书录》乃王道之学的补充；第三，真氏的著作涵盖了理学的主要方面，道德和人际关系的各面向以及理学道统，因此真氏显然有意以之作为理学家的教学课本。[23] 相比之下，组成薛氏《读书录》内容的，则是随意的个人

自我反省的想法。

薛氏自己如何理解其《读书录》呢？对他而言，他在读书时所记 37
录的笔记只是为了避免自己遗忘而有所不察。[24] 他在解释作《读书录》的缘起时，引述了北宋主要理学人物张载的话：“心中有所开，即便札记，不思则还塞之矣。”受到张氏的启发，薛氏便将所有读书时得到的启示，立即记录下来。[25] 编辑《读书续录》时，薛氏再次引用同样的文章，以回忆自己过去 20 年每每读书有所得就将之记录下来的过程。而其成果，就是《读书录》。薛氏回忆道，自己近年读书仍继续作笔记，因而辑成《读书续录》。[26]

可是，薛氏在其解释中故意忽略张氏的重点。张载在原文中谓：“义理有疑，则濯去旧见以来新意。心中苟有所开，即便札记，不思则还塞之矣。更须得朋友之助，一日间朋友论著，则一日间意思差别。须日日如此讲论，久则自觉进也。”[27] 张载强调与友人讨论想法的重要性。其所谓的朋友，可以包括教师、同辈和弟子；薛氏却相信通过阅读理学硕儒的著作可以自己寻得理学的真理，而且他是独自治学的。[28] 薛氏没有编辑语录，而其弟子亦然。再者，《读书录》的内容也不局限于薛氏的读书所得，其中也包括了他对日常活动、思考和情绪的反思。[29]

薛氏的《读书录》既不是经注，也不是字义；它只是薛氏读书或者沉思时的想法的记录，因此其中的任意性是无可避免的。《读书录》所载可以归纳成三类：第一类是他针对所阅读的文献而作的笔记，而且通常简略并经常对该文本表示赞同，偶尔也会逐字摘录。第二类是
他对哲学思想议题的反思，通常是薛氏针对认为须要进一步阐述的主 38
要议题作出的长篇深入讨论。第三类包括自我反省随笔、对前辈理学家或是其他历史人物作出的评论，以及对其职务和日常生活的评注。

由于这三类记录的性质不同，薛氏的《读书录》于哲学思想和修身方法方面都对明儒有所启发。由于薛氏所读所述的主要资料，是宋代重要理学家的主要著作，《读书录》因而能与明代读者产生共鸣且影响他们的思想取向。而另一方面，《读书录》亦是自我反省的工具。在有关各种修身记录的讨论中，乔安娜·韩德林·史密斯（Joanna

Handlin Smith）将“以经典的理念作为其出发点，并通过对学术的掌握进一步完善道德涵养”的语录和读书笔记，归类为“以理想为中心”的修身方法。她指“以个人经验或是具体事件为出发点，并通过审查和纠正过错进一步提高道德修养”的功过格和日记，是“以事实为中心”的修身方法。[30] 由于薛氏的《读书录》既有本诸重要理学经典的读书笔记，也有记录私人想法的日记类记录，所以是两种方法的结合。因此，《读书录》既是讨论和介绍理学主要议题的基本文本，也是能让读者借以窥见其个人反思的牖户。明儒从薛瑄那里既学到理学的哲学思想，也学到一种自我反省的方法。[31]

我们知道薛氏的《读书录》和《读书续录》是薛瑄在两个不同的人生阶段编辑的。他在第一阶段中虽然失去了许多近亲，但还没受到不正义刑罚的真实威胁。在某种意义上，当薛瑄在写《读书录》的时候，正值中年的他依然处于治理学的中级阶段。41 岁的薛氏在沅州当御史超过三年。他在那期间致力于研读理学。根据薛氏的《年谱》所载：

> （薛氏）日夕精研理学，寤寐圣贤，手录《性理大全》，潜心
> 39 玩诵，夜分乃罢。深冬盛寒，雪飘盈几，唔咿不辍。或思有所
> 得，即起燃灯记之；或通宵不寐，味而乐之，有不知手足之舞蹈
> 者。遂积为《读书录》。[32]

对许多人而言，会学习理学的唯一原因，是因为希望科举中式。至于对薛氏那样的忠实理学家而言，治学是他们的一个终身爱好，其热衷的追求甚至让他们梦见圣人与先贤。[33] 薛瑄用以长期治理学的媒介是他手抄的《性理大全》。《性理大全》乃明成祖钦定编纂而成于 1415 年的三部“大全”之一。《性理大全》是一部理学家的著述选集。其内容按照主题编排，并涵盖所有作为一名理学士人应该知道的知识。由于朝廷下令将这些“大全”置于理学家论述的核心，因此，朝廷和委任的编者成为儒家传统的最高权威和仲裁者。[34] 这些“大全”颁于天下，因而科举考生和不属于任何其他学派的忠实理学家，均依赖“大

全”以达致他们不同的目的。

薛氏相信自己居沅州时个人修养有所提高，因为据薛瑄所言：“余觉前二十年功，不如近时切实而有味。”[35] 可是，我们没有理由相信薛瑄在编写第一套笔记的这段时间，就是他个人修养的高峰或表现了其成熟的思想。

有些现代学者通过直接回应黄宗羲的批评，以试图提高薛瑄的地位。他们希望证明薛瑄确实有主动偏离朱熹的学说的意图。这尤其体现在薛瑄对“理”和“气”之间关系，即薛瑄所认为的理气合一的理解上。另一方面，现代学者也草率地指出薛瑄的主张，特别其所提出的“理无改变而气有聚散”，是前后矛盾的。[36]

然而，当现代学者提出这些论点时，未考虑薛瑄思想历时的发展，就任意引用《读书录》或《读书续录》中的文字。例如，在尝试表明薛瑄偏离朱熹的学说一事时，李元庆分别援引《读书录》十七次 40
和《读书续录》八次[37]；当他后来讨论薛瑄有关理之无改变以及理、道或太极对万物的至高掌控之不一致时，李元庆从《读书录》和《读书续录》中分别引用了十次。[38] 但当他在试图说明薛瑄回归朱熹的二元思想时，所选用的六则引文却都出自《读书录》。[39]

除了对《读书录》和《读书续录》两者所反映的不同治学阶段应该予以注意外，读者在尝试解开所谓的薛氏的矛盾时，也应该考虑不同记录的性质。这个问题包含两个部分。首先，《读书录》中哲学思想相关的记录，特别是简短的笔记，是薛氏于阅读《性理大全》时抄录的。在他这一治理学的中级阶段，有关理和气这对理学基本概念的相互关系之记录经常出现。对比之下，到薛氏晚年处治理学的高级阶段时，他的焦点则转向了对“性”的讨论。其次，现代学者假设薛氏既然崇敬朱熹，并且以其为榜样，那么薛氏就应该继承朱熹特定的哲学思想。对他们之中的某些人而言，朱氏的矛盾被移植到了薛氏身上。[40] 然而，虽然明儒把薛氏理解成明初朱氏传统的代表，但是，薛氏决不只对朱熹版的理学感兴趣而已。仔细研究《读书录》，会发现薛氏的哲学思想，远比薛氏自己所承认的，更受张载所影响。因此，朱熹不是唯一主要影响薛氏的人。

关于道统

尽管薛氏是一名自学成才的理学家，他也受益于宋代的学术前辈。从他如何理解宋代理学家各自的相对位置，可以说明其哲学思想的特点。从《读书录》和《读书续录》看来，薛氏的主要关怀之一就是道统。他早在卷一就自问为何朱熹在《大学》和《中庸》注释
41 的序文中所建构的道统没有包括周敦颐（1017—1073）、张载和邵雍（1011—1077）这一问题。他试图对此提供一个解释。这是其中篇幅最长的记录之一：

> 尝观周子（周敦颐）、二程子（程颢（1032—1085）和程颐）、张子（张载）、邵子（邵雍），皆与斯道之传者也，而朱子作《大学》、《中庸》“序”，惟以二程子继孟氏之统，而不及三子，何邪？盖三子各自为书，或详于性命、道德、象数之微，有非后学造次所能窥测；二程则表章《大学》、《中庸》、《语》、《孟》，述孔门教人之法，使皆由此而进，自“洒扫应对”、“孝弟忠信”之常，以渐及乎“精义入神”之妙，循循有序，人得而依据。此朱子以二程子上继孔孟之统，而不及三子欤？[41]

当朱熹宣称道统在孟子去世一千年后，由北宋程氏兄弟振兴时，理学思想道统的建构便臻于成熟。[42] 但是，这个构想排除了其他北宋的重要理学家。但即便如此，对薛瑄而言，这些宋代硕儒毫无疑问都属于这个传统。他接着道：

> 然朱子于《太极图》、《通书》，则尊周子；于《西铭》、《正蒙》，则述张子；于《易》，则主邵子。又岂不以进修之序，当谨守二程之法；博学之功，又当兼考三子之书邪？[43]

42 对薛氏而言，这些其他的理学硕儒也值得被包括在理学传统内，因为他们的著述对理学传统有很大的贡献，而且朱熹在其所建构的其他版

本道统里也承认这一点。其中一个版本明确确定周敦颐为鼻祖，二程兄弟则为其弟子；这个版本亦认定张载和邵雍为第一代理学家。[44] 可是，另一个版本中，朱熹在强调周氏和二程的师承关系以后，把邵雍、张载，甚至司马光（1019—86）都归入这个传统，因为“学虽殊辙，道则同归”。[45] 朱熹讨论道统时，通常都会包括周氏、二程、邵氏和张氏。但在那两部注释的序文中却只提及二程。那两部注释后来与另外两部经典著作，《论语》和《孟子》，组成理学课程的核心。薛瑄认为自己必须调和各版本的差异，因而提出朱熹在那两篇序文中强调的是以二程为代表的治学步骤，并非有意忽略不提周氏、张氏和邵氏。如此一来，理学的创始史便可以完好无缺。

对道统的不同理解，反映了各学派的不同理念。例如，金华学派的道统模式，要求以直接的师承关系取得宣称正统的合法性，以排除和削弱竞争者类似的声明。[46] 仔细研究薛氏的理念，将加深我们对明初北方理学家的立场的理解，澄清他们如何看待理学传统以及他们在理学传统中的位置。

理学家对道统问题的讨论，可以分成两个阶段。[47] 第一阶段是：谁继承孟子的正统？薛瑄的意见大致上和朱熹以后普遍的共识相同，即这个传统主要由程氏兄弟振兴，然后由朱氏继承。当然，薛瑄也强烈认为应该把其他三位北宋硕儒包括在道统内。薛瑄早年显然把道统理解为以文献传承为主。薛瑄以程氏兄弟、朱熹和许衡有为后人编排正确的文本、进一步明道以及运用这些文本修己和教人的能力，来定 43
义他们的成就。这样的一种理解也出现在他的文字中：

> 《四书》、《五经》，周、程、张、朱之书，道统正传；舍此而他学，非学也。[48]

薛氏毫不怀疑地认为这些著述正确地传承了儒家学说。[49] 逮至明初，士人当中已有强烈的共识，认为朱熹是道统的合法继承人。薛瑄于此亦有同感。他不仅同意是朱熹阐明了北宋硕儒的学说，更把朱熹比作孔子本人。在另外一个例子中，薛瑄宣称朱熹之功，不在孟子之下。[50]

第二阶段的争论，对明儒而言，更加急迫且有趣：朱熹之后，何人继承道统？与此相关又无法回避的问题是，此人如何继承朱熹的衣钵，并且之后通过何种途径又将之传与何人？这个问题可能有些难度，但是薛瑄已有答案。根据他的说法：

> 及朱子又集《小学》之书，以为《大学》之基本，注释《四书》，以发圣贤之渊微，是则继二程之统者，朱子也。至许鲁斋专以《小学》、《四书》为修己教人之法，不尚文辞，务敦实行，是则朱子之统者，鲁斋也。[51]

对薛瑄而言，许衡就是继朱熹之后，道统的继承者，而这种传承是通过文献实现的。赵复，作为一个被蒙古人俘虏，送至北方的南宋理学家，虽然对许衡接触朱熹式的理学一事有所贡献，但薛氏却选择无视了他在当中的联系。[52] 薛瑄进一步强调朱熹学说与许衡之间的关系：

> 44 自朱子没，而道之所寄不越乎言语文辞之间，能因文辞而得朱子之心学者，许鲁斋一人而已。[53]

在《读书录》中，薛瑄没有直接评论程氏兄弟的弟子或朱熹的门人如何"失去"道统的继承，但是，通过直接将朱熹与程氏兄弟连接起来，并且把许衡和朱熹连接起来，显然表示他允许道统在没有直接的师承关系情况下传承下去。他也强烈地暗示，自己不认为许衡的任何弟子继承了道统。因此，"鲁斋学徒，在当时为名臣则有之，得其传者，则未之闻也。"[54] 文献可以不受时间和空间所限制。这样通过文献来传承道统，显然是朱熹弟子所设想的以及金华学派模式所代表之外的另一种替代的模式。

由于《读书续录》里有更多对这个问题的评论，可见道统的问题，对晚年的薛瑄来说更为重要。整体而言，《读书续录》保留了道统断于孟子而由北宋硕儒，尤其是程氏兄弟重新继承，之后传至朱熹，最后传给许衡的框架。[55] 可是，在《读书续录》里，薛氏增添了两个讨论的面向。第一点是他提出道统有绝有续。[56] 更为重要的第二点是，薛氏提供了自己对具体何谓道统的看法，并且展示了比先前《读书录》中简单地视文本传统为道统的传承更为复杂的理解。在这里，明道和行道是重要的。他先是以一个最先由程氏提出的问题发端：

> 春秋之时有孔子，斯道大明；战国之时有孟子，斯道有寄。自秦汉以降，世儒以知谋功利相高，不知道为何物。故韩子曰：“轲之死，不得其传。”程子曰：“退之必有所见，不知所传者为何事？”[57]

程氏相信唐儒韩愈知道道统断绝，并且反问，“不知所传者为何事？”对此，薛瑄答道：

> 窃谓天命之性，道也。圣贤明此道，行此道，是以道得其 45
> 传。不明，不行，则天命之性虽未尝不具于人心，然人既不明，
> 不行，则道失其传矣。[58]

天命之性是理学家都接受且不变的概念。所谓“传道”，薛氏指的是对天命之性的理解和实践。先圣和先贤是最先做到这点的人。在这里，薛氏强调了道统传承中一个重要元素——人的理解和实践。再者，道统传承并不是一个简单地把具体的信物从一代传给下一代的行为。薛氏于别处对此进一步阐述：

> 道学相传，非有物以相授也。盖“性者万物之一原”，而天下古今公共之理，即所谓道也。但先觉者能明是道，行是道，得其人而有以觉之，使之明是道，行是道，则道得其传。无其人，则道失其传矣。[59]

这个论述无疑显示了薛氏对这个议题的思考之成熟。尽管他所谓从一人到另外一人的传承方式，使人想起一种师承关系，但那也许只代表

其想法的理想情况，因为（如上述所言）他相信道统已多次断绝。重要的是，对他而言，道统的传承可以“跳跃”时间和空间。只要有一个明道和行道者的存在，道统就会延续下去。易言之，一个可以把某人之学与已经被确认继承了道统的硕儒联系起来的学派，对于继承道统而言，即不必要也不一定足够。

从整个理学家所构想的道统来看，薛瑄对于这种学派需求的怀疑，是与之相通的。这个传统，尤其是朱熹一派最根本的主张是，程氏兄弟振兴了道统。程氏兄弟在孟子去世超过一千年以后的这个“继
46 承”是第一个“跳跃”。薛瑄相信道统后来分别在程氏兄弟和朱熹逝世以后，两度断绝。我们再看薛瑄的几则笔记：

> 游程、朱之门得其传者，有其人与？
> 程、朱在当时，知者甚少。
> 程、朱之书，得其门者鲜矣。[60]

薛瑄一再地断言程氏兄弟在继承了周敦颐的太极学说以后，不以语人，因为无人有条件继承如此精微之学。因此，待朱熹出，此学方能再次大明。[61] 薛氏也认为程氏兄弟的弟子不理解其师学说的数个方面，有的甚至有流入佛教之嫌。另一方面，则谓朱熹之学，完全本诸程氏兄弟。[62] 因此，从程氏传至朱熹，标志着第二个“跳跃”。

如同上述所言，薛瑄视朱熹的弟子和程氏兄弟的门人一般，同样没有继承道统。对薛氏来说，真正尊程朱之学的是许衡。[63] 因此，“朱子之后，诸儒有失朱子之本义者。至鲁斋许氏，尊朱子之学至矣。”[64] 从朱熹到许衡，是第三个“跳跃”。

我们知道薛瑄对这个议题的注意是从他强调儒家经典文献之重要性，以及从其强调对那些典籍之理解和实践发展而来的。那么，异时异地的人，如何获得这些学说的精微之意呢？道统继承者去世以后，未来的硕儒通过什么途径重振之？我之前提过，对薛氏而言，阅读文献是这种追求的基本功。可是，对薛瑄来说，其重点不仅是“文献”本身，继承道统更须懂得其中之意。教师对此没有任何作用，人

要有所发明，只能仰赖那些文本。在解释理学家核心关怀之“自得之”时，薛氏主张人根据文本的文字，以得其辞之意。可是，薛氏告 47
诫道，若只得其辞而不得其意，就是程氏所谓的“糟粕”。[65] 对薛氏来说，在这样的尝试中，为学勤奋不懈是重要的。譬如他经常分享自己花长时间治学，并且玩索许久，方能贯通太极之精微的经验。[66]

许衡之后则如何呢？尽管后来试图主张薛瑄宜祀孔庙者会声称薛瑄遥继了许衡之统，但是薛氏本人如同大多儒者一般，非常谦虚。虽然薛瑄中年认为自己的涵养有所提高，晚年的薛瑄却变得更含蓄：“己学安敢望圣贤之万一？但颇识趋向之正，不为异学所惑耳。”[67] 这个有关明初最重要的北方理学家对道统问题的看法之详尽说明，有助于我们理解北方的理学家何以不需要一个金华模式的学派。另一位北方硕儒曹端很可能也有相同的观点。目前未有人有系统地研究曹端的思想，但是晚明理学家刘宗周视曹氏为一个“不由师传，特从古册中翻出古人公案，深有悟于造化之理”的人。[68]

在金华地区的“地方性转变”及“地方认同”研究中，包弼德指出“婺州（金华）拥有朱熹嫡传之道统的概念，是元代吴师道（1283—1344）于内于外的安排”。在包弼德的观点里，对外建构和呈现这样的话语，其未明说的原因是“向作出类似声明的其他地区挑战”，即北方的许衡和江西的吴澄。[69] 我不会臆测薛瑄是否也为了相似的原因，即他是否刻意力求提出一个金华模式的替代。除了他挑战宋濂把理学硕儒周敦颐、程氏兄弟和诸子归为一类的那次以外，他几乎不提金华诸儒。[70] 反之，我认为薛氏的模式是建立在他个人道统理念 48
的自然产物。我将在下一节对照薛氏的道统观与其哲学思想，继续阐明薛氏观点和其网络模式之间关系的逻辑。另一方面，面对后来王阳明的兴起，这样的观点将妨碍薛瑄的学派保持其全国性地位。从《明儒学案》看来，王阳明传统的成员显然始终更加重视师徒网络，并且对这种网络有相对较为强烈的归属意识。这些网络具有双重特点：一方面，其被视为是广义的王阳明传统的支派，因此超越地方性；另一方面，各支派的成员视自己为各自地方上一个群体，并与其他支派竞争。[71]

理气聚散

正如上述所言，现代学者没有意识到薛瑄思想的发展而认为其思想前后矛盾。我主张我们应该把此发展理解为薛瑄寻求一个理气合一的世界的过程，而“复性”最能实现理气合一。薛氏的框架，其实是程朱和张载之哲学思想的紧密结合。我们要想充分地体会薛氏哲学思想中的复杂性，就应该接着看他对理学的一个根本议题之讨论，即对理和气之间关系的基本理解。

理学家自宋代以来，就对理气的聚散及理气的先后提出疑问。关于前者，薛氏在《读书录》中运用了一个著名的比喻。根据薛氏的说法：

> 理如日光，气如飞鸟。理乘气机而动，如日光载鸟北面而
> 49 飞。鸟飞而日光虽不离其背，实未尝与之俱往，而有间断之处，
> 亦犹气动而理虽未尝与之暂离，实与之俱尽，而有灭息之时。
> “气有聚散，理无聚散”，于此可见。[72]

薛氏的比喻目的是要指出尽管理和气同属一体存在着，但是理无聚散，而气有聚散。当气若飞鸟一般移动时，理和气同行，就像日光照在飞鸟背上一样。然而，鸟可能飞走，但日光依旧。因此，气可能会散尽，但理依旧不变。薛氏谓“理如日月之光，小大之物各得其光之一分，物在则光在物，物尽则光在光”。这明确地表明同样的意思。[73] 这里光是理，物是气。另一个薛瑄运用的类似比喻是理如月，气如水。[74] 薛氏有关季节变化的例子，亦反映他对理和气不同性质的理解。薛氏评论道：

> 理无穷而气亦无穷，但理无改变而气有消息。如温热凉寒，气也；所以温热凉寒，理也。温尽热生，热尽凉生，凉尽寒生，寒尽温复生，循环不已，气有消息，而理则常主消息而不与之消息也。“气有聚散，理无聚散，”于此又可见。[75]

季节的变化反映气的消长，但背后的理依然不受影响。事实上，万物反映气的消长，但理始终不更易。这个立场与朱熹的立场是一致的。朱熹曾经倡导：

> 性者理而已矣，不可以聚散言。其聚而生，散而死者，气而已矣。所谓精神魂魄有知有觉者，皆气所为也。故聚则有，散则无，若理则初不为聚散而有无也。但有是理，则有是气。苟气聚 50
> 乎此，则其理亦命乎此耳。[76]

理气聚散或改变与否，在朱熹的哲学思想中，是重要的问题。这也是一个后来的理学家争论的焦点。薛瑄用《读书录》中的比喻阐明他的看法，而其他明儒亦有所回应。例如，黄宗羲在《明儒学案》中反驳薛氏。在引述了薛氏日光和飞鸟的比喻后，黄氏反驳道：

> 窃谓理为气之理。无气则无理。若无飞鸟而有日光，亦可无日光而有飞鸟。不可为喻。盖以“大德敦化”者言之，气无穷尽，理无穷尽。不特理无聚散，气亦无聚散也。以“小德川流”者言之，日新不已。不以已往之气为方来之气；亦不以已往之理为方来之理。不特气有聚散，理亦有聚散也。[77]

《明儒学案》的英译者指出，黄氏对薛氏的哲学思想提出自己意见，在该书中是不寻常的。[78]对黄宗羲而言，薛氏相对气而言理无聚散的立场把两者一分为二，而这不利于理解理和气。黄氏主张无气就无理，因此，气有聚散，理亦然。只有这样，本体论中的理和物质世界才不会一分为二。

罗钦顺视薛氏学术“纯正”，认为薛氏“践履笃实”。他也认为
“区区所见，盖有不期而合者”。[79]罗氏唯一对薛氏的异议，围绕着薛 51
氏对理气聚散的立场。罗氏的驳论以引述《读书录》发端：

> “理气无缝隙，故曰：‘器亦道，道亦器’。”其言当矣。至

于反复证明气有聚散，理无聚散之说，愚则不能无疑。夫一有一无，其为缝隙也，大矣。安得谓之“器亦道，道亦器”耶？盖文清之于理气，亦始终认为二物，故其言未免时有窒碍也。[80]

罗氏同意薛氏谓理气合一，故器（气）和道（理）是一致的。可是，他认为一旦理和气在聚散一事上有不同性质，那么两者就不再是合一的了。[81]

先后与合一的问题

理和气，道和器之间的合一或统一，是一名像薛瑄这样的理学家希望达致的终极状态，那是他想象中圣贤之心所能处于的完美状态。[82] 那么，薛氏为何运用一个意味着理和气二分的比喻呢？理气合一的概念对薛瑄重要到他认为有必要反驳在讨论先后问题时往往区分理和气的朱熹。对朱熹而言，虽然理气不分，但是气是处于物质世界之内，而理则在其之上。因此，论及在物质世界之内或之上时，理先而气后。[83] 薛瑄曾用自己的文字表述朱熹的意思，“未有天地之先，毕竟先有此理。有此理便有此气”。[84] 薛氏接着阐明自己的立场：

52 窃谓理气不可分先后。盖未有天地之先，天地之形虽未成，而所以为天地之气，则浑浑乎未尝间断止息，而理涵乎气之中也。及动而生阳，而天始分，则理乘是气之动而具于天之中；静而生阴，而地始分，则理乘是气之静而具于地之中。分天分地，则理无不在；一动一静，而理无不存。以至“化生万物，万物生生而变化无穷”，理气二者盖无须臾之相离也，又安可分孰先孰后哉？[85]

薛氏不同意朱熹认为理先气后的观点。他认为朱熹的先后之分，会把理和气一分为二。薛氏在提出如“理气决不可分先后”这样的说法时，他再次强烈地反驳朱熹。[86] 这样对理气合一的强调，也在薛氏有关道和器合一的讨论中显示出来：

> 人之一身，五脏、耳、目、口、鼻、四肢、百骸，凡有形者，皆形而下之器也；其五脏、耳、目、口、鼻、四肢、百骸之理，即形而上之道也。推及君臣、父子、夫妇、长幼、朋友，皆形而下之器也；其仁、义、礼、智、信之理，即形而上之道也。以至大而天地万物，小而一发一尘，凡可见者，皆形而下之器；其不可见者，皆形而上之道。然器即囿乎道中，道不离乎器之外，故曰：“道亦器，器亦道也。”[87]

一切有形之物和无形之人际关系，皆是形下之器，并且其中各具一个理。此乃程朱理学家基本的本体论解释，而薛氏亦不例外。这个道和器二者不可分割的性质呼应了薛氏的理气讨论。对他而言，道和理， 53
以及器和气，是通用的。[88] 即使薛氏必须反驳朱熹，当他主张理气不分先后时，他是在确立理气的合一状态。他在阐明道和器，即另一对理学系统用以解释一切存在的二元概念时，进一步强调道器合一。

然而，当薛氏主张气有聚散，理无聚散时，所产生的间隙，又该如何解释呢？我已指出研究薛氏的哲学思想，必须注意《读书录》和《读书续录》是在薛氏人生中，两个截然不同的阶段期间完成的。事实上，通过对照阅读《读书录》和《读书续录》，我们可以看到薛氏思想的逐步成熟以及他所尝试维持的一致性。以上所有有关理和气，以及道和器的引文，均出自《读书录》。在《读书续录》中，薛氏用一种比较就事论事的方式，来呈现他如何从先、后的角度，理解理气之间的不可分割。然而，他这里的看法与《读书录》中呈现的观点还是一致的。他提醒读者“理与气一时俱有，不可分先后”。[89] 后来，他再次声明“理气真实不可分先后”[90]。

薛氏在《读书续录》里有关道和器的讨论中，同样可以看到一致的立场。薛氏写道“浑然天理，而与物无间。道、器合一也”[91]；以及“‘显’者器也，‘微’者道也。器不离道，道不离器，故曰‘无间’”。[92]

然而，和他对以上两个议题的一贯立场不同，在《读书续录》中，薛
氏不再那么关注聚散的问题。换句话说，尽管薛氏一生始终主张理气
或道器合一，他晚年不再强调致使理气之间有间隙的聚散议题。《读书
54 录》中这样的想法，源自于中年的薛瑄。在更为年长和睿智的薛瑄之
笔墨下，我们看到其哲学思想所追寻且最终找得的理气合一。

有关“复性”作为达致一个理气合一的世界的方法

对薛氏而言，一个理气合一的世界，只有通过复性方能达致。因此，“复性”是薛瑄治学和教人的核心理念。然而，这个理念一直到薛瑄晚年才完全臻于成熟，所以在《读书续录》里始能看见。阎禹锡为其撰写的《行状》中，亦可见薛瑄的这个思想发展的证据。根据阎氏的说法，从 1443 年到 1449 年，大约编成《读书录》的十五年后，薛瑄初次被迫致仕期间：

> 家居七年，闭门不出，虽邻里罕得窥其面。江西、陕西诸省弟子来学者百有余人。先生拳拳诲以从事小学以及大学，由洒扫应对以至于精义入神，居敬以立其本，由经以求其道，不事语言文学，而必责诸躬行之实。问及科举止学，则默然不对。[93]

阎氏的叙述意味着，薛瑄早期的学说中，未见“复性”的概念。然而，在形容薛瑄第二次和最后一次的致仕时，阎禹锡强调“先生拳拳以复性为教。曰‘此程、朱吃紧为人处’”。[94] 李贤在其撰写的墓志铭中，重复引述阎禹锡所述薛瑄的文字。[95] 在众多其他的文献中，《明儒学案》和《明史》亦将“复性”理解为薛瑄哲学思想的核心。[96] 如同“良知”是王阳明为学和教人的宗旨一样，“复性”因此成为薛瑄晚年为学和教人的宗旨。

55 《读书录》中未见“复性”的主题。[97] 可是，到了编写《读书续
录》时，就出现了“复性”的概念，并成为薛氏思想的核心。有三个

与之相关的哲学理念有迹可循。其一是《易经》中的第二十四个卦：“复”。薛瑄同意一般对于该卦的注释，即“复”则吉，“迷”复凶。这是不言而喻的。他亦认为能“复而无妄”者，圣人矣。[98]

其次则是“复性”一词的后半部，即是“性”。如同上述所言，薛瑄早年已经常常论及“性”。可是，证据显示直到他编辑《读书续录》之际，才发展出对“性”这个哲学概念更强烈的个人理解，甚至是偏好。在《读书录》中，“性”只是被当成是众多哲学术语之一，如此而已。直至晚年，他才视“性”为其个人修养的关键。我们看到如斯文字：

> 今早读书，得一“性”字。
>
> 读书吾得其要：天命之性是也。
>
> 中夜因思：天赋我惟一性，苟不能全，是逆天也，可不惧哉？
>
> 吾得性之善，念念不忘。[99]

这样的记录既不是哲学思想主题的讨论，也不是薛氏发表对哲学或历史主题之看法的读书笔记。这个文体中，如此极简的条目，恰恰因其简短，往往表达个人在长期修己以后，对理学核心思想的领悟。薛瑄把“性”当成是其修己和教人的中心。

第三个促使薛瑄的思想中出现“复性”概念的是，圣人、贤者和凡民三者处于“道”或“性”的不同位置的问题。通过将“乾”卦的四个属性与四德（仁、义、礼、知）等同起来，薛瑄认为圣人“性之”而无不尽；贤者“复之”而求其至；凡民则“日用而不知”。[100] 56
简而言之，

> 尽性者圣人，复性者贤人至于圣人。圣人相传之道，不过于此。[101]

薛瑄将这些全部结合起来后，认为为学“只要知性、复性而已”。[102] 对他而言，自古圣贤教人之法，只欲人复其性而已，是毫无疑问的。[103]对薛氏来说，实现了“复性”的状态，就等于已经达到圣王尧和舜的道德境界了。[104]

哲学上的合一以及其与国家的关系

薛氏在对抗朝廷权臣时，几遭横祸。在离开政治舞台时，表示了极度的失望。他意料皇帝不再对其劝谏感兴趣后，遂坚决辞官求去。[105]在第三章和第四章中，我们将看到薛瑄极度相信国家公器对理学传承和国家声望对宗族组织的重要性。为何一个对政治失望的理学家，会依然有以国家为主的取向呢？薛氏对理气合一的追求和他对该追求的解答，是理解这个矛盾的关键。薛氏致仕期间，“复性”概念走到前台，成为其哲学思想的核心。我主张这个概念和他追求理气合一，或是他在这个物质世界中探索本体的真理，是一致的。

自孟子以来，主张天赋道德之性，是一个儒者的基本立场。[106]那始终未解答的问题是这个：“恶”源于何处？理学家认为其源自人的气质之性。但这不是在说人实际上有两个不同的性。通过援引程颢所说的“二之，则不是”，薛氏在《读书录》中记录道本然之性纯粹指“理”，而气质之性则兼“理”和“气”。[107]《读书录》和《读书续录》全书，均可见他说明本然之性和气质之性一体，或气对一个人行为的
57 影响的这般简短讨论。[108]薛氏在《读书续录》中的一处，更详细地说明这个问题。他明确地把性和气联系起来：

> “论性，不论气，不备”。有二说：专论性，不论气，则性无不安泊处，此不备也；专论性，不论气，则虽知性之本善，而不知气质有清浊之殊，此不备也。“论气，不论性，不明”。亦有二说：如告子以知觉运动之气为性，而不知性之为理，此不明也；如论气质有清浊之殊，而不知性之本善，此不明也。“二之，则不是”。盖理气虽不相杂，亦不相离，天下无无气之理，以无无

> 理之气，气外无性，性外无气，是不可“二之”也。若分而“二之”，是有无气之性，无性之气矣。故曰：“二之，则不是”。[109]

通过深入讨论性和气合一，以及理和气一体，薛瑄进一步阐明理学家对性与气质之性之间的关系的基本观点。他分析了四个缺一则不备或不明的情况。性即气，正如理即气，而性非他，即理。在这个构想中，理气无间。在这里，代表气有聚散，理无聚散的日光和飞鸟比喻，没有容身之地。

要达致人类的世界里的这个合一状态，重点是“性”。或者对薛氏而言，重点是复性。出仕多年而终于对皇帝大失所望的薛氏之后相信，要实现这个伟大的理气合一，复性是关键。他并不是离开了政治以后就不再关心世事的典型隐士。事实上，薛氏晚年明确表示“道
学”和“治道”不可分为二事。“治道”正是由“道学”扩展而成。[110] 58
理学家之学和理想政治形态的结合，呼应了薛氏哲学思想中的理气合一、道器为一及性气不二分。[111] 因此，薛瑄总结谓“求复仁义礼智之性，即是‘道学’”[112]。

薛氏对理气合一的追求，呼应了其复性以至于道器为一之境界的哲学思想理念。这个通过复性来实现合一的理念和张载有关。薛氏把《读书录》之书写启发归于张载，就可见其受益于张氏。薛氏的《读书续录》中，有一则薛氏记述自己尝试理解张氏《西铭》的异常长的记录。薛氏略过首几个句子，开始讨论张氏的“天地之帅，吾其性”，从而重申自己的重点，进而又评论了之后的各句如何与“性”相关。例如，根据薛氏的说法，天下之人——从“大君”、“宗子”、“大臣”、“家相”和“高年长长”到“孤弱幼幼”，以及从“圣人”和“贤者”到“兄弟无告”——皆天地之子，而同此性也。[113]

王昌伟曾具有说服力地论证了对于张载和其弟子而言，圣人之道与其治道在上古时期是合一的；这个结合的二分，是导致后来式微衰亡的原因。王氏进一步主张我们可以通过张载的“家之比喻”来理解他们对这一结合的信仰。这个比喻反映了张氏的理念，即既然万物都是由相同的气产生的，那么，从本体论之，道已经决定了万物彼此相

关，就像一个家的成员之间，彼此相关，同源且同血肉。[114] 基于这种万物相连的理解，张氏的愿景不允许国家和私人利益二分。因此，吕大钧（1031—82），即张载的主要弟子兼乡约倡导者，把乡约领导者
59 理解成是“在国家的概念中”而非“国家的概念以外”进行乡约活动。权威依旧属于国家。[115] 后来，乡约将成为理学家的社会建制的核心。他们如此仰赖国家的权威，并且拒绝提出一个赋予地方领袖，尤其是赋予理学家他们自己权威的理由。这跟南宋的理学家和元明两朝的南方儒者，大相径庭。[116] 薛氏通过提议以“性”解读张载《西铭》的主题，来总结他对此的笔记：

> 《西铭》始终之意，因事亲之诚，以明事天之道，而事天之道惟乎养性而已。先儒以“理一分殊”明此篇之大旨。然理一所以为仁，分殊所以为义，举仁义而言，则性之全体在其中矣。窃以“性”之一字贯之，如此未知是否？以俟正于后之君子。薛瑄识。[117]

薛氏以个人理解来呈现其主题分析而谦虚地等待后人的评论。薛氏的解读究竟具有怎样的新意或不同之处？薛氏把“家之比喻”理解为其反映张载对天下的本体想象。在这个映像中，事亲和事天是相同的，并且做到两者的唯一办法就是养性。更重要的是，薛瑄认为程颐对《西铭》的分析是不完整的。程氏表示该文本“明理一而分殊”[118]，可是，对于薛氏，就仁和义或理和理之表现而论，其合一的条件是“性”固有的整体性。薛瑄的这个立场值得被着重强调。正基于此，薛氏把自己表现成在寻找一个对理解《西铭》更有连贯性的解读。

薛氏以“性”取代张载著名比喻中的合一条件“气”，这有什么哲学意义呢？就本体论之，对薛氏而言，既然万物是由同样的“性”所产生，那么道已经决定了万物相关，如同亲属之间因血缘而相关。在程朱理学传统中，“性”统万物这个概念，是司空见惯的。对照这
60 个概念和张载不允许国家及私人利益分开的愿景，反映了薛氏哲学思想中，程朱和张氏不同的混合。因此，薛氏是一个强调“性”的程朱

理学家，可是他亦强调国家公器的重要性，毕竟这不应该与理学家想象的理气合一的世界分开。

~

总而言之，任何薛瑄哲学思想的研究，皆不应该忽略两部《读书录》是在薛瑄人生中两个不同阶段期间著成的这个事实，而任意引用之。再者，我们研究薛氏在两部《读书录》中对道统、理气关系和成为其学说核心的复性之讨论，就会发现其思想的发展是明显的。薛瑄代表明初北方理学家立场的道统观，是在这个议题的一个正面的替代观点。他相信道统存在于能完全体认圣贤之意的人，也就是能复其性者身上，且相信文献本身即是承载圣贤之意的媒介。对他来说，道统传承不需要，也不存在建立一个连接回朱熹的师承关系链的空间。换言之，金华模式的师生学术宗派，对于薛瑄而言并不重要。

我们只有看到薛氏对一个理气合一的世界的追寻，才能突出其哲学思想的精髓。就哲学而言，虽然薛氏以“性”取代了张氏的“气”，后者不区分国家和私人利益的构想，依旧是薛氏思想中重要的一环。薛氏仰赖国家教育和科举公器，而非私人书院。南方式的学术网络，是建立在私人师承关系，以及对一个具排他性学派的归属意识之上。而薛氏拒绝创立这样的学术网络。另外，他也主张坚持有组织的宗族应争取国家荣誉，而非依赖地方家族领袖的支持。薛瑄的这种态度，良有以也。明初中国北方较低的人口密度，以及较为商业化的中国南方在国家公器以外建立社会建制的能力，是其中可能的原因。然而，
薛氏哲学理念的影响也不该被忽略。正如其对官学的态度随着时间发 61
展而成熟，他对理气合一的追寻亦随之成熟。这个结合是受到张氏视宇宙为一个整体和不允许国家与社会分开的思想框架所影响。然而，薛氏毕竟不是气说的倡导者，并且他以“性”取代了“气”。他将理的至高无上，加入气的框架中。薛瑄对理气合一的追求解释了后世学者误以为存在于他的哲学思想中的矛盾、他对国家的全心信赖，以及他与南方同辈的哲学思想家的差异。这些差异，我将在接下来的章节中进一步分析。

62 第三章

“恤其本”：薛氏的宗族实践与其有关族谱、宗族组织的理念

在本章中，我将继续通过思想研究与人类组织相结合的研究方法，分析薛瑄的宗族组织理念及其后嗣的宗族实践，以求把思想史和社会史联结起来。首先必不可少的是理解河津县平原村的薛氏一族如何实践宗族组织。有了这个基础后，我们就能看到相对其最崇敬的祖先之态度，薛瑄的后嗣是如何实践宗族组织。薛氏的理念与其南方同辈的想法南辕北辙，这在对比薛瑄和那些南方主要思想大家各自的宗族组织观念后显得越发明显。此对比也将有助于我们理解理学各学派发展的不同。

薛氏宗族

薛氏族谱的介绍

根据包弼德的研究，相较于唐代及唐代以前的族谱，自宋以降的族谱（1）是私人编修的，（2）其目的是尽可能地包括诸亲人，并
63 （3）不断地添增有关宗族及其成员的细节资料。这一切都是为了巩固宗族的凝聚力。[1] 除了增强群体凝聚力以外，宋怡明指出，族谱也可以被视为群体组织实践宗族的“策略性文献”。对他们来说，这个具有策略性的文献是为了产生，也确实产生了某些社会效应。[2] 然而，

这些因时因地而有所不同的预期社会效应以及这种用意背后的理由是什么？

《薛氏族谱》于晚明期间编修，其中包括了一篇赵用光（1595 进士）的序文。河津人赵氏之所以被请作序文，既因为其为薛氏女婿，亦因其身份为翰林院学士。该族谱是在薛氏一族第十一、十二和十三世子孙的领导下，修纂而成的。赵氏的序文中提及六个名字：第十一世子孙知州薛惟杰（生卒年不详）；第十二世子孙同知薛应麟（生卒年不详）、照磨薛应第（生卒年不详）、训导薛应闱（生卒年不详）；以及第十三世子孙知州薛士宏（生卒年不详）和国子监生薛士杰（生卒年不详）。[3] 该族谱后来又分别于 1777 年和 1827 年重修。[4]

《薛氏族谱》混合了宋人欧阳修（1007—1072）和苏洵（1009—1066）所倡导的修谱法。《薛氏族谱》根据欧苏谱法，或可能根据当时一般的惯例，仔细地记录了每个父系男性成员的相对位置。其呼应了苏洵根据丧服级别每图列举“五世”关系的体例。例如，第一个图谱首以始祖，继续列至其第五世子孙；下一个图谱则始以第五世，列到第九世；第三个图谱，就从第九世列到第十三世，以此类推。[5]

《薛氏族谱》可以分成两个部分，即图谱和传记。这个结构无疑和欧阳修的谱法如出一辙。根据欧阳修的编谱原则，《薛氏族谱》中的那些图谱不包括女儿的名字。可是，《薛氏族谱》却加入了每个父系男性成员的元配和继配。此外，《薛氏族谱》也明确地记录了无论嫡庶的每个男性子孙其生母的姓氏。易言之，连生了儿子的妾，《薛 64
氏族谱》也会记录其姓氏。[6]

《薛氏族谱》以薛仁（生卒年不详）为第一世祖先开始，并且自薛仁到第五世薛贞（薛瑄的父亲），所呈现的每一世只有一子。首三世元配的姓氏都不详。从族谱中，我们知道薛贞有两个儿子，即薛瑄和其弟薛瑭。但其中没有更多有关薛瑭的资料。第二个图谱则以薛贞为首，继以薛瑄及其后嗣，至多一共写成五个图谱。《薛瑄全集》收录的族谱是根据 1827 年重修的版本，并且已经衍至第二十一世。把薛瑭完全排除在外，丝毫没有提及他有无婚配、子嗣，如此看来，这部族谱事实上是薛瑄后嗣的族谱。

有鉴于此，读者不免会怀疑，首五世每一世的继承人，是否真的仅有一个。其他的儿子，是否可能被故意略去呢？这样考虑，诚有所据。我们知道薛瑄的继母和家人在荥阳县住过一段时间。1432 年，当薛瑄的继母过世时，他辞官归返荥阳。他先将继母“浅”葬（暂时）于荥阳，之后于 1433 年秋冬间，扶柩归葬河津。[7] 居荥阳期间，他写了一封信给一位友人，其中提及叔父探访问候。薛瑄的叔父或许是去帮助其侄运送灵柩，结果也卒于荥阳。[8] 因此，薛贞显然不是薛仲义的唯一的儿子。

《薛氏族谱》的编纂者明显有意只建构薛瑄一支的谱系而已。通过忽略其他有亲属关系的薛氏成员，该族谱选择了一种限制其他人分享薛瑄后嗣所拥有的荣誉的排他态度。他们不是平原村任何一个普通的薛氏成员，而是薛瑄后嗣，一群有独特身份的薛氏成员。可是，鉴于没有人无祖先，因此编纂者巧妙地以止于薛贞的首五世开端。然后，他们通过以薛贞作为第二个图谱中的第一代的唯一成员，
65 有效地把其他族人从族谱中排除出去，甚至连薛瑭那一支的族人也一样。[9] 这种有意为之的举动，似乎成功限定加入他们群体的成员。到了 1777 年，薛氏族人请了一个外人为重修版族谱撰写序文。他只从表面内容泛泛地理解该族谱：

> 系始于文清公以上之五世。前四世世系系无支庶。五世官教谕者生公及瑭。瑭之后亦无考。今之列于《谱》者，皆公之子孙也。[10]

《薛氏族谱》的排他性策略成功地引导外人相信除了薛瑄一支以外，薛氏一族没有其他支派。

宋怡明注意到“宗族组织的实践不是抽象思维或任意建构的，宗族实践无可避免地会受到其所处的社会历史所影响。”[11] 宋怡明也论证了晚明和清代期间，明代福建福州地区具排他性且强调差异性的官员或士绅宗祠，终不敌强调共性和一个共同身份的大众宗祠。[12] 薛氏一族没有宗祠，但县城里有国家官立的薛瑄祠，且在其村里也有想必是

薛瑄的后人为其所私修的祠堂。除此以外，未见薛氏有任何其他祠堂的证据。[13] 因此，我们必须以族谱是最能探测薛氏一族对宗族以及其组织的态度的途径。

宋怡明的福建省福州一带之案例指向晚明和清代宗族从排他性变成包容性的转变。这与晚明首修的《薛氏族谱》迥然不同：该族谱试图限定和限制薛瑄一族成员的意图十分明显。而此个案的排他性更多的是一个策略性决定。这个决定是为了把文化声誉限定给某些族人，而非争取宗族组织履行社会责任的能力。[14]

薛氏一族的精英知识分子之所以编修族谱，不是为了捍卫族产或巩固群体凝聚力以增进地方防卫，也不是为了声明他们的族群身份。[15] 我并未发现薛氏有任何祖产的现存记录。事实上，这个宗族甚至称不上富裕。我们将在以下看到薛瑄墓茔的修建、重修和整修耗费了很长的 66
时间才完成，而且薛氏一族经常寻求国家的资助，因为他们自己在经济上负担不起这些工程。另外，既没有任何证据显示这个群体有外来势力带来的压力，而需要动员保卫自己，也没有证据显示他们的族群身份曾受到质疑。《薛氏族谱》无疑是族中的精英知识分子所编修的。他们决定在族谱中呈现或甚至是维持自己身份的方式，很可能是一种限定拥有知识分子所在乎的文化荣誉之策略。

当族中有祖先，是当朝首个获准入祀孔庙的人的话，那情况尤为如此。那是一个值得捍卫的殊荣。身为薛瑄的后嗣，这是薛氏一族，特别是其中的知识分子所不会闭口不谈的事情。他们也会毫不犹豫地向其邻居及读者提及这点，因此在他们重编和出版薛瑄的著作中，或是为族人动手或监督整修其祠堂和墓茔而撰写的记文中，出现这样的意图，并不出乎意料。

除了薛氏宗族这些自豪的举动以外，第十世子孙薛华（1523 进士）的有趣个案，明显反映了这种心理。万泉县在河津县的南方。万泉县县城往西北十五里有座东岳庙。农历三月二十八日举行一年一度的盛大庙庆，每年有上千人参与。那些崇拜者来自于附近的县。由于河津邻接万泉，自河津而至的崇拜者比其他县的更多。因此，尽管该庙和庙庆地处另一个县，却也是河津人的“地方空间”之一。大约

1515 年，一名河津人李盘资助了清洗和重妆该庙全部 26 尊神像的工程。另一位河津人薛华，则受邀为之撰写记文。有趣的是他的署名。在未指出自己 1510 年考获省级功名，然后继以自己的名字以前，他首先称自己为薛文清（薛瑄）五世孙。[16] 对作者而言，这样的称谓添加不少荣誉，并且比自己的科举功名更有分量。

67 尽管薛氏一族成员以考虑荣誉为基本动机，但我们没有理由相信该族谱里，没有有助于我们理解薛氏一族，或至少是族中那少数监督编修该谱的知识分子，具体如何理解及实践宗族的资料。虽然《薛氏族谱》的排他性和宋怡明从同时期福州的案例中所观察的趋势相反，但是这个差异本身证明了宋怡明的主要论点，即宗族组织的实践不是凭借抽象思维建构的。

宗族组织研究的两种类型

人类学家尝试理解中国宗族组织的研究，有两个主要的代表类型。集中研究中国南方的人类学家，强调族产的重要性。宗族中若有分支，此分支是和拥有族产，即拥有宗祠、土地或两者的能力分不开的。因此，在弗里德曼所倡导的两个极端中国宗族类型（A 和 Z）中，产业无疑扮演核心角色。[17]

另一个类型，即研究中国北方的人类学家的特点，则试图以两种不同的模式去理解中国的宗族组织。迈伦·科恩（Myron Cohen）提出“平行支派式”和“固定的宗法式”，用以阐明中国社会中，宗族组织的不同面向。用科恩自己的话来说，在平行支派式的模式中，

> 所有的子嗣宗派都是平行平等的。这个平等性提供了宗族细分成谱系支派的根据。再者，获取一个宗族或宗族支派所持有的族产的办法，是基于此社团式的模式中所声称的宗族关系之平等。[18]

这样的一种宗族组织模式，无疑是中国南方宗族主要的模式。另一方

面，再次以科恩自己的话论之，在“固定的宗法式”的模式中，宗族组织是，

> 以子嗣宗派的相对辈分为基础的。因此，整个宗族的凝聚
> 力，是建立在集中于继承自始祖、其嫡长子以及诸长子继承者的 68
> 大宗的祭祀礼仪上。[19]

根据科恩的研究，这两种模式在中国北方可以同时存在。但他也指出，在中国北方，“固定的宗法式，在缺乏显著的族产时，最容易作为凝聚力的表现”[20]。

这个科恩所谓的“固定的宗法式”其实等同于古代宗法制。作为一个人类学家，科恩不愿用这个词来形容这个模式。用他的话来说，因为“固定的宗法式的宗族组织模式和前帝制上古时期的宗法制，有某些相似之处。可是，异于宗法制，这个模式与重要政治地位的继承没有关联”。[21] 一个关注现代中国社会的人类学家，可能会慎重使用宗法一词。可是，中国明代历史学家，则不需有此顾虑。自宋代以来，经过了许多如欧阳修和苏洵的士人的努力，新宗法制取代了上古时代的宗法制。这个新宗法的形式本身不再跟贵族头衔的继承或主要官职的世袭有关，因为新的政治和社会结构中没有这些可以继承。起初，新复兴的族谱本诸此宗法，其目的是要确立适当的祭祀礼仪秩序，以作为维持宗族和谐与身份的途径。后来，在许多中国南方的案例中，其也成为把地方领导地位合法化以及规范族人的工具。可是，在中国北方，其最直接且主要的目的是凝聚宗族。无论最后是用来合法化领导地位，或者只是提供族人一个组织原则，其中的祭祀方面是一样的：嫡长子是祭祀继承人。这个宗族的祭祀面向以及经过修改后的族谱编修原则，并没有不同于“固定的宗法式”的组织，即前现代士人所认为的宗法制。[22] 所以，科恩的“固定的宗法式”对本书而言，并非不像宋代以后理学式的宗法制。

如绪论中所简单讨论的那样，前现代中国宗族组织的研究主要都集中在中国南方。另一方面，中国北方的研究则主要由人类学家进

行。这些人类学家凭借现代调查技术和尚活着能提供讯息的今人来进行研究。尽管有些讯息提供人或许仍然能回忆起民初，甚至是晚清期
69 间的某些方面，但是在进行那些调查的时候，没有任何活生生的人可以告诉我们有关明代和清代上半叶的记忆。明代大部分的时间里，薛氏一族中不存在“固定的宗法式”一事，在下面的讨论中将变得越发明显。

宗族组织与学术网络

明代人如何实践宗族组织，对我们理解中国北方和南方各理学学派发展的不同很重要。在有关江西吉水和安福县的个案研究中，张艺曦主张在王阳明吉安府的弟子当中，有两种传播王阳明学说的模式。[23]我们在他的著述里，看到王学传播模式之所以不同的根本原因和其影响，以及影响时间的长短，都跟王阳明弟子的宗族和其周边宗族的优势和类型有关。

例如，以罗洪先（1504—1564）为中心人物传播王阳明学说的讲学活动，在吉水县的同水区根深蒂固。不少来自各宗族的非士绅成员受到那些讲学活动的吸引并参与其中。当然，这些讲学活动是由有势力的地方宗族支援的。这些有势力的地方宗族成功地培养出官员和有功名士人，并通过婚姻和师生网络将彼此联系起来。这些讲学活动的弊病，在于其流传范围，无法超越该地区。[24] 反之，吉水县县城以邹元标（1551—1624）为中心人物的精英，则以不同的方式进行讲学活动。尽管邹元标也向某些城市宗族寻求支援，但这些宗族已经不复之前那般成功和有势力，而且修建书院的主要支援则来自地方政府。因此，邹元标的讲学活动范围，超越了县城，走进该县各区。由于整个项目和政府密切联系在一起，因此成为后来政治斗争的靶标，而且其所成功创建的书院，最终也遭禁毁。[25]

70 至于安福县，张艺曦指出以邹守益（1491—1562）为主要士人，讲学活动对北乡的影响，因为获得有势力的宗族的支持，而较为长久。由于两个具影响力的宗族的式微，南乡条件则较为不利，而且迄

至16、17世纪之交，就停止了一切的讲学活动。与此同时，曾经在刘元卿（1544—1609）领导下一度活跃的西乡讲学活动，也因为缺乏有势力的地方宗族的支持，而在刘元卿死后衰微。[26] 本书的一个问题是，那么薛氏一族是否像张氏著作中的那些宗族一样，能在传播薛瑄学说中起到积极的作用？

薛氏一族

将焦点转向薛氏一族，我接下来将表明对其族谱的研究如何能够告诉我们许多有关他们如何实践宗族的讯息。根据中国传统的命名习惯，宗族中族人的名字必须遵循一个能够表示不同世代的格式。这样的一个世次指标，是中国命名习惯和宗族组织的重要特征。[27] 标示世次的命名有两个主要形式。同宗同世次的所有男性成员的名讳，会共用一个部首（那他们的名讳一般只会由一字构成），或者共用一个字（那他们的名讳就需要有第二个字来分辨彼此）。[28] 在文人家族同一世代成员的名讳中，也常见有一个有系统且能够识别的规律。这个议题将在以下的部分予以更详细的讨论。

我们知道薛瑄有四个儿子：溥、淳、浚和治。他们的名讳，均共用水部首。其次子一支，只传六世就断绝了。重修版族谱声明有关无嗣而断绝之系，旧谱已录其资料，因此，重修版不再重述。[29] 至于三子和幼子，则已婚却无嗣。[30] 长子溥有二子，即薛禩（1464进士）和薛祐（生卒年不详）。薛祐一支传五世，但在重修版族谱中，没有他这支相关的讯息。因此，目前这本族谱实际上是薛瑄后嗣长房一支，即其 71
长子溥和长孙禩那支的族谱。第八世成员的名讳也共用了一个部首。[31]

薛禩则有六子：韶、鸾、讷、諴、谋和谧。首二子名讳的部首和其他弟弟的不一样，甚至是二者彼此名讳的部首也不同，其中的原因不明。基于某些未知的原因，薛氏决定在长子和次子已出生与命名以后，方决定第九世将采用言部首。[32] 在六个兄弟当中，諴已婚，但无嗣，而谋早逝。因此，族谱中所罗列的是，韶、鸾、讷和谧四支的后嗣。第九世刚好是第三个图谱的第一世。薛氏一族的男性成员，在第九世以后开始大增。我将在下个部分分别分析这四系。

如上述所言，我们可以说所看到的《薛氏族谱》是为了确立薛氏家族本身的文化声威而建构的。《薛氏族谱》是在大约 1614 年，薛瑄从祀孔庙 40 年以后，首次编修的。那么，我们可能会问：这部族谱，可以告诉我们薛氏一族在实际上有多密切地结合或组织在一起呢？相较于薛瑄有关宗族重要性的观点，这个宗族组织又是怎样的呢？就人类学家所主张的中国北方宗族模式而言，我们可以从薛氏一族这里学到什么？最后，这个宗族模式如何对薛瑄学派有所贡献或无所贡献？

我通过研究《薛氏族谱》的前四个图谱，即从第一世至第五世，第五世至第九世、第九世至第十三世，以及第十三至第十七世的图谱，来研究明代薛氏的宗族组织。[33] 这个宗族的成员在明代最后一个可证实的活动年份是 1643 年，即第十四世孙薛昌允中进士那年。[34] 当时他的确切岁数不明。我们不知道他已婚否，或在中进士时，是否可能已经是父亲或祖父了。尽管他是明代最后一个被收录进族谱的薛氏，我们不应该为其世次相对高而感到惊讶，因为同世次的族人年纪
72 相差数秩，这个情况并不罕见。有些第十七世的成员没有在明代生活过，但是本文将《薛氏族谱》的研究延伸至那一世，因为其中某些成员可能曾是明朝的臣民。

再者，如命名、新妇人选、子嗣过继事宜，是由较前世次的成员来决定的。因此，有些我们在第十七世看到的模式其实反映了第十五或第十六世的立场。这个部分研究的一些较后世次的薛氏成员，其中有不少成员经历过明清鼎革。而如下所示，我们看到宗族在这段发生激烈政治变革的期间，发展出重要的新特点。在族谱所能告诉我们的众多讯息中，我们必须了解的最重要的四个是：族人的士绅身份、婚姻模式、命名规律和过继事宜。

薛氏的士绅身份

所谓“士绅”，我指的是至少拥有国家或其代理者所颁赐的某种社会身份的人。这些社会身份可以是从朝廷官僚体制中的具体官职到

任何级别的科举功名包括官学生员，甚至包括乡饮宾。表1呈现了薛氏一族第五世至第十七世成员所持有的各类功名或荣衔。四个进士和三个举人，在明代这绝非一个骄人的数字。相对其中持有不同程度上的官方荣衔的142人，薛氏一族有共计超过870名男性成员。后者在数字上使前者相形见绌。族谱中，薛氏一族所获得的功名和官方身份的数量呈逐渐减少的趋势。例如，尽管从第十一世到第十六世，族中士绅的数量增至两位数，但是获得士绅身份的百分比，实际上下降了。这是因为男性成员的总数从第十一世的26人，在第十六世时增至209人。当第十七世成员的数量达到300人时，只有9人可多少算是拥有士绅身份。[35] 另外，在那142人当中，121人实际上是持有较低功名者，或是只获得生员身份（从岁贡至佾礼生），而非最高荣誉的功名。此外，尽管朝廷会给有些贡生授任次要的官职，但是他们大多不仕。总体而言，薛氏一族不显赫，在政治上也并不强势，尤其是 73
相对于相互通婚的王氏、杨氏、张氏和韩氏宗族。这些宗族皆来自蒲州，且其中重要的成员，都在薛瑄于1571年获准从祀孔庙一事中扮演重要的角色。[36]

婚姻模式

表3至表7（见附录一）则是关乎薛氏一族的婚姻规律。这些列表的数据以四舍五入至最接近的千分比（因此，总和不完全等于百分之一百）。薛氏一族的新妇们，几乎全来自于河津县内，只有三名是外地人。若她们来自河津县境外，族谱会如实地记下。[37]

这些列表（除了表3外，其他的表列举了各代的情况。）以三世代一周期的方式编排，因为活着的祖父比很可能已逝世的曾祖父更可能影响新妇的人选。这个三世代一周期的编排方式，当然只是为了更简易地分析讨论而人为制作出来的。列表从第九世开始，因为从现存的《薛氏族谱》看来，显然是薛瑄长孙薛禥的后嗣继续繁衍并填满这部族谱。此外，这些列表没有像传统族谱那样，以同一世代把各周期连接起来。换言之，不以同一世代作为前一个周期之末和后一个周期之首。这样可能会遮蔽某些“三世代”关系。例如，一反我们第九世至第十一世和第十二世至十四世的周期安排，实际的生活经历可能是，位居第十一世次的祖父和位居第十二世和第十三世次的成员生活在一起，而影响婚姻决定。可是，基于缺乏几乎所有薛氏成员足够的传记资料，我们不知道哪一个情况更符合事实。因此，这个统计工作将“无视”实际的历史经验。这样的一种方法，也有避免重复计算的好处。

第五世到第十世人数不多。因此，我将集中讨论韶、鸾、讷和谧四系。[38] 从列表中看来，此四系的新妇，显然有一些共同的姓氏，即畅、高、贾、李、任、王、张和赵。这八姓以外，韶、鸾和讷三系也
74 有姓丁、董、杜、何、解、许和岳的新妇。韶－讷－谧三系以及鸾－讷－谧三系，分别均有姓孙和姓袁的新妇。如此多元的姻亲姓氏反映了中国北方趋于多姓村的总趋势。然而，如果薛氏着实有策略性婚姻联盟的存在的话，如此多元的姻亲姓氏亦无法告诉我们很多相关的讯息。

如果没有证据显示薛氏作为一个宗族以一种有系统的模式去寻找其新妇，那么在个别支系内又如何呢？对此，证据再次显示了负面的答案。韶一系的 23 个姻亲姓氏中，只有三个姓氏重复出现在三个周期中；鸾一系则显示 28 个姻亲姓氏中，有四个重复出现；而讷一系中的 58 个姻亲姓氏中，有 12 个重复出现；谧一系则没有姻亲姓氏重复出现。这个统计意味着即使在同一支系当中，也没有一个与特定姓氏群体有婚姻联盟的历时大趋势。

薛氏家族随着时间的推移稳步发展扩大。当族中越来越多成员成家娶妻时，我们看到姻亲姓氏的进一步多元化，而非族中既有的婚姻规律的强化。韶一系的第一和第二周期中，各有三个新妇的姓氏仅出现一次；在第三个周期则增至八个。鸾一系的第一周期中，有三个这样的新妇；第二个周期中，有两个；第三个周期则有八个。我们在讷一系中，则看到了第二个周期的三个这类个案，以及第三个周期的八个。

薛氏一族的婚姻模式，没有比其培养功名者的成就来得更有意思。薛瑄无疑是一个受明清两朝朝廷以及官员和士人敬服，并且值得他们赋予威望和荣誉的人物。尽管如此，这些荣耀没有给予其后嗣经

济与社会实惠。尽管《薛氏族谱》的编纂是为了尝试捍卫身为薛瑄的后嗣之威望，然而，薛瑄后嗣所拥有的现实势力，或是此现实势力的相对欠缺，解释了他们的历史经验和其实际的宗族实践。显然，除了身为薛瑄的后嗣这个威望以外，他们没有什么可以独占的优势了。与族中务农的亲人相比，当然这样的文化声威对族中的精英知识分子而言更为重要。接下来，我将转向宗族实践的另外两个面向，进一步说明薛氏一族，至少是相对古代的理想而言，缺乏“内部组织”。

命名规律 75

一个宗族中若存在着共同且有系统的命名规律，则意味着这是一个广为族人所接受的宗族组织，也指向了其结合的紧密以及领导层具有的效力。反之，则意味着它欠缺一个有效的宗族组织，或该组织是相对脆弱松散的。我们在前文中看到了第九世孙薛禩的 6 个儿子（全都是元配高氏所出）当中，只有最后四个儿子共用一个行字。这种做法在之后的三个世代中变得较为稳定。而其中第十世所有 15 名男性成员均为单名，且均使用了草部首（艸）。同样，第十一世的所有 26 名男性成员都用“惟”字作为其名讳的第一个字。所有第十二世的 49 名男性成员，则共用“应”字。除了薛尚趋一人（生卒年不详）以外，所有第十三世的 63 名男性成员都共用“士”字。[39] 积极参与薛瑄的墓茔建筑工程、出版薛瑄著作，以及编修《薛氏族谱》的那些薛氏成员，均是这四世的成员。有关这当中蕴含的意义，将会在下文进行讨论。

这个系统在第十四世开始多少变得松散。第十四世当中，有 5 位成员共用“昌”字，而剩下的 68 位则共用“继”字。[40] 即使它有自己异样的一个微规律，然而，第十四世从主流命名规律中脱离出来的原因则不详。第十二世的薛应第（生卒年不详）和薛应策（生卒年不详）是兄弟，他们都是薛惟正（生卒年不详）的儿子。薛应第是长子，薛应策是次子，他们有 3 个弟弟。薛应第接着有两个儿子。而薛应第两个由其幼子所生的孙子，他们的名讳中均有“昌”字。薛应策也刚巧有两个儿子，并且薛应策三个由其幼子所生的孙子，其名讳中也都共用了“昌”字。乍看之下，这里似乎有它自己的一个规律，因此只有同曾祖父的男性后嗣，才共用这个世次指标。可是，薛应第两个由其长子所生的孙子，以及薛应策两个由其长子所生的孙子，以及其弟弟们的孙子，他们的名讳，如族里其他同辈的一般，皆共用了“继”字。[41]（参考附录一中的表 8。）

这个命名制度基本上在第十五世就崩溃了，并且之后继续无系统地命名子孙。在第十五世中，32 名男性成员单名。这些名讳可以分成
76 八组，各组分别有一个共同的部首。其中有的选择令人惊讶。第一组采用了言部首（第九世已用过了），而另一组则选择了草部首（即第十世已用过的部首）。这两个部首的使用，似乎违背了不重复的通例。然后，我们有 60 名男性成员共用“永”字，五名共用“廷”字。另一方面，有 16 名共用了“侯”字作为其名讳的第二个字。此外，也有双名而名讳当中无可辨识的世次指标的孤例。[42]

在第十六世中，四人单名并共用一个部首，也有双名而名讳中无一字是可辨识的世次指标的三个个案。另一方面，在这个世代其余的两百零二位男性中，共有十一组世次指标。然而，这些世次指标的分布是不均匀的，从少至三个名讳共用一个世次指标，到多达六十个名讳共用一个的情况都有。[43]第十七世的情况，变得更加复杂。第十七世中有九人单名。九人当中有两组为三人共用一个部首（而其中一组重复了经已用于第十五世的部首），另外三人则没有共有一个部首或字。我们也找到另外三人，双名而没有任何一个可辨识的世次指标。这个世代剩下的两百八十八人可归类成十八个世次指标组别，其中各组有两人到六十一人不等。在这些组别当中，有两组的世次指标，不像一般做法将其用作双名的第一个字，而是用作名讳中的第二个字。[44]有关第十五到第十七世世次指标的统计，参考附录一中的表 9 到表 11。

截至第十五世，薛氏一族开始打破系统性命名惯例。这种命名制度的瓦解分明反映了对于维持一个明确规定的命名制度一事，父系男性成员之间缺乏有效的合作。事实上，除了一些较小规模的系统性命名情况以外，就算是彼此同曾祖父的成员，对维持一个明确规定的命

名制度一事也不感兴趣。[45] 另一方面，同祖父的堂亲之间也可能并没 77
有一个共同的世次指标，这种情况也十分常见。[46]

除了作为命名制度瓦解成近乎完全混乱状态的世代，第十五世标志着薛氏男性成员人数首次破百，其后的人数继续增长。薛氏一族第十五世到第十七世子孙是那些经历明清鼎革的人，这一点并非巧合。我们不清楚鼎革究竟如何影响薛氏的组织能力。可是，即便这种命名制度的崩溃纯粹是因为男性后嗣的繁衍增多，亦说明了薛氏一族面对这样的挑战时，缺乏一个有效的组织结构或宗族内部势力。[47]

过继与宗法

如前文所论，科恩假定了"固定的宗法式"是中国北方宗族组织的主要模式。可是，我们如何知晓这是现代中国的新现象，还是在中国帝国晚期已形成的惯例，又或是更古老的模式呢？《薛氏族谱》中的讯息可能可以提供一些线索。首先，宗法要发挥作用，主要的条件是即使牺牲小支派，族人也要确保嫡长房一支延续不绝。其次，宗法制是一个复杂的制度，因为尽管一个不是长子的儿子，不能成为宗子，但他可以成为其小宗之祖。这为各支派创造了许多要维持的支系。一组族人只有在精心维持继承自始祖的嫡长房一支，以及至少也普遍维持各小宗的长房一支这样的情况下，才能称得上是致力于宗法制度。

当支派缺乏男性继承人而面临断绝的威胁时，确保这样的延续最常见的方法是过继。[48] 薛氏一族明确地在族谱例义中，列出四种相关讯息不入谱的情况："妻室改适，及次而无出，与子孙出继他人，并他氏入继者"，以"防伪入"。[49] 后来还加入了："一子不得继二门，若
必欲继伯叔者，则于本门下以子某出继书之。宗支不容紊也。"[50] 薛 78
氏一族强调族谱只承认同氏亲属入继的重要性并不稀奇。换句话说，外人入继是不被鼓励或不受族谱所承认的，只有薛氏家族中的子侄作为继子，才会受到承认。明代大部分时间里，比起确保他们的延续不绝，薛氏一族更在意他们的宗支是否受外人破坏而不复纯正。

表 12 和表 13（见附录一）显示族谱所录之薛氏一族的过继情况。[51] 事实上，所有成员是薛禩的后嗣，而禩有六子（构成第九世），但这六兄弟的各长房支系最终陆续在各世代中断绝。[52] 单以薛氏一族的第十世而论，有 15 人，其中 13 人有继承者。在大多数的情况里，其各长房支派最终都断绝；仅有一系的长房支派延续至第十七世（进入第五个图谱）。第十世只有三例过继的情况。讽刺的是，这三次过继都发生在能延续较久的这一系当中。而出现那些过继情况并非为了维系其长房一支：养父薛兰（生卒年不详）是薛讷的三子，其两个兄长各有四个儿子。其实，薛兰一开始没有继承人，他从两位兄长及弟弟那里过继了三个儿子。[53]

以上的讨论涵盖了族谱中的第三个图谱。假如我们往前看第四个图谱之首，即第十三世，情况似乎有所改善。在该世次的 63 人中，尽管长房一支有 14 人无嗣，而 12 人的后嗣无法延续至第十七世，这些消失或断绝了的支派总和不到全数的一半。[54] 从表 12 和表 13 看来，过继的情况显然越来越多了。第十七世的过继次数，几乎占据了我们设下的时间框架里之总过继次数的一半，而第十六世的则构成另外四分之一。有趣的是，尽管为了维系长房一支而过继的总次数，几乎和为了其他原因而过继的次数相等，但是在第十七世当中前者有所增加。

79 就薛氏而言，在明代的大部分时间里，他们没有强调宗法制度。一直到后来，大约明清鼎革之际，我们才看到过继次数明显增多，尤其是为了确保各系长房一支不绝而过继的次数。严格上来说，从第九世开始的所有长房支派，截至当时就已经断绝了，更遑论薛瑄自己的长房一支。可是，薛氏一族可能是抱着迟解决问题，总比不解决来得好的态度。

人类学家在现代中国所见的“固定的宗法式”组织模式不一定是明代普遍的模式。[55] 在薛氏宗族的个案中，尽管以宗法制为理想的信仰，或许比其实际实践更早就存在着，但他们对宗法制度的强调，顶多是在十七世纪下半叶才开始出现的新现象。有关这个宗族实践之转变的解释或更完整的调查，已超越本书可及的范围。因此，以下对其意义的讨论，将限定在我们可以说明的范围内。

合作项目

我们现在超越《薛氏族谱》，进而探究记叙薛瑄墓茔修建和重修工程以及薛瑄著作出版的序文和记录。虽然这会在第五章中详细讨论，在本节中，我们将密切调查这些工程的参与者，以判断是否有薛氏宗族作为一个群体组织而共同合作的任何提示。

在薛葵（生卒年不详）反复向诸山西巡按监察御史请求后，尤其是在其堂兄薛华死后，1533 年方有一项重修薛瑄墓茔的主要工程。这是在一系列次要修建工程之后的工程。虽然河津县知县是资助者，但薛葵才是计划和监督该工程的人。人们把薛瑄墓茔的整修，归功于薛葵和薛华二人对此事的奔走投入。他们两人是韶一系和鸾一系第十世的长男。其他三名官学生员薛芝（生卒年不详）、薛艾（生卒年不详）和薛芬（生卒年不详）对这些工程的奔走也为人所称道。此外，另有三个没有任何功名或士绅身份的族人薛朝（生卒年不详）、薛蔓（生卒年不详）和薛莱（生卒年不详），负责建筑物料。除了薛朝以外， 80
他们所有人都是族中的第十世孙。而这组人，是薛褆之子当中，四个未绝嗣支系的后人。可是，参与这个工程的人超越了薛褆家族，因为当中牵涉薛朝。薛朝这个名字没有在现存的族谱中出现；他也许是薛淳或薛祐的后人。异于现存族谱实际是薛褆后嗣的记录，这个工程有薛褆一支以外的代表参与——虽然还是其以薛葵和薛华二系为重。记录中提及葵的三个儿子和华的两个儿子有为家族带来最高荣誉的潜能。[56] 如此包容众多支系代表的意义，在与以下的案例比较后，变得更加明显。

1538 年间有一项对薛瑄陵墓飨堂进行整修的工程。这项工程是由新任知县发起，可能也是他资助的。这项工程也有书面记录。作者声称是在薛氏一族的请求下撰写记文的，他列举了许多薛氏宗族的成员。这个名单以辈分先后的原则列举名字。名单以作为薛瑄的四世孙（即《薛氏族谱》的第九世）的薛朝为首；[57] 继以十名薛瑄的五世孙

（即《薛氏族谱》的第十世）；然后以七名薛瑄的六世孙（即《薛氏族谱》的第十一世）结尾。[58] 这组人再次包括了薛氏宗族所有主要的支派。虽然该工程不是薛氏一族所发起和资助的，但显然他们在请求外人撰写记文时，试图确保所有主要支派都有代表，以此向外人呈现一个统一阵线。

上述证据是否足以证明一个在这类工程携手合作，且组织良好的薛氏宗族的存在呢？首先，就算他们真的在这类纪念性工程中携手合作，那也是临时性的。若要论证一个经常携手进行各项活动且组织良好的宗族，需要更多证据。其次，如此一次性地展示其凝聚力，在很大的程度上是对外呈现某种形象的一种伪装。即便如此，这里重要的
81 是，薛氏一族至少还想如此伪装。这样的现象及其最终的改变代表了新的发展。在有关 1554 年一项由监察御史发起和资助的整修工程记录中，作者只提及两名薛氏成员请其为此撰写记文。他们分别是韶和讷的孙子。[59] 这一次，他们没有要呈现囊括所有的支派的形象。

下一个显著的工程是编修赵用光 1614 年作序的《薛氏族谱》。赵氏是一位薛氏成员的女婿，也与其同县。收录在赵氏的《文集》中的那版序文，省略了参与编修的薛氏成员名单。[60] 可是，《薛氏族谱》中的版本则把整个名单列举出来，而我在本章已经罗列了这些名字。他们当中，只有薛惟杰属于薛韶一系，而其他则均属于薛讷一系。

其中一位参与编修族谱的薛氏成员薛士宏，无疑也是晚明期间，在其父系亲属中最重要且最具影响力的人物之一。尽管薛士宏只是一名贡生，他却当了三任知县和一任知州，使他成为同期薛氏成员中，官职最高者之一。[61] 薛士宏也负责在 1606 年将薛瑄的《年谱》、《粹言》、《名言》、《文集》和《策目》编入一书。根据他自己的回忆，他差遣了一名使者归家找出薛瑄家藏而未镌刻的著作。他的两名叔叔，国子监监生薛应第和生员薛应铨，把这五套不同的著作交与他，而薛士宏则负责手抄、选录这些著作，并将之编辑成一部集子。他无疑将这个工作视为自己对延续薛瑄的声名的个人贡献。[62]

八年后的 1614 年，薛士宏进行另一项工程，即出版薛瑄的《文集》。其序文中，开篇记叙薛瑄为官的成就和从祀孔庙一事，接着从

薛溥开始，记述自己的家族历史。可是他只列举那些有功名的祖先和亲人，而他们大多都曾出仕任官。他的名单列得挺详细，因为他不论官职高低，几乎把族中所有曾当官的人都包罗在内。其名单中的例外是以其子获赐官职的薛溥，以及士宏自己的父亲。其父只是县学廪 82
生，且当时已经去世。薛士宏还费心通知读者，薛瑄的《文集》是自己以俸禄出资刊刻的。他继续提及自己为祖坟和薛瑄家庙进行的小型整修工程，想必费用也是出自其囊。[63] 这些工程和序文显然几乎是他个人的贡献，因为没有证据显示存在着一个有组织的宗族行为。薛士宏作为其时薛氏一族最显著的成员之一，希望自己能与其祖先的声名挂钩，但却担心别人不那样看待他。在撰写有关薛瑄《文集》的刊刻时，薛士宏评论道：

> 弘维先人从祀有年，奚资赘举。而弘庸质劣品，又奚与作求之列。但窃闻之，后人之于先也，见一善则书之，有美未尝不扬，夫亦各从志焉尔。如一示诸人人，而曰文清衣钵之有在乎。则弘之忝所生也，不概多哉！不概多哉！[64]

我们不能判断薛士宏是否无愧于所生，但可能达成与一个受人敬仰的祖先声名挂钩的这个志愿的人是有限的。薛士宏理所当然地视自己为其中一个可能达成的候选人，并且认为没有必要投射一个宗族的统一阵线。

明代最后一个由薛氏成员进行的出版工程是 1643 年薛瑄《从政名言》的重刊。两位负责这个工程的是薛继岩（1642 举人）和薛昌胤（1643 进士）。他们两人同年通过乡试。两人如薛士宏一样皆是讷一系的后人，并且也不见任何他们与其他人合作的迹象。[65]

~ 83

现在我们知道了有关河津县平原薛氏——薛瑄后嗣的什么事情呢？首先，他们在科举考试以及官场的总体表现，并不特别杰出。他们可能是因为薛瑄而受人尊重的群体——或者至少他们认为自己受人尊重。这一点在他们独独为薛瑄后嗣，更确切地说，仅为其长子薛溥长孙薛禩该长房一系编修族谱一事中是十分明显的。另一方面，从他们的婚姻模式看来，没有证据表明他们有明确定义的选择新妇的策略。这可能跟他们相对缺乏政治和经济势力有关。此外，我们可以说他们缺乏一个内部组织与调整的紧密结构。从其命名系统最终的崩溃看来，这是显而易见的。[66]

紧密结合的宗族普遍存在于同时期的中国南方。总的来说，薛氏宗族不是一个如此意义上紧密结合的宗族，并且也没有任何证据指向该宗族拥有科恩所谓的强大的“固定的宗法式的组织”。这清楚地从他们有很多世代经常发生支派内，许多甚至可能是全部长房支系无嗣而断绝的情形显示出来。更遑论其整个宗族的大宗较早就无嗣而断绝的事实。可是，试图维系存留下来的长房支系的尝试，如同过继的情况一样，似乎在接近明清鼎革时期变得更为普遍。科恩的模式可能可以用于清代或现代中国。对明代薛氏一族而言，则似乎不可能。当然，我的目的不是要在这里挑战科恩的模式，因为那超越了本书可及的范围。若要那么做，就也必须要考察薛氏比邻的族谱，以及薛瑄那些来自周遭地区的弟子的族谱。

从薛氏一族进行的各项工程来看，在16世纪上半叶期间，无论那些支派的亲属是否真有参与其中，薛氏一族确实有试图确保记录中有所有主要支派的代表。随着时间的推移，包括编修族谱的其他的工程，都只涉及了某个支派的成员，而如出版和重刊薛瑄著作的这类具
84 文化声威的工作，则进一步限于宗族中的几个精英成员来进行。我们可以总结，从薛瑄孙子薛禩那时至明朝灭亡前的那几年，薛氏宗族中的文化精英，如应第、应铨、士宏、继岩和昌胤，都参与了薛瑄学说的传播。这基本上是通过保留、收集、编辑和刊刻薛瑄的著作来实现的。然而，薛氏一族不是一个在政治和经济上强大的宗族，并且薛氏一族让其成员耽于治学，甚至是治他们最崇敬的共同祖先之学说的能力是有限的。因此，薛氏一族既不是一个组织良好的宗族，也没有足够的条件去资助薛瑄学说的传播。我们在这里看不到张艺曦所描述的吉水县与安福县的模式。

薛瑄对族谱书写与宗族组织的理念

渊源

薛瑄本人很少提及有关薛氏宗族或是任何宗族组织的存在。他唯一明确提到其“族”的例子在他为其去世的父亲撰写的墓表当中。可是，即使是那个“族”也不像是指称任何正式的宗族组织，而仅仅是指一群父系亲属：

> 河津古河东地。我先世自得姓以来，即居之，鲜有徙寓四方者。故族属蕃大，不下数十家，没而葬于汾阴之南坡者，封树累累焉。[67]

这告诉我们同姓薛氏的族人已经在那一带居住久至他们自己也记不清了。在这一段文字中，没有任何有组织的群体存在的提示。其族人邻近彼此而居，并且有一个模糊界定的共同墓葬区。[68] 这段文字中，只有这两处暗示其族人之间的凝聚力。而这些条件本身不能构成他们有一个有组织的宗族的证据。

如果我们相信宗族组织和编修族谱是中国帝国晚期的普遍惯例，但是有那么多族人在同一个地区居住过相当长的一段时间，而薛瑄却没有编修族谱的冲动，这不是很令人费解吗？即便当时已经有一部族谱了，但是身为薛氏一族中，在政治上获得最高成就，以及在理学圈
子中极负盛名的人，薛瑄既没有采取任何行动，也没有受邀参与重修 85
族谱，这难道不仍然显得奇怪吗？他活了很长的一段时间——超过 70 年，长到足以让我们认为会有一部重修的族谱出现。可是，一部也没有出现。

我将通过研究薛瑄所撰写有关其他人的族谱的文章，试图了解薛瑄对族谱和宗族的理念。在其文集中，有八篇族谱序和跋，以及一篇文集跋。该文集收录了为庆祝一件可以算是给张谏（1439 进士）家带来荣耀的事情而写的一组文章。薛瑄这九篇中提及的家族，没有一个

来自山西：一个是山东的、一个是今江苏地区的、一个是福建的、一个是河南的、四个是江西的，以及一个点不详。其中大多数的族谱来自南方，这并不惊人，因为我们早已知道那里的族谱编纂和宗族组织较为发达且更有活力。

请求薛瑄撰写序文或跋的九人，均曾是官员，并且他们多数可能是在任官期间认识薛瑄。我们可以确定其中五人中进士的年份，以及另外两人中举人的年份。剩下的两人至少肯定通过乡试，可是我们无法确定其中式的年份。从薛瑄撰写的著作中，我们知道那九个家族中有四个家族过去已有更早的族谱版本在流传。另外有三个家族，显然是首次编修族谱，而剩下的两个家族情况不详。[69] 所有这些讯息，均列于表 14 中（见附录二）。

编修族谱之鹄的

对于薛瑄而言，亲族所面临的最大问题是，自宗法制度崩溃以后，人不知其本源或祖宗。因此，五服之亲相见，可能好像陌生人。[70] 薛瑄也指出古时氏族以许多不同的方式辨别自己，如名字、谥号、官族和封土。可是，随着时间的推移，且随着家族不再永久性地长住一处，
86 族亲就变得疏远。他写道宗族越是古远，族亲就越是疏远；而他们分得越疏远，其凝聚力就会变得越弱。[71] 薛氏提出这种宗族事业并未完全消失。他提醒我们“幸而士大夫家间有谱牒以纪其世”[72]。

薛瑄把族谱编纂和族亲凝聚力的维系，理解为士大夫的责任。这不纯粹是基于逻辑原因——不仅仅因为士大夫有完成这些任务所需的经济条件和文化素养。薛瑄视编修族谱为士绅真正应该做的事情。[73] 他相信这个特定的社会群体通常有志于“复古”，而且编修族谱是打开古代之门的钥匙。[74]

那么，一部族谱应该包含什么内容，而且应该怎么写？薛瑄如下总结族谱编纂的直接目的：

> 重本始，别亲疏，正伦理，笃恩爱，仁义之道备焉。[75]

在同一段落，他紧接着提醒读者“士大夫苟有所作，必慎于传信，而不敢易其事。”[76]

到了 15 世纪时，有关编写族谱需要遵守的原则，在士大夫当中出现了一些共识。薛瑄则指出两个通病：远附显者以自重，以及厚加润泽以失真。[77] 对于薛氏而言，一部好的族谱不仅要叙系有法，述载简实，也必须避免夸大附会。[78] 事实上，对薛瑄而言，族谱蕴含的诚意和促使编修族谱的仁性一样重要。他从杨氏族谱中引了一个例子：

> 且其五世之上，略而弗书，阙所疑也；五世之下，详而不
> 遗，所传信也。疑者阙而信者传，与世之妄拟夸大其宗，而援引 87
> 附会，疏略失实者异矣。其用心又诚矣哉！[79]

薛氏非常强调诚意的重要性。在另外一篇序文中，薛瑄完全同意请他帮忙的揭稽的立场。根据揭氏：

> 今吾因而修之，略于远，非敢忽也，缺所知也；详于近，非有偏也，备所及也。[80]

因此，记事以信而不妄加捏造的诚意，是编写族谱的核心。

另一个薛瑄认为士绅应该编纂族谱的原因在于对他而言，编写族谱是为了开始或继续彰显宗族。而他把一族之伟绩，理解为族人在科举考试和仕途中所获得的成就。当然，这不是在说这般现实的目的是编写族谱之唯一鹄的。薛瑄也强调族谱的编纂和流传，将确保族人知晓自己的本源及祖先之德。他相信这将激发族人兴起对祖先的孝悌慈良之心。[81] 根据另一篇他为河南李氏宗族所写的序文：

> 一寓目而咸得其世。各亲其亲，各长其长，各幼其幼，孝敬慈爱之风，永久不衰。则李氏之世愈远愈昌。[82]

除此以外，在薛瑄的想法里，一部族谱的核心价值与其族人的宦绩息

息相关。因此，所有薛瑄为之撰写序或跋的人，都有士大夫的背景。他一再地重复水源及其流的比喻来形容族谱开始或延续家族的伟绩，
88 如《跋李氏族谱后》。这一江西的李氏宗族宣称其是唐代西平忠武王李晟（727—793）的后人。薛瑄在为其族谱所写的跋中，提及自李晟那时之后李氏族人的各种宦绩，并且指出当时的族谱编者李茂（1493进士）以明经登进士第且任大理丞。薛氏继续道：

（李茂）继西平之往烈，衍谷坪之后裔，未见其极也。不观诸江河乎？出岷昆，行乎无垠，入乎无门，巨流支流，浩博绵演，愈远而不息者，以其源之洪也。西平有大功于唐室，殆岷昆其源乎！不然，何其子孙流派若是之盛也！尝观世之君子，遑恤其本，而惟末之求。譬之沼沚寻尺之水，决而引之，不终日而竭矣。尚可望其绵延不绝，愈远而愈盛乎！然则李氏有《谱》，不惟其子若孙，知源之有自，皆力于善而无怠于继承。世之君子观此，亦足以矫然而知劝矣！[83]

薛瑄赞颂李氏宗族过去成就显著，并似乎认为这样显赫的门第才能保障或解释其后人的成就。对他来说，族谱也有助于流传族中过去的辉煌，因此可以作为后代族人的一种启示。这是薛瑄作水源及其流的比喻所要表达的意思。这样的态度对他而言特别重要，因为明代首个世纪期间，中国北方没有多少强大的宗族或望族。北方也没有那类存在于金华的学术宗派。因为这样的一种欠缺，薛瑄看到了道德修养和颂扬任何在仕途上的成就的重要性。这也在他对其父出仕情况的细致记述中表露出来。其父由始至终都以担任县学教谕为主。[84]

89 在薛瑄为周氏族谱所作的序文里，其感触越发明显。我们从这里知晓这一支派的祖先很可能在宋代时担任过教育方面的次要职位。之后，周氏一族有出过儒吏和儒医。“儒”这一词，可能只是用来修饰他们仅为县吏和郎中的事实而已。尽管元朝期间，连在精英家族中都越发流行这些职业，但这些职业一直都不属于最受尊敬的职业。无论如何，薛瑄依旧把周氏这些宋代的祖先描绘成是周氏宗族之后长期固

定改善进步的发端。在再次引用上述渊源的比喻以后，他接着写道：

> 今秉忠（请求薛瑄为之作序的人）复以文学奋迹科目，遂有分教之命。周氏之积，殆发于秉忠乎！吾见其沛然奔放，而莫之御也。[85]

单单一个个人的成就不是最主要的，可是，薛氏很快地提醒读者：

> 然周氏之积而发者固可验，使秉忠之后，遑恤阙源而决之不已，则广且深者，亦将有时而竭矣。惟能因余言，以历览其先德之懿，以世济其美，则源益长。[86]

薛瑄认为族谱不只是一部记录族人关系的文献。对他而言，更重要的是族谱乃一个士大夫的教育工具，以确保过去的辉煌不会遭人遗忘，而这样的记忆会进而激发族人争取入仕。

尽管薛瑄之后的薛氏一族并不是出了很多官员的群体，但他们不断地送儿子入官学，事举子业，而且偶尔也会有出仕者。薛瑄会将此视为宗族昌盛的例子，如同一条源远流长的河。在这个族谱为宗族而服务的意义上，尤其是作为先辈之德的备忘录和启示后人的根源，《薛氏族谱》合乎薛瑄的理念。

一个比较观点 90

薛瑄有关族谱之根本作用及族谱对宗族之潜在作用的理念，深深根植在宗族自身的昌盛中。这表面上看来可能正常，毕竟一部族谱是一个宗族的历史。但薛瑄有关族谱的理念，却与其他南方的理学家或士绅的理念相悖。只有在跟这些南方人比较后，我们才明白薛瑄的立意之独特。如果我们不视北方或南方的视角为“标准”，那么两者都可算是“独特”。

在包弼德有关 13 和 14 世纪金华“地方性转型”的研究中，他讨论了文人活动的两个重要发展：地方记录和历史的编写，以及族谱的出版。包弼德提醒我们这不是金华独有的现象，因为用他自己的话来说，“整个南方都出版族谱和方志。”[87] 可是，由于金华是最多人研究的地区，并且金华传统的代表宋濂和方孝孺，都被视为南方最重要的儒学大家，因此，我们会认为他们至少代表了南方观点的主要趋势。

根据包弼德的研究，12 到 14 世纪之间，金华的族谱出现了一个重要的转变：“（它们）从作为宗族行政的内部文献，转成将宗族放置在公共领域中，而从文人群体的角度来理解它的文献。”[88] 除此之外，此转变最重要的方面，可以从方孝孺撰写的诸多族谱序文中看见。方孝孺在很大的程度上，继承并扩展宋濂的学说。方孝孺，一个金华式学术宗派的核心人物，是金华学者的模范。包弼德谓方孝孺“认为他们可以通过文人宗族的形成和地方历史，来推广其有关社会应该如何改变的观点。”[89] 这正是薛瑄的思想理念所缺乏的。包弼德绝非唯一指出对于方孝孺而言，以宗族作为一个伦理道德单位是改革社会最好的
91 办法的人。[90] 盛清沂也注意到方孝孺构想的族谱编纂，除了“睦族”，也为了“明世教”[91]

为了表明他们的论点，盛清沂和包弼德两人都引用了方孝孺为其师宋濂族谱所撰写的序文：

> 士有无位而可以化天下者，睦族是也……睦族之道三：为谱以联其族；谒始迁之墓，以系其心；敦亲亲之礼，以养其恩……斯三者并行，虽士可以成化；况有位者乎？不难于变天下之俗；况乡闾之近者乎？[92]

方孝孺认为睦族是化天下的一个重要的步骤，因为当所有的宗族都能和睦时，天下就会有秩序。这离《大学》的八目之步骤不远，唯一的不同就是在某个意义上作为家之延伸的“族”取代了“家”。

方孝孺将族谱的这样一种作用视为保留理想的三代时期所表现出

的善政之实质。他指出就算一个人或一个宗族不能改变天下之俗，但是，天下是个人和各宗族的总和。再者，每个人都有祖先，推而广之，所有人都属于各自的一个宗族。因此，把每个秩序良好的宗族加起来，实际上就会造就一个秩序良好的天下。所以，他认为“修谱而先王之法意存焉”[93]。

这个对族谱和宗族功能特定的理解，在南方精英分子当中是很普遍的，而非仅限于理学家。戴彼德指出永乐年间，以杨士奇为主的高官跟之前的金华群体非常不同。根据戴彼德的研究，这些人物视自己为文人并且因其文学造诣而深受景仰，但却在根本上异于方孝孺。如当时的许多人般，杨士奇也把朝廷当成是治学的中心，他拒绝任何像金华学术宗派那样的独立权威。一言以蔽之，他可说是方孝孺的对立面。[94]

然而，在另一个意义上，杨士奇和金华学派却有共通之处。根据 92
常建华的观点，吉安府，特别是杨士奇的梓里泰和县也有大量历史悠久的望族，而且这肯定影响了杨氏的思想。[95] 杨士奇有关族谱编写之宗旨的看法，尽管有个重要的转折，但也涉及治理一事。当然，常建华不是在作方孝孺和杨士奇的比较研究。再者，我们需要小心不可将其有关杨士奇视编修族谱为维持世界秩序的基础的结论与金华学派的画上等号。据常建华所呈现的资料所能总结，杨士奇视族谱为扩充文人的仁爱之良心，进而让他们将之推及至社会生活其他方面的途径。[96] 他的方案依然是很符合《大学》所倡导之八目概念。可以肯定的是，杨氏对故里各“老”家族的骄傲和其对士绅之仁性的信任，反映了他对士绅扮演具有特权优势之社会阶层的接受。可是，我的整体感受是在他的思想中，没有包容金华学派所倡导的地方领导的空间。

有关15世纪重要的泰和士人对于族谱和宗族的态度，约翰·达德斯（John Dardess）对此有类似的理解。杨士奇认为一个人看到有关其祖先的事迹时，会为了不让后嗣蒙羞而思考如何让自己变得更好。达德斯在提到杨士奇这样的观点时，指出：“在族谱的引导下，这样的想法有助于让整个县的社会秩序变好……公德在私人且以家祖为中心之宗族的支持下发端壮大。”[97] 达德斯理解对杨氏而言，族谱有助于培养公德。有关族谱如何维持社会秩序一事，杨士奇和方孝孺的观点则有所不同。可是，当我们把他们和薛瑄对比，就会明白杨士奇的观念更接近方孝孺的想法。正如对方氏而言那样，对杨士奇来说，族谱的影响超越了宗族的范围，延伸进更大的社会秩序里。

有关族谱和宗族，薛瑄的理念与方孝孺，甚至是杨士奇之间最核
心的差异是，薛瑄视族谱为激励宗族，特别是有关宗族宦绩方面的动
93 力；而方氏和杨氏则视之为善政的工具。对薛瑄而言，宗族昌盛，尤
其是表现在入仕的族人的数量上，是编写族谱的根本目的。而对方孝
孺而言，睦族是治天下的关键。换句话说睦族不是一个结果，是一种
手段。

言外之意即是，在两种理念里，宗族领袖扮演的角色不同。从方孝孺的角度看来，他允许宗族领袖领导族人，并推及至领导社会。对方氏而言，无论他们做什么，都对国家整体的秩序很重要。可是，对于薛瑄来说，治理社会秩序不是一个主要的关怀。宗族为了保障自身应该打理好自己的利益。这代表了南方和北方观念的根本差异，由于不似其南方同辈那样注重族谱和宗族，北方没有形成南方兴起的那类宗族组织。

另外，南方社会的日常运作，甚至是社会的繁荣，都有赖于宗族和国家之间的关系。科大卫在其关于广东珠江三角洲一带的研究中，强调“宗族的私人利益可以与国家和社会从其各种活动中所能累积的公共利益相容。地方社群如佛山和其周遭的村落就是因实践这个理念，才能成为促进经济增长的动力以及明代国家整体中的一环”[98]。而明代中国的北方则不然。

曹端的意见

薛氏的同辈曹端是北方另一个重要的理学家，刘宗周视两人为硕儒。而黄宗羲也可谓有同样的看法。本书此处不可能对曹端的思想，以及其他明代士人对他的接受进行系统的深入研究。但是，我将会试图概述他对宗族的看法，以作为明初另一个北方的例子，来补充我们有关薛瑄的理念的发现。

薛瑄无论是年纪或入仕的时间都在曹端之后。曹氏首先在霍州当了 9 年的学正才辞归守孝。服丧期满后，又改任蒲州（河津县所处的州）学正。一任期满之后，霍州和蒲州两地的学生都争相奏请曹端 94
为其地的学官。由于朝廷先收到霍州的奏章，因此，曹端又到霍州九年。除了吸引了各地弟子以外，他也三任邻省陕西省乡试座主。在曹端的蒲州和霍州弟子中，有至少 32 人通过山西的乡试。[99] 薛瑄和曹端很可能是在 1425 年之后不久，当薛瑄运送其父的灵柩归返河津服丧，曹端在蒲州任教时相识的。[100] 两人不曾从任何硕儒名师游，更遑论属于任何特定的学派。然而，他们两人对于理学根本议题的想法却相似得惊人，即他们对朱熹理气二元论的保留和重新诠释，以及他们对朱熹《语录》之局限的看法。[101]

在薛瑄著作中没有承认过自己的学术发展是受益于曹端。但无论如何，曹氏有关宗族的观点，因下述原因有助于补充薛氏的理念。首先，曹端在那一带非常有影响力，并且两人是相识的同辈。其次，薛瑄曾在曹端还在世时，表示对他极其仰慕。[102] 再者，薛氏在为曹端写的祭文中提及他们共同的喜好及看法上的相似，也在为曹端像而作的诗中对其大加赞誉。[103] 最后，尽管曹氏来自另一个省河南省，但他可以被理解为生活在与薛瑄同样一个文化和社会地理的大区域里。其梓里渑池实际上是隶属于河南府，而河南府也是薛瑄北方学派活跃的三府地区。有关这点，第四章会更详细地讨论。

曹端非常赞赏获赐“义门”荣衔的金华郑氏家族。他如重视朱熹《家礼》般重视郑氏的家规，并且以这两者为主，辅以经典，试图说服其父摒弃异端行为。[104] 后来，其《家规辑略》大量地借用了郑氏的家规——他摘引了郑氏 168 则家规中的 84 则，以及另外加入了自己的 95
68 则。[105] 曹端的著作是家规指南，而非族规指南。虽然两者有些相似之处，但家族和宗族是不一样的。其中一个显著的不同是财产的问题。在法律上，家族仍然是一个家庭，因此，所有的一切为整个集体所拥有。反之，尽管整个宗族也可能拥有为了维持宗祠、宗族墓地和教育设备的祖产，但是宗族是由拥有各自财产的不同家庭或支派所组成的。曹端的《家规辑略》的第一部分关乎宗祠，但是明显仅关注祭祀方面的事情，没有提及财政上的问题。

尽管郑氏家族是许多南方精英分子建构宗族的灵感，但是家族和宗族是不同的。这个差异对我们北方的情况尤为重要，北方没有进行多少宗族建构的活动。明初时期尤其如此。对曹端而言，家族只为核心家庭的目的服务。它不像宗族建构那样，与堂兄弟或其他族人的家庭联合或组织成为一个群体。曹端也知道族人和邻居和睦地生活在一起的重要性，也很关心其中的和谐。《家规辑略》的第十三部分题为“推仁”，并列举了十四则有关族人和邻居的事宜。可是，其题为“推仁”的这个简单事实，已经反映曹端视核心家庭为内核，族人以及邻居为外人的想法。

在这部分的 14 则家规中，有 11 则是逐字逐句引自郑氏的家规。而这 11 则引文指向将善举扩展至族人和邻居。尽管其承认族人之间有共同的“气”，因此得到比邻居所得到的更好待遇，但是族人无疑是当家族有足够的能力施舍时，才能受益的人。曹端只加入了三点，并且都与慈善公益活动无关。其中包括不杀有功于家三年以上的牛和狗，以及不让子弟放火焚林，因为这样会伤害虫鸟。只有第三点涉及
96 邻居，因为这则家规要求子弟在邻居遇水灾、火灾或盗劫时，前去救助。[106] 再者，这个部分仅排在最后一个部分有关养蚕事宜的前面的事实，显示其相对不重要。

~

很不幸地，曹端的《文集》已佚。其中可能也收录了曹端撰写的诸篇族谱序。尽管我们只能根据现存薛瑄和曹端著作中不同类型的文章来比较他们有关宗族的理念，可是，我们可以总结他们两人都把维持家族的成就与凝聚力当成是有关宗族的讨论之核心。南方的理想，即把族人组织起来成为一个宗族，并用以获得地方领导权以及对维持国家秩序作出贡献，对这些北方大家来说，是完全陌生的。

我们不能直接将北方普遍不愿建构非常有组织的宗族一事归因于这两位大家。他们对此不感兴趣以及其看待宗族的不同态度，很可能是基于中国北方经济和社会现实的结果。南北商业化的程度、收入的分布、人口的密集度以及事举子业的人口比例的差异导致了这样的一

种南北态度上的不同。可是，有关这些方面具体确切的差异，超越了本书所能涉及的范围。就这个研究而论，我们知道薛瑄（也可算上曹端）相信族谱编纂是一个家族昌盛所需的工具。编写一部族谱是为了家族的私人利益，而这个利益用成功入仕的族人之数量来衡量。这样一种“私人”的观点，与以金华理学家为代表呈现的南方意见南辕北辙。这些金华理学家视族谱为行使地方领导权以及实践善政的手段。在这个意义上，薛瑄代表了一个明显不同于南方的北方观点。

进而言之，我认为对于北方思想家而言，家和国家是两个最重要且合法的组织。反之，南方思想家则认为在这两者之间有其他可能的空间——对金华思想者而言是地方，而对于杨士奇则是士绅阶层。无论南方思想家具体给予这些中间阶层的社会领袖多少权力，这些领袖确实在宗族中扮演了核心的角色。而这不是北方的情况。

97 # 第四章

“讲道河汾”：河东式网络

我在第三章中记录了明代平原薛氏一族实践宗族组织的方式、探究了薛瑄有关宗族组织的理念，并且讨论了后者如何从前者中体现出来。此外，我亦将之与中国南方最重要的一些理学家和士人作比较，同时还说明了平原薛氏的宗族实践方式不仅异于人类学家所描述的情况，也无法提供河东学派传播其学所需要的组织结构。

虽然北方式的宗族理念和组织未能强化河东传统，但薛瑄与其弟子之间的师生网络模式是否就更胜之？我将在本章论证河东学派的学术网络模式虽然替代了我们所熟知的南方模式，但是这种网络模式也无法成功地推广河东传统。通过结合思想史和社会史，我主张个人的理念对其所涉及的社会组织影响深远。抑或更确切地说，正是薛瑄的理念导致了河东北方式网络的缺陷。我们若想解释河东网络所采用的这个独特模式，就得先理解薛瑄的教育理念，尤其是其对师承的态度，以及更重要的，他对官学与学习理学之间的关系的立场。我也将
98 通过记录从薛氏游者的圈子中之人物，来解释薛瑄的教育思想和所吸引的弟子，与其南方同辈的截然有异。我进而将论证河东学派的规模和性质是区域性（跨省），甚至可能是全国性的，并且绝非以河东这一地理范围为限。最后，我将根据这个传统的区域性特质回溯其中的师承关系，以求重构薛氏学术传统的后学其迄至 16 世纪的活动。追溯这些网络如何随着时间发展而展开成为后来所谓的河东传统将暴露其相较南方而言的优势和缺陷。特别是在将之与晚明王阳明传统多元

的学派建立模式相比较下。清初士人视这个北方学术网络替代模式为独具薛氏风格。

薛瑄对于学派门人和官学的立场

总体而言，薛瑄与河东学派表现出极为信赖国家教育公器的态度。而我们在前章也讨论了薛瑄强调考取功名、进入官场为光宗耀祖的途径。薛瑄一些最重要的弟子的官职对其学说的流传影响甚大。薛瑄对官学抱有很大的期望且视官学为传道之处。

薛瑄不但不属于任何学术宗派，他也不认可学脉的必要性。对他而言，凭借程朱夫子著作的引导，正确地理解儒学经典，就能传承“道”。他相信只要钻研这些典籍、躬行实践先圣前贤所言就能自得之。因此，他自然否定师承作为求道之关键的重要性。薛瑄这样的立场是否阻碍了或至少限制了其学派的流传呢？李贤的案例可以提供我们一些提示。

对李贤说“不” 99

内阁首辅李贤以准弟子的身份追随过薛瑄一段日子。在 1433 年考中进士后，李贤最初授任的官职让他隔年前往山西。当时，薛瑄正值丁忧守制。两人因而得遇，李贤则从学在侧超过一个月。根据其州志的记载：

> （李贤）奉使河东，因谒薛文清公，讲论弥月，归乃大肆力于学，脱然有悟。[1]

和薛瑄相处的那段时期是李贤学术发展关键的一步，当时的经验对他影响深远。多年后，当薛瑄首次被削职遣归时，任吏部主事的李贤将以下的想法载于其《古穰集》中：

> 本朝仕途中能以理学为务者，才见薛大理一人。盖其天资美处，某尝欲从游，以官鞅弗果。斯人疏于处世，直道见黜，已就闲矣。未知造诣何如也？[2]

李贤叹惜自己无缘受学于薛瑄，并赞许薛瑄为当时最重要的理学大师。大学士李贤为薛氏撰写的神道碑起首便宣称“吾道”正脉由近世宋代理学家周敦颐、二程、张载和朱熹倡明振兴，但朝廷要到明成祖年间才开始表章其学，将之颁行天下（估计意指明成祖下令编纂《大全》系列一事）。而他认为薛瑄是当时的君子中，唯一能忻慕此学而笃信之的人。[3]

李贤于碑文文末处再次回忆自己与薛瑄的关系：

> 100 呜呼！宣德甲寅秋，予始识公于河津，知其造诣之深。自后仕途参商，弗获相从。有时同朝，亦各守职务。或有所疑，但以简质问而已。天顺初，公入内阁，予亦滥于其间，幸得相从。曾不数月，公致仕去矣。有道者之难遇也如此。[4]

李贤把自己和薛瑄的关系描绘成自己想当薛瑄的弟子，但因彼此公务分开而作罢。可是，尽管李贤一开始谓自己因公务须离开山西而无缘当薛瑄的弟子，但他没有说明当两人同在京城时，为何未入门成为薛瑄的弟子。

在很大的程度上，薛瑄的求道和传道理念以及他对准弟子表现的行为，导致了如斯暧昧的准师徒关系。薛瑄论及自己与李贤之间的关系的方式反映了他的理念。而这样的理念影响了河东学派的发展。我们将分析现存两封李贤写给薛瑄的手札以及薛氏的回复来表明这点。李贤写的这两封信后来均收录在其《古穰集》里，而薛瑄的两封回信则载于其《薛瑄全集》中。虽然这些信札并没有日期，也未标明原信与其对应的回复，但是四封信的内容清楚地透露了其中的联系。

李贤所书的两封信皆致“薛佥宪”，且标注了数字一和二。[5]薛瑄
只在提学山东之时受此职衔，即约1436年至1441年间。而当时的李
贤在吏部任主事。第一封信像是履历表兼拜师的申请书。李贤首先指
出名师圣贤对于有志于学者的成功的重要性：“昔孔子不出，则七十
子终晦于当时；程子不出，则游杨诸公不显于后世。”[6]阐述了这点以
后，李贤论证圣贤生于其世，却未显而为人所不知。对于李氏而言， 101
薛瑄是如此之人：“今天下之士有志于道学，方出而未显者，岂阁下
其人欤？”[7]李氏接着言其生平与忆其山西之会：

某幼时务农，十八始入学。乏良师友，无所发明。在学七年，为有司催迫赴试，不幸而中。既而以公务至山西，得见阁下。议论渊源，心窃自喜。以为天假此遇，使知造道之方也。[8]

在叙述了自己的生平和吹捧了薛氏以后，李氏写到了他的请求：

默观四方贤士大夫，其于道学见之明、求之切者，无如阁下。于是愿游其门，翼无虚过一生。惟阁下察此心，怜此志，引而进之。倘不见阻，自当质疑，不敢怠，不敢忽。[9]

即使李贤保证会勤勉于学，但薛氏所回复的却不是他所希望的结果。薛瑄复信首先重新强调研读经典而舍其道是不完整的。他接着写自己志在明道、体道、行道、推道于人，但否认自己对此已有成。

但觉心之所存，言之所发，身之所履，小有违理，即一日若不能安其身。此盖出于道之不能自已者，岂敢借拟古人，而以道学自居哉？[10]

写完这些谦辞之后，薛氏接着劝阻李贤不可再将之告知他人，以免这些过誉之语招致他人批评和鄙夷。

> 往年河汾之会，漫语及此，亦六经、孔、曾、思、孟、周、
> 102 程、张、朱之书，世儒之所共读所共谈者耳，非瑄之所独见也。[11]

这里提及的文本都是普遍的理学典籍，而宣称无有独见的薛瑄敦促李贤不要对自己另眼相待。有关最重要的收徒一事，或用薛瑄的话，“欲往来，讲切是道”，他的回复是“顾瑄有志于是，而未能也，阁下其察之。”他接着建议李贤：

> 但当熟读凡圣贤之书，一字一义，灼见下落，而体之心、体之身，继之以勿怠，则推之人者不外是，而所学皆为实理。虽不言道，而道即在是矣。[12]

如此以自学自得为重，薛瑄的拒绝与其对传道的理解是一致的。薛瑄坚信既然一个人只要真的坚持并笃行其学就可以通过研习经典和前代理学大家的其他著作而得道，那么师承是没有必要的。

然而，李贤没有打退堂鼓。他写给薛瑄的第二封信篇幅比之前的更长。我们从信中可知薛瑄曾经在京城待过一段日子，但李贤错过了与他会晤的机会。在这封信中，李贤复以反驳，试图说服薛瑄名师的必要。他首先赞同薛瑄所谓读其书不能舍其道的说法；然后坦诚这是自己过去未察而不为之事，并且为此感到惭惧。其次，他引用了薛瑄对稍有违背道就感到不安的个人经验，以之反问薛瑄若一个人未实见道理的话，他如何能有如是反应。李贤声称他想学习的正是这种态度。他接着又援引若干宋代理学硕儒有关修身之法的基本文章，并且承认这些是求道唯一的途径。[13] 可是，他进而指出：

> 然惟豪杰之士，虽无文王，犹兴。若中人以下之姿，安能
> 103 自振拔邪？必得师友日夕讲明，相观而善。如此琢磨十数年后，
> 万一可望。[14]

在指出教师的重要性之后，李贤继以坦承其求道的志向无法制胜自己

的气禀。他承认每每读经，一篇尚未阅毕，就开始欠伸思睡，如此一来自己如何有机会贯通道理。他哀叹尽管自己不敢亏丧忠、孝这种大节，但也无法达致使圣贤的功夫和妙理见于己行的程度。李氏还作了一个相应的论点：他认为即使自己能分辨为己、为义与为人、为利之别，但他仍然对前者没有透彻的理解和把握。他因而敦促薛瑄漠视他人的斥笑，依循君子授徒接引成就他人之举。[15] 李贤总结道：

来喻所谓熟读圣贤诸书，一字一义，灼见下落，体之身心，继以无倦，自今以往，敢不服膺。仆之所以愿游其门，不肯他适者，以阁下见道分明故也。伏惟察其志而教之，幸甚。[16]

李贤之志在其请求中表露无遗，而薛氏的拒绝虽有礼，却坚定。针对这封来信，薛瑄一年之后才回复。在简单地重温他们的河汾之会以及在京城未能得晤一事之后，薛氏旨在说服李贤他也能自己进入道学堂奥而有成。薛瑄利用李贤之言来证明这点。薛瑄这次的拒绝是委婉的。他绕了一圈倒过来将李氏的论点驳回，表示自己才是有幸认识李氏。薛氏提醒李氏他自己也没有已明道的师友来正其是非。

年来忽得高明如足下这，数见教示，诚孤陋中之一幸也。继自今往，尤有望于足下矣。[17]

李贤得到是这般奉承之语和若干诗篇，而非如愿拜师入薛瑄门下。当 104
1450 年薛氏奉命至四川时，李贤赠予他的送别诗尾联中写道：“惆怅胸中茅塞久，束修承教定何年？”[18] 后来李贤成为内阁首辅时，薛瑄经已致仕还乡，居里讲学。那段期间，李氏曾写过若干书信给薛氏，但是他始终不复。[19] 这些后来的书信已佚，因此我们无从得知其中的内容。李氏是否仍一再地尝试拜薛氏为师？我们不知道。而我们知道的是虽然李贤从来不是薛宣入门弟子，他的哲学思想却是受薛瑄所启发。李贤的哲学思想受益于他与薛瑄之前的会晤和书信往来。

尽管李贤屡遭薛瑄拒绝，其同辈和明代后来的士人都当他与薛氏相识。当“三杨”无法说服薛瑄拜谢宦官王振时，他们便转而让李贤前去劝说，因为“三杨”知道其两人关系密切——密切到有人误以为两人真是师徒关系。[20] 例如：何乔远（1558—1632）在描述“三杨”的做法时，称李贤是“李贤，瑄所厚门人。”[21] 王世贞（1526—1590）的著作中有一篇关于师弟同居内阁的文章。该文所引证的首对师生是薛瑄和李贤，并明确地指后者是前者的“讲学门人”。[22]

薛瑄在遭谪黜前是否有收过任何弟子？所谓“弟子”，应该理解成学派门人，而非在官学中受业的生员。阎禹锡的〈行状〉、李贤的《神道碑》和官方《明史》皆未提及薛瑄有任何学派门人。[23] 即便如此，在薛瑄的《年谱》中，编撰者却谓薛瑄将被处以弃市时，门人皆惶惧错愕。[24] 后来清初士人撰写的薛瑄传记中说其门人为救师而奔走，可能是根据年谱所述。[25] 由于《形状》和《神道碑》几乎是薛瑄既卒即
105 作，而年谱是更迟以后才编辑的，我倾向认为薛瑄截至首次遭黜以前未曾收过任何学派弟子。但是，他早期提学山东时，可能扮演过座主和学官的角色。现存的薛瑄与李贤之间的书信往来也暗示当时的他对收学派弟子不感兴趣。

更重要的是，薛氏和李氏之间的交流说明了薛瑄的治学理念如何影响了他对理学师承的态度。我们不知道在他开始居家讲学以前，或甚至居家讲学以后，拒绝了多少准弟子。尽管我们只是就哲学理念言之，此举抑制了河东学派的发展。接下来，我将在建制的层面探讨薛瑄的教育理念以及其有关学道、传道的想法。

官学的角色

薛瑄，尤其是晚年的薛瑄是当时具影响力的思想家兼名师。他虽在国家建制的框架以外讲学，但是，由于他曾任提督山东学政，所以一定也对府学和县学很熟悉。他甚至可能对县学有强烈的怀旧情怀，因为他毕竟曾陪伴父亲到各地任教。薛瑄虽在国家体制外教人，却未曾事任何非官方支持的书院。王盛（1475 进士）在其为整修文清书院而作的记文中明确表示薛瑄于河津县城内的旧宅处讲学。事实上，

“文清书院”是王盛在开始整修薛瑄的旧宅后的改称。这是薛瑄去世多年以后的事情。[26]

书院绝不是明代的新建制。薛瑄极为崇敬的宋代理学硕儒们积极地兴建书院，并且巧妙地以之作为普及学说的平台。在很大的程度上，这些宋代理学书院是针对官方教育建制的一种回应，甚至可能是一种替代。[27] 到了南宋末期，书院和官学的界限已呈模糊的状态，而且元
朝还试图将书院并入国家体制中。可是，理学家对书院，偏爱依旧。 106
明代后半叶期间，理学家（尤其是追随王阳明传统的那些人）在书院中变得非常活跃，甚至活跃到大臣张居正（1525—1582）下令禁之。[28]

薛氏何以没有依循宋代理学家之传统，兴建任何地方公益机构，如修建书院？这是令人费解的。在薛氏的理念中，必有什么东西比理学家的传统更强烈地影响着他的所为或所不为。我主张他早年不想收徒的态度与其思想息息相关，而且他不愿将自己后来的教授活动机构化，将之提升成为书院活动，是他对国家教育体制非常有信心的结果。像这样不愿参与已经被证实为吸引和动员弟子的有效方式的态度，将直接减弱河东学派的影响。

薛瑄没有在任何这样的机构中任教过，更遑论兴建书院，而且纵使 15 世纪前半叶期间，中国明代书院正值鼎革和内乱破坏后的复兴中，薛瑄也没有为任何一所书院的修建作过一篇记文。[29] 我不是在主张薛瑄必然反对这些机构。我所关注的是薛氏实际的生活经验：他没有在书院里任教过，并未修建过书院，而且不曾表扬任何书院的兴建或重修。倘若我们能论证他对书院的立场有异于其宋元前辈，这将会更有意思。可是，我们没有任何证据可以支撑这点，因为他似乎对此缄默不言。事实上，他的著作没有一处论及书院。接下来，我将薛瑄的南方同辈参与书院活动的积极态度与薛瑄的缺席进行比较。这里要指出的是，无论书院在薛瑄的生命中缺席是他自己的选择使然，还是因为他刚好认识的人都没有在修书院，薛瑄确实对官学寄予了极大信心。如此重点强调国家建制的态度，呼应了第三章所呈现的，薛瑄对于国家认可作为一个宗族的成功及祖先功德的“体现”之重要性的看法。

在许多明代的县以及这个研究涉及的大部分县中，地方政府主导 107

的教育机构是由两个同处一个具体范围的部分，即文庙和学宫，所组成的。有关文庙祭祀方面的议题，将会在下一章中讨论。这里要注意的是，在许多县里，这两座建筑同处一个范围，并且在大多情况下，文庙和学宫是同时重建或重修的。以下讨论的文章也将庙学整修工程视为一体，在同篇记文中一并颂扬。

现存 15 篇薛瑄为这些整修工程所作的记文，其中 14 篇见于《薛瑄全集》，另外一篇见于《(嘉庆)河津县志》。附录二的表 15 列举了这些学宫或文庙所处之地，并提供薛瑄书写记文的大致年份。在另外一篇记文中，薛瑄对河南省河内县私立的孔庙的整修表示赞许。[30] 由于这是一座私立的庙，不是文庙学宫组合，而且没有证据显示那里有进行教育活动，因此这篇记文不会被纳入现在的讨论中。

针对薛瑄的《读书录》和《读书续录》，从第二章的讨论看来，我们应该以一种注意到薛瑄的个人和学术的理念于两者成书之间有所发展的眼光去看待。尽管两者之间没有明确显示薛瑄的哲学立场发生了骤变，或是严重偏离了先前的理念，但其想法中某些方面的改进值得我们仔细探讨。我们或许也可以在这些记文中清楚地看到同样的现象。我将把这些记文二分成代表两个不同时期的两组文章。第一组包括五篇薛瑄早年或首次遭削籍之际所作的记文。其时间几乎涵盖了三秩，大约从 1421 年到 1449 年间。第二组的十篇都不可能是薛氏在晚年致仕前所撰写的。薛瑄在 1457 年夏末离开北京，自此归家不出。[31]

接下来，我们会更清楚地看到薛瑄的第二组记文对地方官立的教育机构的强调。[32] 一直到写这些记文时，薛瑄不仅视官学为教授有志者之处，或朝廷国家育才的地方，他也期望那里能实现理学家区区惓
108 惓所求：传道。后者是理学家赋予他们所任教或所记的书院的典型角色。可是，对这位明初中国北方理学大家而言，传承的角色是由官学来担当。当然，虽然两组记文不是各方面均不同，但我将在接下的小节中突出其中显著异处，以揭示薛瑄随着年纪增长，越发重视官学的情况。

除了一篇是例外，这些记文的另一显著特征是薛瑄以乡贤的身份，而非管辖该处的官员身份所撰写。在这 15 篇记文中，10 篇是关

于山西省内的学宫或文庙、四篇是关于陕西省内的，还有一篇是关乎湖广省内的。记湖广省邵阳县重修学宫和文庙的那篇是薛瑄唯一以朝廷指派的御使身份撰写的。他是在以御史身份察访该县时，接到撰写记文的请求的。[33]

让我们依照时间顺序深入考察这些记文的内容。薛瑄在 1421 年中进士，并在同年五月还家省侍，归返河津。他一直居家到 1424 年才由河津前往河内县侍奉其父。他很可能是居家时，接到撰写现存第一篇记文的请求。第二篇记录薛氏家乡河津县大约于 1429 年到 1435 年间的整修工程。薛瑄于 1433 年开始为继母守孝，因此这篇很可能在三年居丧期间所作。第三篇为湖广邵阳所书。薛瑄于 1444 年遭削籍罢黜后，一直到 1449 年秋才重新任官。因此，第四和第五篇颂扬大约 1436 年到 1449 年间重修工程的记文很可能又是居家时撰写的。就算这些记文是他在当官时著述，但由于他没有在这些地方任过官，因此始终是他以一个士人，而非官僚的身份书写的。至于其他十篇记文只可能是在他晚年致仕之后所作。[34]

我们仔细观察这些相关的地方的话，薛氏记文中强烈的地方性性 109
质也会明确显露出来。那十篇关于山西的记文中就有九篇是关乎平阳府的官学。其中蒲州、绛州和河津县各占两篇。（很明显地，在我所划分的两段时期中，都各有一篇是为这些地方撰写的。）薛瑄的家乡河津县靠近蒲州和绛州；河津县在明代期间属蒲州管辖，后来于清代改为隶属绛州。[35] 基于平阳府和西安府在我以下所讨论的人际交流和具体地理的距离两方面都有着密切的关系，因此薛瑄那关于陕西省的四篇记文中有三篇是为西安府境内的学宫文庙所作，也不是意外之事。无论是行政单位的界限还是黄河的分割，都无法阻碍人们寻求那一带有名望的士绅撰写这样的记文。

尽管在这个意义上薛氏是一名乡贤，且他的记文主要是为一个更大的“河东”地区的庙学而作，但是其字里行间没有“地方意识”的痕迹。那些请求薛氏撰记的人视薛瑄为他们地区的文化名人，而这是他们之所以找薛瑄而不另觅京城高官或京城里手握政治大权的人物帮忙的原因。薛氏始终忠于自己的立场：他既没有强调任何地方身份认同的意识，也没有主张以地方关怀为重，国家利益为次的倾向。

像薛氏这样曾宣称就教职是其真正使命的理学大家会在一篇记文中主张“事有似缓而实急，似迂而实切者，学校是已”，[36] 不足为奇。这是我归纳为第一组的记文中的主要议题。这些记文最主要的目的就是描述哪一些建筑具体由什么方式整修和叙述这些工程由谁发起、资助和监督，而且一般也记录何时开始，何时竣工。这类记文的主要动机是表扬参与整修工程之士。其中的逻辑是由于学校（进而推论那个地方的教育）是最急迫且至关重要的，就算许多人忽略之，一个好官员会懂得其中先后急缓。

110 薛氏通过引述《春秋》中的一起事件，或者更确切地说，薛瑄以其之不载于经中，来强调其重要性：

> 窃观《春秋》，凡用民力，虽时且制亦书，见劳民为重事也。当时鲁僖公尝修泮宫矣，而不《经》见者，以学校为政之先务，虽民力不可废也。[37]

根据薛氏对《春秋》的理解，修建学宫是一项尽责官员应该参与的主要建筑工程。这件事情重要到就算是劳民也要进行。虽说如此，生员通常也会参与这些工程，薛瑄因而提醒他们为学要尽心竭力，无所懈怠。[38] 薛氏之文看似明显想说的另一点是官学是朝廷国家育才之处，但他没有在第一组记文中的任何一篇强调这层意思。然而，他确实有指出启发蒲州知州兴起重修庙学的是庙学为“人才所自出，关系甚大，一州之政，宜莫先焉”的事实。[39]

这点一再地出现在薛瑄的第二组记文中。譬如薛瑄提及对国家而言，兴建学宫和文庙是一件对“治道”很重要的急务。对薛氏来说，这个“治道”本于养贤才。而培养贤才则应该由官学来负责。[40]

第二组记文的一个显著特点是开始讨论儒道。对薛氏而言，官学应该在意的事是教授圣人之道，而生员应该学的也是此圣人之道。其目的是为了实现理想的政治状态。在重修华州庙学的记文中，薛瑄总结道：

> 予惟大莫大于道，吾夫子备是道，为贤于尧舜之圣。我朝以 111
> 道治天下，而资世用也……则为师者，必当以道率人；为士子者，必当以道自励。讲是道，求是道。士子之汇进于明时者，咸以道忠乎国而爱乎民。或至裨大化，建大节，亦卓然惟道之与归。[41]

对薛氏来说，官学宗旨是授道和求道。这并非只是一个模糊抽象定义的道。官学长久以来是朝廷政府的一环，但是如薛瑄指出，其教法存有弊病：

> 自汉唐以来，英贤之君亦未尝不以兴学为急务。但其时道绝于孟轲氏，百千载之间，而教人之法或溺于专门词章，或杂于异端术数，视三代学校之政为有间矣。[42]

如此对道绝于官学之课程的哀叹反复地出现在第二组记文中。在薛瑄为平阳府官学所写的那篇记文中，他简要地描述整修工程后，就写了类似上述的文字。他继而列举二程兄弟、周敦颐、张载，最重要的是朱熹的伟大成就。他提供了他们著作的提要，并且声称由之“教人之法大备”，然后接续道：

> 逮我皇明统一万方，道隆千古，内建国子监，外设府州县学，而师弟子之所讲习小学、四书诸经史之义理，皆本周、程、张、朱之说，以求尧、舜以来千古圣贤之道。[43]

薛氏接着主张明代确立的整个教育制度和课程再次振兴了圣人之道。 112
薛瑄在结论中表示希望为师为徒之士能思索朝廷建学之意，笃志讲明正学而无怠。他觉得只要他们那样做，“庶几人才所出有实用”[44]。

第一期的记文以叙述事实的方式指出兴建和整修庙学的重要性。这类记文在多少致力于颂扬学官及工程参与者的同时，耗费很长的篇幅描述何人、何事、何地、何时、何以进行工程。反之，第二期的记文则展示如同上面的引文那样较为描述性且段落更长的讨论。这些记文开始强调官学在教授和传承理学之道和正学中扮演的角色。

对晚年的薛瑄而言，理学之道和正学就是生员入官学该学的事情。薛氏没有将治学与入仕二分成矛盾的两个目标。薛瑄在其他场合，如在其两部《读书录》中，[45]曾批评那些汲汲追求科第入仕者，或是沉溺辞赋文章者。即便如此，在薛瑄有关官学的立场下，朝廷国家育才的宗旨（这意味着应举的必要）以及一个理学家为修身而务正学的个人目标两者是和谐汇流为一体的。薛氏看来，自皇明把理学当为官学所教、科举考试的圭臬后，国家的宗旨和理学家的目标就有可能和谐地二合为一。他认为朝廷的育才和取才以及理学家的正学传承应该在官学中完成。这消除了设立书院的必要。

再者，正学对薛氏而言，不只是宋代理学硕儒之教而已，因为他在极可能是为官学而作的最后三篇记文中所倡导的复性概念是其哲学思想的宗旨。[46]对薛氏来说，孔子之教，无论所用之词，均本诸复性。[47]在薛瑄的理解里，明代的教育方针应以复性为先。[48]

113 薛瑄在为蒲州文庙和学宫撰写第二篇记文中声称夏、商、周朝以上的教法，均能恢复人性之善。至于明代：

> 洪惟我天朝道隆前古，治底文明，内外建学，其所以育天下之英才者，皆以复性为教。故凡五经、四书、《小学》、性理书，自周、张、程、朱之说，以达乎尧、禹、汤、文、武、周公、孔子、颜、曾、思、孟之道。学校之讲学者既一于是，科目之取人者，亦一于是，推之礼乐政治者，莫不一于是。是以学政粹然一出于正，而异端杂术不得以淆乎其间。岂汉唐历代之学而鲜知以复性为教者之可拟哉！[49]

薛氏于此抒发了其对官学的教育系统和教学重点以及明代科举考试内容本诸理学家之学且超越汉唐两朝一事的强烈信心。然而，不是所有人都像薛瑄那样相信朝廷育才、取才之旨与理学家传承其正学或其道之目标可以二合为一。这种视那两者为相辅相成的态度不是当时的惯例（尽管说从来就没有一种片面的不变态度），因为人们不认为国家公器和理学理念有何关联。在拥有各自独特书院的南方理学家的想法中，把理学理念与国家公器区分开来是件平常的事。与薛瑄相反，例如“不入仕、不习文辞、不著文”的南方理学家吴与弼，就为他的时代提供一种有原则地独立的例子。[50] 我们将在之后讨论吴氏与其弟子参与的书院活动。简而言之，薛瑄没有转向书院的平台，他继续倡导上述的结合。如此强调上述的结合的态度，反映了理学家必然依赖朝 114
廷的重要假设。

只有在薛氏说服他人这就是科举和官学的宗旨后，才能实现薛瑄汇合朝廷之意及理学家理想的目标。事实上，他曾试图那样去做。薛瑄于 1457 年春除拜大学士，他也被任命为当年会试的考试官之一。科举放榜后，他负责为新科进士会试录作序。

在叙述了何人为考试官以及此录为何而作以后，薛瑄提出他的中心论点：

> 为治莫先于得贤，养士必本于正学，而正学者复其固有之性而已。性复则明体适用，大而负经济之任，细而厘百司之务，焉往而不得其当哉！故三代小大之学，养士之法，皆以复性为本。其得贤致之效，盖可考矣。[51]

这些论点很多，甚至可能全部，都一再地出现在薛瑄最后几篇为官学撰写的记文中。薛瑄指出了自汉唐以来教育的缺陷，并宣称明代的养才之法本诸三代、孔子、孟子、程氏兄弟和朱熹的复性之说。[52] 可是，这些大抵皆薛瑄自己的想法，他人不一定有共鸣。

另一名考官不为之所动，谓：“‘正学复性’数字，久不言，恐非时文。请易之。”[53] 薛瑄复曰：“某平生所学，惟此数字而已。”[54] 他显然未作任何修改。薛瑄在后来致仕之后所写的著作中没有错过任何倡导结合朝廷宗旨和理学家目标的机会。当他人请薛瑄为地方官学作记
文时，他毫不迟疑地一再重复这点。 115

从薛氏的角度而言，在几乎所有行政单位下称为“官学”的国家公器是朝廷育才之地，也是传道的平台。朝廷之旨和理学家的目标因而和谐地二合为一。这样的理解在其早期的文章中隐晦难见，但是在

其晚年所作之文中却越发明显。薛瑄晚年所撰写的文章清楚地显露此理念的成熟。薛瑄晚年对官学的强调强烈到他将传播自己的核心哲学思想，即传播其“复性”说的所有期望寓于其中。前文叙述了他强烈依赖国家公器与官方认可来表现一个宗族的声望和优越。薛瑄对官学的这般强调呼应了前文所述的那个取向。

理学家的教育理念——一个明初的南北比较

薛氏的教育理念与其南方同辈有多不同？河东传统的弟子和他们的南方同辈各有何特点？什么样的人和薛氏有着同样的教育想象，而哪类人加入南方的书院？那是时间上还是空间上的差异？明初期间，书院的修建和整修活动恢复得很慢。然而，就算是这一时期，南方书院的修建和整修还是比北方来得有活力。根据白新良的研究资料，我
116 们可以比较山西和南方江西书院的修建和修复速度（见表 A）。[55]

表 A　山西和江西修建和修复的速度

	山西			江西	
年号	新建	重修		新建	重修
洪武					
（1368—1398）	0	1		7	4
永乐					
（1403—1424）	0	1		2	4
宣德					
（1426—1435）	1	0		1	1
正统					
（1436—1449）	0	0		4	3
景泰					
（1450—1457）	0	0		3	6
天顺					
（1457—1464）	0	1		0	4
共计	1	3		17	22

仅就兴修和整修书院的数量言之，薛瑄生时，山西就已经远落江

西之后。我们应该留意那个时期其他代表各自区域的理学家的活动以作进一步讨论。薛瑄的南方同辈中，最有影响力的理学硕儒是吴与弼及其弟子。吴与弼弟子中最显著的是胡居仁和陈献章。身为一名隐士，吴与弼没有为书院或官学写过任何记文。但是，他 1425 年左右在一所叫小陂书院，后来改称康斋书院的书院中讲学。[56] 特蕾莎·凯莱赫（Theresa Kelleher）指出此书院乃“不收费的义塾”。[57] 表面上，吴与弼的书院私立性质似乎与薛瑄居家的讲学事业相似。但是，吴氏的书院更加机制化，因为他规划了一套弟子要遵循的学规。这提醒我们自宋代以来存在私立却又有一定组织的书院。[58]

吴与弼最重要的弟子胡居仁参与了礼吾书院、南谷书院和碧峰书院的修建。这些工程各在约 1457—1464，1465—1466 和 1468—1484 年间进行。胡氏后来受邀到著名的白鹿洞书院讲学，最后进而主持该书院。这可能可以解释胡居仁何以在书院的议题上比薛瑄多出那么多的讨论。胡居仁除了写了许多讨论有关自己在白鹿洞书院任教的书信以外，也撰写有关该书院翻修某些建筑的纪念文章、学规和讲义。另
外，他还为弟子修建的一所叫棠溪的书院，和自己与同辈合建的丽泽 117
堂的学规作记文；以及为他之前的书院作诗赋。[59] 至于吴氏的另一主要弟子陈献章在为一些官学作记文的同时，也积极地在书院讲学，并且与其他书院的修建者熟识。[60]

有一种观点认为与中国北方相比中国南方较高的人口密度以及多元的城市文化与商业生活，是南方“书院群体”较北方更为活跃的前提。薛瑄会无意参与书院活动并且极为依赖官学可能是其家乡一带近乎不见任何书院使然。这更进一步论证了此观点。此观点的逻辑有其价值。[61] 可是，就算薛瑄本身并不富裕，倘若他想修建书院，寻求经济资助一事，尤其是向地方官员请求资助，对他而言并不困难。因此，我没有完全被之前的社会和经济论点说服。

薛瑄的立场也不是基于北方缺乏对教师的需求，因为薛瑄在县城居家讲学时有多达数百名学员。薛瑄通过不称其讲学之处为书院，或不像朱熹及其南方同辈那般设学规，有意地拒绝将其讲学制度化成官学的另一个替代。他对官学所扮演的角色的信念和他对国家的强烈依

附是其拒绝制度化讲学的主要原因，这就解释了他为何在居家讲学的同时仍强调官学的重要性。简言之，他不曾停止倡导理学家之目标及朝廷之意的和谐合流。因此，尽管社会和经济条件也许于此有催化或抑制作用，薛瑄的教育思想也在其中扮演了重要的角色。

薛瑄的学生的事业类型或选择，不仅为我们提供了另一个理解河东学派的面向，也反映了薛氏之学对这些士人所建立的社会网络类型的影响。资料显示（见附录 2 表 16）薛瑄学生中至少有 55% 是贡生
118 （24 人）或举人（24 人）；然而，另外的 24% 必定也是生员或举人，
因为他们不是各级的官员，就是获得过某种形式的荣衔。[62] 这三组人的总和超过薛瑄的学生总数的 75%。从他们所担任的官职也清楚地反映出，薛瑄的学生中，考获较低科第功名者占了很高的比例。我们可以从表 17（见附录二）中看出他们的官职都集中在县级行政长官和官学教职的级别（各占 20% 和 24%）。另一小组的学生则在府州级别任官（15%），但是这组官职仍属地方官员。

接下来的是任其他行政职位的学生。这些官职均有品秩，而且可能比知县的品秩更高。然而，根据他们所任职的官署或行政单位级别的不同，会出现官名同而品秩殊的情况。例如：都察院经历是正六品；布政司经历是从六品，而府经历只是正八品。这些品秩高低与正七品知县不同。这里要指出的是，虽然我们不应把这些行政职位与无品秩之吏混淆，但是由于其职务不同于知县、知州或知府，一般来说没有直接掌管人民的职务，因此我把这些行政职位归为一类。[63]

河东学派绝不是个“普通百姓”的学派；其乃士人官僚社会阶层的学术运动。尽管这些人大部分未流芳后世，但是其中 91% 的人显然曾参与功名官位的竞争。而这剩下的约 9% 人当中，可能也有些是没有成功争得功名的人。然而，这不是在说此学派的每个成员都在争取功名；至少翼城的杜骏显然选择了隐逸生活而拒绝入仕。[64] 可是，他是个例外。

反之，吴与弼所吸引的弟子对其生活及事业有不同的期望。吴氏“使其从学时劳作，而此多属农作”[65]。薛瑄的教授中没有这样的课程，
119 而这在某些程度上反映了这位名师及其南方弟子与薛瑄及其北方学生

不同的意向。尽管某些吴氏的弟子在各级科举考试中中式，但其重要的弟子们无一积极参与仕途；反之，“他们选择当地方教师”。[66] 特蕾莎·凯莱赫指出吴氏的弟子“经常是受乡里地方官推荐来从学”[67]，这显示其准弟子与推荐者不认为官学系统足以让他们学习理学。吴氏的书院是国家教育系统的另一替代，而薛氏对国家教育系统的强调则是异于南方风气的一种北方替代模式。凯莱赫进而主张“尽管吴氏不是首个不入仕而从事道德之教的理学家，但从其诸多弟子认为应该遵循从事相同事业一事看来，对于许多另觅有别于入仕或从文之替代的同辈们而言，吴氏的方式回应了他们的真实需求”[68]。对强调理学家修德修身与入仕两者合一的薛氏而言，此现象与薛氏的理念形成鲜明的反差。威拉德·彼得森主张“15、16 世纪之际，历史上重要理学家中，有明显比例的人拒绝入仕”。而凯莱赫援引威拉德·彼得森的话来说明倾向入仕抑或不仕的选择，是时间上的不同所致。[69]

作为明初中国北方影响最深远的理学家，薛氏的教育理念及其学生对于事业的期望证明了我们这里的案例呈现的是地域之差，而非现代学者所主张的时间之别。薛氏学生的背景强烈显示了最受其学说所吸引的士人群皆有志于入仕，而薛氏自己也没有拒绝入仕。与吴氏的崇仁传统相反，此乃河东学派的标志之一。我认为这么多河东学派士人想成为国家公器的一环，这跟薛氏的学说有直接的关系。

河东学派——其幅员、网络与历史 120

河津县

河东士人受薛瑄的教育理念影响而建立了一种不同的网络模式，而且他们对自己的事业也跟南方的同辈有着不同的期望。河东学派的性质是区域性的，跨越了地理和行政界线。分析河东学派第二代的主要成员在传播薛瑄的学说时所采用的途径和策略，将进一步完善我们对这北方替代模式的理解。而在分析以前，先大致描述那一带的情况。尽管薛瑄生于今河北省直定府元氏县，早年又常活动于河南的各个县，但他与河津的联系却没有中断过。他不仅跋涉良苦迁其父之灵归葬河津，他又于1433年其继母逝世后举家归返河津。除了在河津下葬父母兼守孝以外，他还在削籍之际和晚年致仕以后归返河津。河津县是薛瑄授徒讲学乃至最终长眠之处。

明代河津属蒲州管辖。黄河中游在潼关一带，大致可以描述成山西、陕西及河南省的交界处东转。今历史地理学家称黄河的南流在东转前的最后一段为“小北干流”。[70]学界通常认定此流道是从龙门流至潼关。龙门处于河津县，而潼关则是在陕西一方。该处相邻的三个州分别是山西的蒲州、陕西的同州及河南的陕州。在府级行政上，邻接的单位是山西的平阳府、山西的西安府及河南的河南府。（见图1[71]）

121

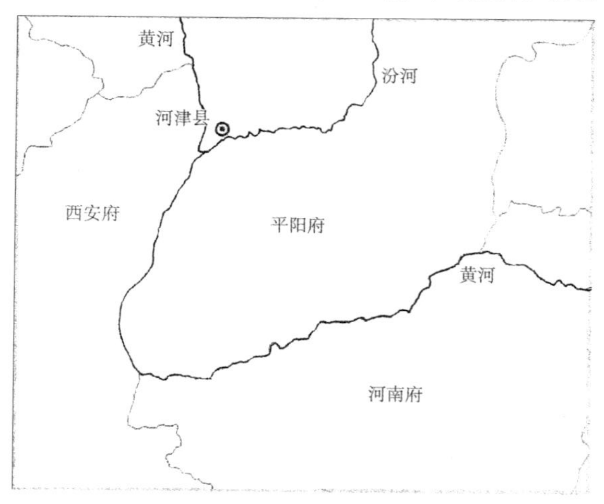

图1　西安、平阳及河南三府一带

对河津县而言，有两条河流极为重要。河津县以西，黄河南流，而县城往南八里，汾河流过河津县而西流入黄河。[72]县城在汾河之北，而薛氏的平原村则在汾河之南，县之东南隅。（见图2[73]）薛氏的父母就葬在汾河的南方，其子嗣可能聚集在平原村里，因薛瑄而立的家庙亦建于平原村里；可是薛瑄讲学的日子（遭削籍期间）似乎是在县城里度过的。根据王盛所言，“河津县城内大街西有文清薛先生旧宅一区，乃先生退休讲学明理之处。”[74]王盛是负责把薛瑄旧宅改修成纪念祠，

并改称之为文清书院的人。 122

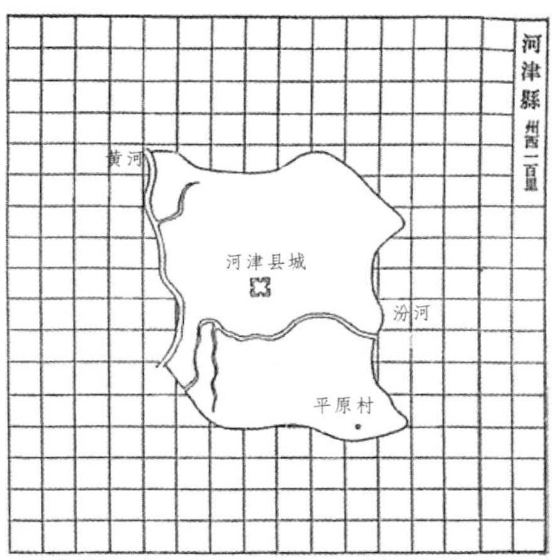

图 2 河津县与平原村

河津县三方是平阳府的边界，而西安府的韩城位于黄河对岸以西。尽管薛瑄在一般称之为河东的汾河和黄河交界处讲学，但其学生却来自中国全国各地。可是，其中大多来自于山西、陕西及河南三省。[75]

超越“黄河之东”

根据阎禹锡为薛瑄撰写的《行状》所述，在薛瑄首次归里的那七年中，有超过一百名来自江西、陕西和其他省份的人前来从其学。[76]关于此事，薛瑄年谱中谓秦（陕西）、楚（湖广）、吴（南直隶）及越（浙江）间来学者以数百。[77]再者，其退休居家的最后八年间，“四方从学者日众，至市馆不能容”。[78]

由于这些数字过于模糊，不能作为河东学派的可靠资料。幸运的 123
是，王盛为我们提供了一份名单。这份名单绝非完整，而且不是所有名单上的人都可以严格被称为薛瑄的学生。王盛称名单上的人为薛瑄的弟子及“从游问答者”[79]。例如，大学士李贤不是传统意义上的弟子，即使他曾“有一段日子像个弟子般”跟随薛瑄。[80]无论如何，这个名单依旧传达了薛瑄与其河东学派的影响范围情况。[81]

表18（见附录二）列举了从薛瑄游者。表18结合了王盛的名单以及从其他资料中搜集的十三个名字，并且辅以方志中关于王氏名单中的人物的事业讯息。或许，河东学派还有未留下任何资料可稽查的第二代成员（以奠基者为第一代）。[82] 资料显示（见附录二表19）薛氏学生大多来自涵盖山西（49%）、陕西（23%）和河南省（13%）三省地带。事实上，其中多数来自平阳府的蒲州、西安府的韩城、怀庆府以及河南府。虽然85%的薛氏学生均来自附近，但是我们应该把此学派理解为跨地方性，而非地方性的学派，因为他们所来自的地方，跨越了黄河及省际。尽管河东学派以河津为参考点命名，但显然超越了“地方”的学术运动。黄河的“小北干流”一带是此学派初始的基地。这表示河东学派在后来的世代中可从两个不同方向扩展。

河东地区的另一个现代名称是晋南，意思是“山西的南部”。由于这一带是西安与东边的平原之间的沟通及运输的关键，长久以来，这个地区与西安已有广泛的交流。自战国时期逮至宋代，从蒲州越过黄河是进出西安的主要路线。另一条更北的路线则是以陕西一方的韩城和山西一方的河津为越过黄河的连接点。进入河津以后，行者可沿
124 着汾河往更北至太原。尽管蒲州路线到了明代期间因黄河多次的改道而变得不再重要，河津路线依旧是最重要的路径之一。[83] 事实上，“河津”字面上的意思是“黄河渡口”。

我们在此看到的是一个清楚显示行政边界不能很好地标明实际社会活动范围的例子。至少从学术活动而言，蒲州和韩城的关系，比蒲州和其省城太原的关系密切。事实上，在许多其他的社会生活方面，我们有理由相信这段黄河流道的两旁是紧密联系着的。虽然这个议题超越了本书的讨论范围，但是仍值得在这里探讨至少其中一个面向：方言对我们理解地方史的重要性。

现代语言学家把山西南部的二十多个县归纳为“汾河流域方言”。这个地区的几本方志也提及了其方言与长安（西安）方言之间的密切关系。事实上，关中东边边界一带的方言，包括韩城的方言，大致上与汾河流域的方言相似。[84] 即使这是现代语言学的情况，亦反映了黄河两岸诸县在历史上的紧密关系。相关的证据包括地方戏曲的传播。

山西地方戏曲（梆子）源自明代西秦腔，字面上的意思即“陕西西部的唱腔”。这两种戏曲相似到被统称为山陕梆子或山西陕西梆子。黄河两边的优伶也会同台同演。而梆子风格也流传到中国北方的其他地区，尤其是从河南府一带传到黄河之南。[85] 薛氏的影响幅员是“跨地方”的，而河东核心地区包含了语言和地理文化相通的社群。

河东学派的历史

河东学派有两条主要的扩张和发展路径可回溯。其中之一往南入河南省，另一条路径则往西入陕西。在这个部分里，我将主要依据各地每代最重要的人物的传记中的叙述，尝试重构这些发展。一个多次
浮现的显著特点是河东学派的扩展确实仰仗官学系统以及其成员的官 125
职。河东学派中最重要的第二代成员们通过自己作为官员的身份来传播其学。这当然不是不变的现象，但是如下文中所表明的，实际上推广了河东学派的影响幅员并确保其延续至明中叶的是这些人。在接下来的部分中，本章无可避免地描述了一系列的传记。这是资料及河东学派所涵盖的范围和时间所致使的。可是，接下来的描述的作用不仅是记录河东学派士人的事迹而已，而是试图带出这些河东学派士人个人网络的复杂性，以及尝试更完善地呈现河东学派的影响程度和其在明代思想史中的位置。

河南路线的士人

阎禹锡

阎禹锡和白良辅（1451 进士）是薛瑄最重要且最著名的弟子中的洛阳人。阎禹锡后来为其师撰写《行状》，并且编辑了薛氏《读书录》最早的版本之一。[86] 根据白良辅为阎氏所作的墓志铭，白氏与阎氏自少相识。在墓志铭中，白氏提及阎氏步行至河汾以师事薛瑄。[87] 另一处则称阎氏力使薛氏之学不失其传。[88]

阎禹锡最初任今河北省昌黎县县学训导。他因学行兼优且教人有法而为人所记得。他后来入祀地方名宦祠。[89] 但是，他在昌黎县任职是在从薛瑄游以前的事。他在河津从学以后，授任更有意思且更有建设性的地方教职。

今河南省开州人，吏部员外郎纪振（1478 进士?）推荐阎禹锡为
其庠训导。阎氏是在开州首次以其所得自薛氏之学为教，且“四方
126 从者众，学舍几不能容”。阎禹锡的影响超出了县学的范围，以至于
“州之氓，无少长皆化之，曰无取阎先生非刺也。稍有不义，即相诫
曰毋令阎先生知之。”[90] 他后来也入祀开州地方祠 [91]。

在大概能称之为同门的大学士李贤推荐下，阎禹锡在 1457 年擢升国子学正。不久之后，又升为监丞。据说尽管其弟子多次直接上奏皇帝求情，他仍然因严厉拒绝生员的干谒而于 1463 年被贬至徽州府。[92] 虽然他在徽州的官职属行政性质，但是依旧有不少来自各县弟子从其学。[93]

可是，阎氏并未长时间待在徽州。1464 年，他再次升官为南京国子监助教。不久后复职，任国子监丞，掌京卫武学事。阎禹锡的“世禄弟子悉知读书”，而且据说“登科甲者相望而中外拥貂握虎符，号称‘儒将’者”多为当时阎氏门人。阎氏后来进而升为御史，并提督畿内学校。有人称一时之人皆粗知性理是阎禹锡的功劳。可是 1476 年间，阎氏卒于官。[94]

明末清初的理学家孙奇逢后来如是评论阎氏：

> 迩来学人有言许平仲其宋之朱元晦乎？薛文清其今之许平仲乎？公从游文清之门而正身饬行，明习本原之学，俾一时人士粗知性理。此其所得之大旨可知已。[95]

127 孙氏对阎氏之教的正面评价指向阎氏可能推广了薛氏学说。不幸的是，恰恰因为阎禹锡是薛瑄最重要的弟子之一，其相对短暂的生命削弱了河东学派的发展和传播。明宗室朱睦㮮后来哀叹阎禹锡中年去世，没有机会完成其志愿。[96]

虽然阎氏在相对年轻的时候就逝世了，但他曾经影响过理学学术圈子，尤其是通过官学系统影响该圈子。不幸的是，我们对有关到开州从其学者抑或是其他登科或任武官的世禄弟子的资料一概不知。我们也对大多有机会接触河东学派性理之学的畿内弟子所知甚少。阎氏的影响是存在，但我们却无法更明确地重构出来。除了一篇著作以外，阎禹锡的著述全部没有存留下来。这个情况无助于解决此问题。[97]

我们只知道阎氏众弟子中的三位。他们皆来自中国的极南方。周琦（1481 进士）来自广西柳州府马平县；陆坚（1459 举人）则是广西南宁府横州人；成化年间（1465—1487）贡生茅阳（生卒年不详）则来自福建兴化府仙游县。[98] 这不是在提示阎禹锡曾经到过南方，或其学确实传至更远的南方。如陆坚个案所示，这些人很可能是到了北京以后才从其学。陆氏是在京城的贡生，而他在得知河东的阎禹锡继承薛瑄的学说后就从其学。[99] 通过阎禹锡传承的薛氏之学，最远只能追溯至陆坚之子陆嘉鲤而已。

阎禹锡对中国北方的学术圈子影响深远，但是他是通过其所任职的各级别国家教育公器，而非通过私人授受影响之。这与薛瑄的教育理念是一致的，也是河东传统，尤其是第二代成员中的显著特点。在阎氏的个案中，其学派弟子，如果有的话，并不积极保存他的著作，或是传播河东传统。即使是那几名我们已知的中国南方弟子，他们也 128
是以官学学子的身份师事阎氏。我们之所以有关于他们的零散讯息，不是因为河东传统强大，而是因为相对来说，这一带当时所出文人较少且任何文化声望的证明都会保留在地方文献里。河东建立学派的策略，或者说河东缺乏建立学派策略一事，严重地阻碍其网络转化成有强烈学派意识且界定更明确的宗派。当然，这从来不是薛氏的目的，阎氏的态度是忠于河东传统的。[100]

白良辅

与阎禹锡同县的同门白良辅，其情况并没有比阎氏更好。朱睦㮮在其墓志铭中透露白良辅将死前把其著作传与毕亨（1454 进士），而后者则将其学传与他人。墓志铭接着宣称此后洛阳一带言“性学”者多宗白氏。[101] 根据毕亨为白氏撰写的碑文，白氏在那一带有最多的弟子。[102] 不幸的是，我们没有任何关于他们的记载可稽考。尽管毕亨是在洛阳一带传播白良辅的河东学派“性理学”最重要的人物，但是现存资料中没有任何关于他的弟子或是其学术网络的讯息。我们知道毕亨与阎禹锡的关系很密切——其幼子毕宗义（生卒年不详）娶了阎氏的长女。[103] 可是，方志中只谓毕宗义精于堪舆之术。[104] 洛阳一带河东学派“性理学”的轨迹自此冷落萧疏。

河东学派在陕西的传承

不少薛瑄的弟子来自黄河另一边，陕西的西安府。到了16世纪期间，河东学派的重要人物是陕西士人。可是，这不是在提示说他们的活动范围仅限于陕西而已。他们的学术流动和影响交流跨越了省际。尽管如此，正如黄河改变流道那样，河东学派的中心也随着时间发展而转移至黄河对岸。

129 **段坚（1419—1484）**

兰州的段坚和安邑的李昶在河东学派于陕西的积极传授和传承一事上扮演了最重要的角色。不同文献对段坚是否是薛瑄的弟子一事的意见不一致。一些人如此标签之[105]；另一些人则谓其私淑薛瑄。[106]

从大约1450年开始，段坚从山东走访江苏浙江一带以寻贤士。根据某些记录所载，他是在这段时间，拜访了阎禹锡和白良辅而掌握薛瑄的核心学说的。[107] 尽管《年谱》没有提及他掌握了薛氏学说一事，但其各处走访之事都记录在年谱中。[108]《明儒学案》和《明儒言行录》中所用“寻访”一词以及段坚年谱中所用“纳交”一词似乎排除了段坚与阎氏、白氏二人之间有固定师承关系的可能。他们的关系像同辈。《明儒学案》和《明儒言行录》接着宣称：

> 先生虽未尝及文清之门，而郡人陈祥（1475进士）赞之曰：“文清之统，惟公是廓。”则固私淑而有得者也。[109]

该《像赞》的全文见于段坚的《年谱》。[110] 上述的记录是《明儒学案》和《明儒言行录》逐字摘引的。我们不清楚此文是否见于更早的文献中，抑或此乃首个提出段坚非薛瑄弟子的资料，但陈祥所撰写的《像赞》显然没有把话说到那个程度。

我认为我们应该予以和段坚时代较接近的人所作的记录更多的信
任。其中一个据说较为可信的记录是段坚外孙兼门人彭泽（1490 进
士）所辑的《年谱》。可是，该《年谱》是手抄本且流传了数世纪。
到了 19 世纪期间，在段坚其中一个后人的要求下，《年谱》经过两名
士人编辑后才重刊的。彭泽的版本在传至这些编者手中时经已多少有 130
讹谬脱落的现象。这些编者甚至改变原版的体例版式。[111] 在刻印版中
也缺失了许多年的记录。手抄本可能就已经是这样了。由于这个版本
不全，所以编者在标题上加了“纪略”二字。因此，此文献未言段坚
从薛瑄学也可能是原手抄本部分散佚脱落的结果。[112]

段坚很可能曾经师事薛瑄。上述引文称段坚私淑薛瑄，不曾入薛瑄门下。《像赞》一文无法证实这个说法，因为《像赞》只提到段坚扩展了薛瑄之统。更重要的是，在段坚的另一弟子柴升（1487 进士）所撰写的记文中，柴氏在为段坚立的祠堂中明确地宣称段坚历来有声迹，因为“公少尝师河东薛文清公，得伊洛之传。”[113]

虽然段坚似乎可能曾经从薛瑄游，但他与阎禹锡及白良辅结交，这是毋庸置疑的，而且他在学习薛瑄的学说一事上受益于他们。在两人中，段坚与阎禹锡之间的交情被较完好地记录下来。这可能是因同门的交情，而不是因为是他们的弟子。无论如何，因为段坚的身份不明，所以我没有把他列入表 18 中。无论段坚是薛瑄的弟子与否，他是河东学派第二代弟子的同辈，而且在传播和继承薛瑄学说一事上的确很重要。

在 1454 年会试中式以后，段坚首个职务是编纂山西的方志。1459 年间，段坚授任的首个地方行政职位是福山县知县。后来，他在李贤的推荐下，擢升为莱州府知府。他以忧去官，服阙后，则任河南南阳府知府。[114]

在这些地方任职期间，他最为人称道的活动与教育相关。例如他

在南阳府召集了南阳府的属下及生员，亲自为其讲学。他也成立了一
131 所书院来教育该府的青年。他甚至从书肆购得程朱传统的著作，以之授予有志者。他想必是自掏腰包那么做。其传记撰写者和柴升的评价一样，谓段坚任官时的举动是因为其学本诸薛瑄的理念。[115]

段坚重修福山县学时，为之作记文的是阎禹锡。[116]再者，阎禹锡和段坚两个人皆赖李贤的推荐而升职。这个关系不仅仅是政治庇荫。根据段坚的说法，阎禹锡谓李贤任大学士期间编纂《二程全书》，而阎氏自己则在南京任官之际旁搜博访散失的部分。阎氏似乎在这件事上花了十年的时间。他完成编纂以后，李贤为之题名和作序。可是，大约十年后，阎氏仍无法将之付梓刊刻。因此，阎氏把该书集交予段坚，望其可将之付梓。段坚也确实有刊印之。[117]一年后，段氏遣人到邓州（想必是）李贤之墓祭祀。其主要的目是告知李贤之灵有关刊印《二程全书》之事。虽然段氏知晓李贤的举荐，但是两人始终从未会晤过。[118]毋庸置疑，段坚和河东学派河南的第二代弟子有联系。

其弟子及后来的传记撰写者都将段坚矢志于公共事务归因于薛瑄的学说，这并非巧合。事实上，段坚多次以恢复士人与其弟子乃至百姓之本性的理念作为其理想的治理目标。[119]而薛氏留在段氏身上的另一个印记是其对书院的态度。我在前文主张即使学者们认为山西特有的社会和经济因素致使中国北方缺乏书院，但事实上是薛瑄自身对官学所扮演的角色以及其对国家的依附的理念导致他对书院缺乏兴趣。薛瑄没有提议建立任何官学的替代。

可以肯定的是，段坚曾经建立书院，亦曾修建社学。[120]可是，我视其治理政策，尤其是教育相关的行为，为针对两组不同的对象而
132 作。段坚在福山任知县时所设立的社学是针对百姓而立；而其所整修的县学针对的则是官学生员。[121]在任莱州知府时，他兴建了更多的社学。除了重修府学以外，他还聚集了府县生员到想必是当时有的书院里治学。至于他挑选了哪些生员入书院，《年谱》则未及言明。[122]

我们大致上只是模糊地知道哪些生员去了书院。书院应该是较有包容性的地方，因此在多数情况下，任何完成一些基础训练的人都可以入学。可是，有些书院则实为官学的延伸。那些地方官员兴建的书

院，可能尤其如此。一则关于段坚在南阳府兴建的其中一所书院的资料明确说明了那些挑选出来入书院就读的是选自府县官学的生员。[123]

如果我们假设不是段坚含糊地挑选生员而是文献记载不明，那就可以合理地推测段坚作为一个地方官员，在某个程度上依旧专注官学，并在兴建书院的同时选拔生员入学，因为那些书院只是官学的延伸。虽然庙学有进行扩建的工程，但是从后勤上而言，他有偏好“兴建”书院为官学的延伸，以扩大已有的学舍范围的好理由。前文提及官学的范围包括了两个组成成分，学舍及孔庙。在这个范围的布局里，孔庙一般坐落在左边或前面，即较为崇高的方位。任何扩建学舍的工程，在理论上，应该也包括扩建孔庙。如前文所述，薛瑄为整修庙学而撰写的记文揭示这些工程包括了“文庙”和“学舍”两部分。重要的是，扩建已有的学舍和文庙需要购买建筑材料，但是由地方官员设立书院将会更便宜——他们可以将佛寺和其他被他们标签为淫祠 133
的宗教场所充公，并改为书院。这正是段坚所为。[124]

从朝代鼎革的混乱中恢复的人口与经济，可能是其之所以需要更大的空间以容纳明初更多生员的原因。可是，这只能解释扩建的需要，无法解释为应对这个挑战所作的选择。胡居仁和陈献章的同辈段坚没有像其南方同辈一样修建私人书院。他所兴建的书院不是私人书院，而是为官学生员所建的延伸空间。这与薛瑄的官学角色的理念是一致的。

段坚最著名的弟子来自其家乡兰州地区和其任官的南阳府。当中有其兰州籍的外孙兼《年谱》原纂者彭泽；同样是兰州籍的还有董芳（1459 举人）、罗睿（1466 进士）和孙芳（1492 举人）。来自南阳的是王鸿儒（1487 进士）、张景纯（1486 举人）、柴升和熊纪（1502 进士）。此外，来自山西汾阳的董龄（1464 进士）在段坚编纂山西志之际从其学。[125] 段氏去世后，他原是享祀于南阳其所修建的书院中。数秩后，南阳人又别立祠庙来祭祀他。[126]

在第二代成员中，阎禹锡是在国家教育体制内传播薛氏的学说的。他将学说介绍给入官学的生员，并且甚至吸引了中国南方的官学贡生到京城一带从之游。在没有已知的门派弟子的情况或是没有尝试组织学术宗派的努力下，薛氏之学的传承在阎氏逝世后就中断了。相较下，尽管在操作上有所不同，段坚的承传也依靠国家公器进行。段氏以地方官员的身份推广了薛氏的学说。他通过兴建社学以密切注意百姓的教育，但是作为一名治理者，其主要的努力是修建书院。异于那些私人的书院，这些书院是官学的延伸。段氏对这些书院的教育活
134 动的支持和直接参与，其实是为了改善其管辖境内官学的地方网络。

不是所有 15 或 16 世纪的陕西士人都用朝廷授予他们的权威来推动教育。例如三原县的王恕（1416—1508）经常催促朝廷主导那些通常由中国南方，即王昌伟所谓的“非官方精英”所领导的工程，包括修建书院。王恕“没有将地方官员视为仅仅是国家的区域代理者而已，王恕认为他们也应该帮助像他自己一样知晓何为公共利益的地方豪绅去完成志向”[127]。黄宗羲视三原传统最重要的人物王恕为河东学派的支派之一。[128] 虽然王氏与薛瑄近乎同辈，但是现存文献没有显示薛氏和王氏的直接交往。王氏不是一名河东传统的直接成员，这可能有助于解释其方法的不同。

段坚对传播河东传统的贡献似乎有限，但如果我们可以考虑其任官期间的努力的话，观点可能会有所不同。虽然我们知道一些段坚的弟子，但是无法建构在他们之后的传承。段氏和薛瑄另一位杰出的安邑弟子李昶在将薛氏学说传与偶然被误写为周桂的周蕙（生卒年不详）一事上，扮演了重要的角色。这个传承是河东学派发展至 16 世纪中叶重要人物吕柟的脉络。

周蕙

周蕙，秦州人，军籍，戍兰州。他原本自学，但得知段坚在家中集诸儒讲学后，则往听之。一开始，他只是个站着的听众，但后来诸儒让他坐听，之后还让他加入讨论。可是，有趣的是，段氏不是周氏听闻河东学派学说的唯一来源。周蕙也师事李昶。李昶当时在秦州清水县县学任教谕。学使视学时，因叹为不及而向朝廷上奏推荐李昶代己位，但是朝廷尚未授命，他就去世了。[129]

135 由于受过段坚和李昶的启发，周蕙之学因此被理解成属于河东学

派传统。[130] 李昶对其师的学说最大的贡献可能是将之传给周蕙。我们对河东学派在河南的第三代弟子知道甚少，而在陕西，周蕙虽无官职，却是最受尊敬且影响深远的名师。不幸的是，他在寻父的过程中，溺毙于扬子江里。[131]

尽管段坚在南阳留下了印记，但是他退休后一直在陕西省西边（今甘肃境内）的兰州居家讲学。这一带也是周蕙活跃的地区。可是，到了 16 世纪，河东学派的核心又转回西安一带。周蕙三名最著名的弟子的籍贯证明了河东学派核心之所以可能转返三府一带是因为这些弟子的关系。王爵（生卒年不详）来自秦州，而李锦（1462 举人）来自咸宁，薛敬之（1435—1508）则来自渭南。如长安县一样，咸宁县与西安府同城郭，而渭南县则只是在府城往东北 140 里处。[132]

薛敬之

薛敬之在陕西河东学派的第四代成员中占据了一个关键性位置。他少时入县学以后，却屡次乡试不第。[133] 可是，所有的记载皆同谓其于 1466 年以贡生身份入国子监。[134] 根据马理（1514 进士）和吕柟的说法，国子监生称薛敬之再现了陕西最具影响力的宋代理学家张载的风采。[135]

薛敬之恰巧与陈献章同时入监，两人又在京城并负盛名。[136] 薛敬之于 1485 年任应州知州。朝廷很少授任仅是国子监生身份的士人这种官职。有人谓其任职期间复苏了该州经济并提高了当地抵御如饥荒之类的自然灾害的能力。薛敬之的诸善政据说还包括若干奇迹。[137]

薛敬之如其河东学派的前辈一般也十分关注地方教育，并且一有 136
机会就到官学中亲自教授。而应州生员是在这个时候才始知修身之学。[138] 他于 1498 年擢升为浙江一带的一个理学据点金华府同知。尽管他只居金华府两年，许多东南方的士人都从其学。而陈聪（生卒年不详）是其中之一。[139]

薛敬之于大约 1500 年致仕，并且在退休期间去了长安。而吕柟当时正在开元寺（开元寺亦称作正学书院）中受业。由于薛敬之到访长安，吕氏因而得以师事薛敬之。吕氏不仅从薛敬之那里得知河东学派，同时从其师口中听闻有关周蕙的亲切而有感染力的描述。[140]

薛敬之有许多其他著名的弟子，如吉人（1487 进士）、郭玺（1480 举人）和吕经（1508 进士）。薛敬之曾在应州府东南方的一个州——浑源任知州，而郭玺就来自浑源。吉人和吕经则分别来自长安和咸宁。可是，吕柟是其弟子中最重要的一位。南大吉，与薛敬之同县而追随王阳明传统的士人，评价了吕柟对薛敬之何以忽视他人评论的解释，清楚地反映了吕氏对其师的理解之深。[141] 更重要的是，吕柟是 16 世纪河东学派与王阳明学派相匹配的最重要的第五代成员。

吕柟

清代士人一般来说同意真正继承薛瑄学统的是师从薛敬之的吕柟。[142] 尽管《四库全书》的编纂者基于对李梦阳（1472—1529）文风影响的偏见而尖锐地批评吕柟的文学著作，但是他们也承认吕柟哲学思想的角度和知识实宗薛瑄的传统。[143]

137 即使吕柟曾经将薛瑄与元代理学大家相比较时谓薛瑄虽胜于吴澄（1249—1333）却不及许衡，但他对薛瑄极为崇敬。他也一度认为薛瑄与许衡之学相匹。[144] 对于吕氏而言，薛瑄是明代士人无媲的理学大家。[145]

有趣的是，同学术圈而不同世代的士人不知何故就注定纠缠在彼此生活中。吕柟家境贫困，却自小聪颖。提学马中锡见其文章后，大为诧异，因而收其入县学。[146] 马中锡是阎禹锡墓志铭的撰写者，因为阎氏乃让其会试登科的提学官。[147]

1523 年，翰林编修吕柟因大礼仪进谏而下狱，之后被贬为平阳府解州判官。当时，逢解州知州逝世，吕柟因而摄行州事。虽然他施行了诸多善政，但是他最大的成就在教育领域里。在御史为他兴建解梁书院后，其弟子的人数愈增。之后，当吕氏前往南京时，据说有上千人为之送行，直到他越过黄河后，泣声仍不绝于耳。后来，解州还竖碑纪念其善政，立祠生祀之。当他的讣闻传至解州时，据说众人聚集于祠堂哭丧三天，然后衰服二十七天。[148] 另外，据说其解州弟子相信

“续朱子者鲁斋一人而已，继鲁斋者敬轩一人而已，继敬轩者先生（吕柟）一人而已”。[149]

虽然吕柟在解州留下了深刻的印记，但是他是在南京时取得自己最大的教育成就。在理学的领域里，吕柟既没有掩饰对王阳明学说的不认同，也不看重陈献章。[150] 他反驳王阳明的“良知”说一事广为人知，而黄宗羲甚至认为有必要在《明儒学案》里与之辩驳。[151] 就连刘
宗周也得承认“时先生讲席与阳明氏中分其盛，一时笃行自好之士， 138
多出先生之门”[152]。当然，目前没有数据可以显示吕柟的弟子数量和王阳明学派门人数量相匹与否，而明代思想史亦不能简单地分为两个学派。虽然只是传闻，但此说法出自敌对阵营的重要成员这个事实显示了吕柟的影响程度。吕柟著名到朝鲜国向明廷请赐其文作为范式。[153]

吕柟后来居南京五到六年，并任职务要求不太繁重的官职。那段期间，他与湛若水及邹守益（1491—1562）在南京讲学。[154] 尽管湛若水曾经师事另一位理学硕儒章懋（1437—1522），但他却是陈献章最重要的弟子之一。邹守益则是王阳明最重要的弟子之一。[155]

吕柟后来擢升为北京国子监祭酒，他在那里的学术影响是值得一提的。之后，他再次升官任南京礼部侍郎，而这不只又将他带回南方，也是他在退休前所担任的最后一个官职。[156] 学界应该针对吕柟进行一个更有系统的研究。至于此处的讨论只要注意他是16世纪河东学派最重要的成员就足够了。吕氏不只要面对王阳明和陈献章与之相对抗的思想理念的挑战，他也在复兴和提升陕西学术这方面扮演了关键的角色。根据他的传记撰写者所述：

> 真醇道学在关中（陕西的西安一带），可继张横渠者泾野一人而已；在我朝，可继薛文清者亦泾野一人而已。[157]

因此，对于有些观察者而言，吕柟显然扮演了历史性和区域性的双重角色。他是薛瑄河东学派明中叶最重要的成员，其代表着该传统与其
他学派传统的激烈竞争，而另一方面，他是复兴关中一带学术的最重 139

要的关中之子。

吕氏亦被理解为在整个理学传统中占据了重要位子。其三原籍友人马理认为吕柟气质在某些方面超越了许衡和薛瑄。马理在为吕氏所撰写的墓志铭中对其友赞誉有加：

> 自元以来及今，见道而能守者，唯鲁斋许氏及我明薛文清公数人而已……（吕柟）如文清而知新之业则广。[158]

尽管马理把吕氏抬高至凌驾于许氏和薛氏之上，但是这样的评价不是他人的共识且跟马氏所撰写的文类性质有关。我在前文提及了河东学派的核心于 16 世纪初转回西安一带。吕柟亦重新将之介绍传至平阳府的解州。他在弟子们到解州从其学的同时，也在那一带授业和交友，譬如他最常到访的一个地方是曲沃县。[159]

吕柟于 16 世纪中叶离开人世。我们知道他的一些弟子，即河东学派的第六代成员。他们可能在这个学派式微没落以及这一带的学术潮流被新的关怀和运动取代前，将其学派传统延续至 16 世纪的下半叶。这些成员包括泾阳的吕潜（1546 举人）、张节（？— 1582）和郭郛（1558 举人）；咸宁的李挺（生卒年不详）；建安的杨应诏（1531 举人）；以及解州的王光祖（1520 贡生）和邱东鲁（1516 举人）。[160]

这些第六代的士人面对着竞争者更细致的审视，并且比他们的前辈受到了更严厉的批评。明末清初属王阳明传统的黄宗羲在他的品评中便显示出强烈的敌意；他对福建杨应诏的评论就是一个例子。杨氏在南京治学时，正值三个鼎立相争的学术传统的代表人都在那里讲学。可是，他只被吕柟说服并且严厉批评王阳明传统的士人。在粗略
140 地总结杨应诏的学术后，黄宗羲写道，“其言多夸大而雌黄过甚。亦非有道气象。”[161] 这样的评论显然是不一定合理的主观攻击。黄氏接着讨论有关杨应诏“工夫即本体”的学说以及讨论其本体如镜子和工夫如刮磨之举的比喻。黄宗羲在试图抹黑杨应诏时毫不留情地批评杨氏，指其哲学理论“不通”。[162]

山西的情况如何？

薛瑄之后，河东一带没有出现任何能够引领河东学派的理学硕儒。我在第三章和接下来的第五章中记录了薛瑄的后人出版其著作的努力以及他们尝试整修其祠堂和保留其茔墓的情况。然而，其宗族本身较为松散的组织结构不足以让它有能力去建立一个学术传统。它必须等待有科第功名者的出现，并且依靠他们去领导、组织或者发起这类工程。正如我已讨论的那样，薛氏一族连这样的努力也会逐渐在性质上个人化，或是仅限于一小组人或特定的支派。

虽然来自河津和蒲州的薛瑄弟子都在现存的文献中留下印记，但他们之中无人可以媲美河东学派在河南与陕西的重要人物。我认为河东学派的传统是有全国性的影响，但主要集中在跨越省际和黄河的三府地区。因此，我对中国学者讨论河东学派属于山西抑或陕西一事不感兴趣。[163] 河东学派绝不仅仅是属于河东的学派。

到了16世纪下半叶，河东学派围绕着薛瑄，合力为他在明代思想史中取得一席立足之地，一个继承朱熹和许衡的正统位置。虽然这样的学术继承之地位不需要属于任何学术宗派的证明，但有些山西与河东学派有关联的人还是把自己塑造成属于这特定的传统之中。所以， 141
薛瑄祠的祭祀层面自然变得重要。

河津知县于1577年在薛瑄祠中，加进了16位享祀者，其中四位配飨：阎禹锡、白良辅、张鼎（1466进士）和李昶；以及12位从祀：谢琚（1423举人）、卫述（1450举人）、王复（生卒年不详）、杨润（1453举人）、周胜（生卒年不详）、王盛、杨谌（生卒年不详）、荆诩（1447举人）、杜骏（生卒年不详）、陈铨（1442进士）、杨廉和张九功（1478进士）。[164] 该名知县在记文中叙述他将河津的士人学子聚集在祠堂外并如此对他们说：

> 若是乎正学之有功于当世也。以文清为主盟而诸贤羽之翼之譬……他日按籍而名曰“夫夫河津产也”、“夫夫文清乡人也”、“夫夫与文清门人先后嗣兴也”，庶几无负今日追崇盛意矣。[165]

这个仪式是要通过鉴定和薛氏有关的士人的籍贯、他们与薛瑄的师承关系及他们在传承薛氏学说所扮演的角色，来为他们建构一个确切的学脉。河东学派到了晚明不再是显赫的学术传统，而知县这时做出这样的举动显示了河东学派迄至当时的缺陷，而非优势。其缺陷也在于这样的建构是从薛氏的理念以及前几代河东士人所建立的网络模式派生出来的。他们的荣衔等级排列模仿孔庙中的排列。这完全不令人惊异，因为将这些弟子加入薛文清祠的主要原因之一就是要赞颂薛瑄得以从祀孔庙一事。这十六名士人当中，除了两名以外，其他的均是薛瑄的弟子；其中三名来自河南、两名来自陕西、其他的都来自平阳。[166]

该名知县没有写出他以什么条件决定什么人能和薛瑄一起享祀。
142 而其之所以加入非薛氏弟子杨廉显然是因为他成功地说服朝廷兴立薛瑄专祠，以及让官方认可薛瑄的《读书录》，将之列入官学课程中。另一位非薛氏的弟子张九功则很可能因其奏请薛瑄从祀孔庙的努力而被加入从祀行列中。

在那些从祀薛瑄祠的弟子当中，猗氏县的荆诩是最强烈的教育主张者，也是当中在地方上最有影响的人。薛瑄曾嗟叹道，“衍吾道者，南县儿也。”[167] 当举人荆诩在国子监就学之际以及其他时候，他有许多可能是弟子的访客，其中包括四名来自猗氏县外的“名臣”。[168]

在已知的荆诩的弟子当中，有和他同县的宋震（1486 举人）和宋钧（王盛的名单中也提及宋钧）。荆氏亦以《诗经》著称。虽然宋震对阐明荆诩的学说作出了很大的贡献，但荆氏和其弟子对他们地方上的学术群体影响最深的是《诗经》学。根据记载，该县因为他们的关系有超过一半的生员专攻《诗经》。资料也显示荆诩的后人世代传承其学说。可是，我们目前所知道的讯息不足以重构一个完整的故事。我们只知道宋震的两名弟子，杜渐（1522 举人）和荆琨（1556 贡生），亦皆来自猗氏县。[169]

荆氏和他的一组人积极参与教学授受之事，但却不曾正式建立一所书院讲学，并且也没有证据显示他们有任何认真建构一个学派的努力。他们教授《诗经》依然是和准备科举考试密切相关。“南县儿”荆氏没有以可持续发展的方式传播薛氏的学说。无论薛氏对荆氏有多高的期望，河东网络模式已预示了其传播的失败。

另一名从祀的平阳弟子李昶则因其在山西一带传播薛氏学说而得以与阎禹锡等人同飨祀。其他受供奉的平阳人，从祀原因不明。这组人当中，杨谌是我们所知甚少的一名。杨氏可能是因为其孙子和曾孙 143
为薛瑄从祀孔庙一事出过一份力，而得以列入从祀。我将在下一章中探究薛瑄从祀孔庙的漫长过程，并且进而将之提升到全国性的规模上进行讨论。

~

一反《明儒学案》所呈现的边缘化形象，河东学派从一开始就是具影响力的学术传统。这个学派跨越了地理和政治界限，即黄河的边界与省际。之后其沿着两条途径扩展，而发源地的取向则变成试图增强此传统的祭祀方面的事宜。经由河南的南方发展路线，不如有效地使西安在 16 世纪成为河东传统的中心的西方发展路线那般成功。薛氏强调官学的重要性的取向，进一步把他与其南方同辈乃至可能与整体理学传统区分开来。薛瑄式的北方教育方法及北方网络的替代模式在其弟子中留下了深刻的影响。虽然他们确实有师承，因为河东传统在薛瑄去世后流传了数代，可是薛氏无意创建一个替代官学的机构，以及他没有信奉群体意识或是建构一个明确的学脉这一点继续影响着之后几代的河东网络。

清代士人很清楚这个北方替代模式有着鲜明的反差。薛瑄的影响不仅是作为个人典范或者是通过《读书录》作为基本文本流传，其所代表的也是理学家网络的一个模式。明末清初太仓县的士人陆世仪（1611—1671）论及江苏无锡程朱传统追随者邵宝（1460—1527）时品评了几位最重要的明儒：

> 文庄生在陈白沙之后而稍前于王阳明。一时讲学之风已盛。公喜道学而未尝标道学之目。不喜假道学而未尝辞道学之名。循循勉勉，为所当为而已。此薛文清一派也。后辈所极当效法。[170] 144

邵宝不属于河东学派的事实，我相信陆世仪是知道的。可是，陆世仪把邵宝视为薛瑄学派的一个支派，所指的是邵宝作为士人及名师的操行，尤其是他对阳明学后学所流行的公开讲学之举的态度。邵宝以不同的方式教授和组织他的弟子。这里也比较陆氏对福建士人蔡清的评论："蔡虚斋是一儒者。不聚徒党，而日潜心理道者。道有薛文清之风。"[171]

因此，薛氏对于明中叶和明末福建学术群体的影响，不局限于其哲学思想的内容，也包括了他的学术网络模式。同样，关于江苏崑山县的魏校（1483—1543），陆氏这里想说的是："庄渠虽讲学，而不聚徒。但勤职事；是薛文清一派。"[172] 魏氏的教育原则和邵宝的相似，均呼应薛氏的教育理念。

唯一一位既为陆世仪鉴定属于薛瑄一派，也确实是河东学派成员的是吕柟。根据陆氏的说法：

> 关中之学大抵皆重躬行。如泾野吕先生其《语录》有体有用，平正切实。亦文清之派也。[173]

陆世仪此处强调的是吕氏学说的取向，如其《语录》所反映的取向，而非他组织弟子的方式。鉴于他的官职，吕氏在南京待了十年。和其南方同辈一样，他在那里参与讲学活动。[174] 可是，吕氏依然是属于薛氏学派的一支。简而言之，薛瑄和他的弟子不仅不强调师承，也没有建构一个清晰的学脉。他们不提倡公开讲学，且未发起修建任何私人书院。而这些选择限制了其学派的成功与影响范围。然而，薛氏没有进行典型南方理学家的推广活动这一点，恰恰是其他人认为独特且视为典范的一点。北方式的替代模式是有意义的。

第五章 145

“我朝真儒”：薛瑄从祀孔庙始末

我们目前进入一直隐藏在全书讨论背后的问题。薛瑄未曾修建任何书院，而他认为师承关系可有可无的态度又削弱了其学术传统的势力。尽管其学派有像吕柟这般出色的人物，但也不敌南方当时以及之后的学派。这样一位明代名师，如何成为首位获准从祀孔庙的明代士人？本章将论证从祀标准的范式转移是致使薛氏获准从祀孔庙的原因之一。这个范式转移是学术信仰截然有异的官员们出乎意料地联盟起来所推动造成的。在很多情况下，他们之中有的人的学术取向甚至异于薛瑄。在这个一世纪长的奏请薛瑄从祀孔庙的努力中，那些推动此范式转移的关键人物也包括了因各自理由而支持薛瑄的王阳明追随者。从这样的背景看来，选择薛瑄作为首位从祀孔庙的明代人选，在某些方面来说，似乎是思想史上的一次意外。

然而，我亦认为，把薛氏刻画成明代最重要的理学家之一，是程朱学派的追随者（包括薛氏的追随者）与新兴起的王阳明学派之间竞争和抗衡的结果。当两个学派分道扬镳时，一股强烈的不安促使程朱
学者加紧推动薛瑄的从祀。结果，一群在政治上具影响力的蒲州人以 146
及其他占据有利位置的支持者，最终致使薛氏得以从祀孔庙。以如斯背景观之，薛氏从祀孔庙的故事，则可视为激烈的哲学思想之争的产物。

这个过程透露的另一个重点是明代士人对于自己在理学史上应有的位置的理解。通过支持薛瑄的从祀，他们主张一个品评当时理学家的新标准。他们强调躬行理学，而非阐明或普及理学。这标志着他们

的价值判断有异于其前辈。推衍和推广理学是宋代大家应该做的事情；明代大家则有不同的角色要扮演。而北方的人选——薛瑄，是人们效仿的最佳模范。

从祀孔庙

成为孔庙祭孔典礼中的一环，称为从祀，即表示“跟着被祭祀”[1]能作为真儒，为后人所祭祀，是国家承认一个人对儒家传统有特殊贡献的表示——是儒士所能获得的最高荣耀。这个将后儒加入祭孔典礼一起祭祀的做法，滥觞于647年，即在唐太宗于630年下令所有府、县学兴建孔庙不久之后。获准从祀的殊荣，不仅表示该硕儒将在家乡的孔庙中为人祭祀，全国各地的地方孔庙也会祭祀其木主。到了明代，上自两京国子监下至所有县级官学，皆举行祭孔典礼。

从唐代到1919年最后一次增祀后儒期间，许多儒士获准从祀孔庙，有的则被罢祀，而有的获准从祀后，遭罢祀，然后又获复祀。[2]个别儒士的地位可能随着时间的推移而有所更易；而孔子的地位当然不变，仍旧是孔庙的中心，且于大成殿中为人所供奉。1919年最后的名单中，孔庙大成殿除了祭祀孔子以外，还有“四配”和
147 “十二哲”，而东西两庑有79名先贤和76名先儒。[3]

祭孔基本上是“接受经典教育之士的一个祀典”，如托马斯·威尔逊所记：“帝国晚期，只有获科第功名者、科举考生以及其他有所作为的年轻之士，才能进入孔庙参与祭祀典礼。”[4]尽管不同时代的人对祭孔祀典有不同的诠释，但是有关该祀典的政策基本上都是由皇帝决定的。因此，像荣誉的高低程度（例如孔子的封号祀号、礼器的数量和佾舞的行列数量）以及后儒的从祀或罢祀这样的问题，一直在皇帝操控和决定的范围内。所以，祭孔典礼是朝廷用以定义正统的重要工具。从祀孔庙是一个严格把关，鲜少赐予的殊荣，并且竞争十分激烈。可是，从祀孔庙的荣誉不同于因官衔、谥号或经济利益所累积的荣耀。从祀孔庙不是一个能凭己力获得的殊荣。硕儒能否获准从祀孔

庙与其支持者及反对者的学术地位息息相关。虽然晚明期间，当正反双方的儒士都获准从祀时，两方最终都得到抚慰，但是有明一朝，从祀孔庙始终是竞争学术正统地位一役的重要战场。

根据施珊珊有关明代社学的研究，即使“明廷有军队、威信、律法和制度、传统的拥护以及大量的物质资源……它却没有垄断武力、荣誉、组织、思想或财富”；反之，她主张“明廷是一个公、私可以相互竞争的场域”。[5] 同样，尽管皇帝对谁可以从祀孔庙有最后的决定权，但他是在回应和应对其官员的奏请及意见的背景下作出决定的。这些官员根据各种个人、思想理念、地理和政治的目的作出辩护；其中没有谁的举动是纯粹为了皇帝的利益。这些官员各自提出的各种关怀和观点，主要是在竞争获取公论。尤其是关乎从祀国家官立且具全国性系统的祠庙这类祭祀事宜上，争取公论是明代官员的一个主要策略。

明代期间，获得从祀孔庙之殊荣的诸儒中，只有四位是明儒：薛 148
瑄、胡居仁、陈献章和王阳明。在四人当中，薛瑄既是首位获得这项殊荣的人（于 1571 年，即距其去世整整 107 年，明代开国 203 年，获准从祀孔庙），也是唯一的北方人。其余三人较后才同时获准从祀。在任何时候荣获如此严格把关的荣誉，已经是少有的了，而在自己身处的朝代中获得此殊荣，就更为罕见。薛氏的从祀，既不是河东学派势力的证明，也不是薛氏学术的至高无上的表现。其支持者因为各种原因，包括学术取向、政治关系、区域自豪感和家族历史，而群起奏请薛瑄从祀。

这一长达一世纪的努力，经历了五个皇帝的统治，可分为三个阶段：第一阶段以薛瑄获得国家在其梓里立祠专祀一事告终；第二阶段发生在明朝皇帝在位第二长的嘉靖朝（1522—1566）期间，并且见证了一个评估儒士主要的范式的转移；第三阶段则始于隆庆朝（1567—1572），而以薛瑄获准从祀孔庙结束。本章通过研究《实录》、官员的奏章、序文和铭文来考究各方所援用的策略的发展与其论述上的相应改变，并且强调学术取向与薛瑄对立的敌对阵营对祭孔祀典的理解和利用。最重要的是，这些显示了即使怀着不同的目的，参与其中的各方最终推展了一个决定如何才是明代真儒的新范式。薛氏的支持者最终需要比一个新范式更多的条件来实现他们的目标。

第一阶段：凌散的努力以及薛瑄的专祠

在第一阶段中，薛氏的弟子及支持者缺乏一个明确的策略来实现他们希望薛瑄从祀孔庙的目标。他们的论述简单直接，而且其努力没有章法，毫不协调。《实录》所记录的拒绝其请的官方理由，是薛氏著述不足，而且他不属于任何明确的学术宗派。在意识到薛氏确实缺
149 乏与任何公认的学术宗派的关系以及发现其主要的哲学思想著作没有广泛流传以后，薛瑄的支持者提出国家官立专祠专祀薛氏的要求，作为认同其学术传统的方法；他们另外还获得朝廷资助刊刻及发行薛瑄的著述。

初试

请求薛瑄从祀孔庙的记录，首见于《英宗实录》一则记录薛氏在1464年底去世的资料下。该则文字反映皇帝为了回应请求薛瑄从祀孔庙的奏请而下令翰林院进行讨论，继而引述侍讲学士刘定之（1409—1469）提出的反对意见。这个记录以当时的公论同意刘定之的评价结尾。[6]

事实上，薛瑄从祀孔庙的正式请求，是到了1465年底宪宗皇帝在位（1465—1487）期间才提出的。这个请求会记录在《英宗实录》的1464年一则中，只是因为该《实录》要到1467年才完成编纂，上奏皇帝。由于薛氏于《英宗实录》编纂前或编纂期间逝世，首个记录显然是一则回顾性的记录。刘定之的立场，反映了朝廷以及至少数名1460年代主要官员的意见。

《宪宗实录》中，另有一则有关该请求更为详细的记录。薛瑄的弟子陈铨是首位上奏请求薛瑄从祀孔庙的人。河南汜水县人陈铨当时

是山东济南府的知府。[7] 薛氏与陈氏之间有可以上溯自上一代的亲密交情，而且陈铨后来如其师从祀孔庙般，获得从祀其师之祠的荣誉。不幸的是，无论《宪宗实录》或是方志都没有提供陈铨请求薛瑄从祀孔庙时所援引的理由。

然而，《宪宗实录》摘引了国子助教李伸（生卒年不详）的奏章的一部分。李伸推荐要求增祀元儒刘因（1249—1293）和薛瑄。因此，
朝廷至少收过两份要求增祀薛瑄的奏章。[8] 为了支持刘因，李伸如是 150
主张：

> 因物故太早，复当兵燹之余。故其著述多残缺不备。观其遗文，所载《河图辨》、《太极图后记》诸篇，皆足以继往开来，有功名教。不必在于著述之多。[9]

李伸建议朝廷，就算刘因刊刻出版的著述甚少，也还是应该允准刘因从祀孔庙。其说法因而支持了薛瑄的从祀。至于薛氏，李氏写道：“所著《读书录》、《河汾集》诸书，足以发明往圣，垂惠后学，亦宜从祀。”[10]

有人也许会认为李伸的请求会赢得内阁首辅李贤的支持。可是，尽管李贤和薛瑄有密切的私人关系，李氏却谓：

> 有传道之大功者，然后可享天下之通祀。苟非道足以继往哲，言足以淑来世，则人心有所不服。今虽幸进，后必有举而黜之者矣。[11]

即便是在奏请薛瑄从祀的初期，明代官员也明白这事需要一个共识。李氏明确地提议要咨询儒臣的意见，基本上即翰林学士们的公议。作为其建议的回应，江西永新人刘定之主张应该拒绝那两个奏请。在提出自己反对增祀刘因的意见后，他接着评论薛瑄：

> 若薛学士瑄直躬慕古，谈道淑徒。进无附丽；退不慕恋。勤

> 学好问，可谓文矣；归洁其身，可谓清矣，是以荐蒙圣知，殁
> 151 赐美谥。其为一代名臣，夫何间然。然，论其于道所得，以与朱
> 子诸徒相比并，若黄干、辅广（生卒年不详）之亲承微言，金履
> 祥、许谦之推衍诸说，尚未知可伯仲其间否也。[12]

刘定之提议朝廷宜于刘因的梓里立祠祭祀之，而对于薛瑄则无需再作任何事情。其建议为朝廷所接受。[13]根据刘氏的看法，薛氏对道的体认不够完备和细致，并且其为推衍阐明理学学说所做尚不足够。这两点与传道的议题息息相关。黄干乃朱熹的女婿兼得意弟子之一，他将朱熹的学说传给金华四大儒：何基、王柏、金履祥和许谦，因此形成金华学派。这里要注意的是，刘定之的论点提及最后两名硕儒。

刘定之自己并不属于金华学派。此外，正如戴彼得所表明，这样讲究宗谱式结构的学派在成祖1402年篡位后就已经式微了。[14]因此，即使刘氏只是含蓄地援引金华模式，我们也很难解释他为何要这么做。无论如何，对于刘氏而言，只有那些可以宣称直接继承朱熹学说的人，才可以算是真正的硕儒。由于许多人同意刘氏之见，其观点不仅表达了一种对金华模式的怀旧情怀，也代表一种旧理念之遗风犹在。刘氏的评价对薛瑄及其河东学派是毫无意义的，因为薛氏视“道统”为通过某种程度的自学，而非通过成为某一学术宗派的成员，来完成对道的理解。[15]

罢祀伪儒与增祀明儒

由于从祀孔庙是一种如此特殊的荣誉，因此朝廷可以怀疑任何奏
请者的目的。南京兵部主事娄性（生卒年不详）于大约1488年间，上
奏请求宋濂、杨士奇、薛瑄和吴讷（1372—1457）从祀孔庙。礼部以
152 不可轻议这等事，以及其间有徇私妄举者为由，建议皇帝拒绝娄性的
请求。而皇帝亦同意礼部的报告，拒绝该奏请。[16]

然而，薛瑄的支持者也没有轻易放弃。四个月后，当时的礼科给事中张九功，上呈了另一道奏疏。张九功（来自河南陕州）和娄性在

不同的京城任职。彼此提及的次要议题也毫不相关。娄性列举了很长的从祀名单，而张九功只推荐一人。另外，娄性的名字也没有出现在任何有关薛瑄学派的资料中。由此看来，那两道奏章极不可能是两人共同合作的。可是，张氏因其官员身份见过娄氏的奏章也并非不可能。

有关从祀的问题，张九功提出了两个要点。首先，他建议有些已经从祀孔庙者，即荀况（？—前 230）、马融（79—166）、王弼（226—49）和扬雄（前 53—后 18）都应该被罢祀。其次，他提出应该增祀一名当代的真儒。不待本文赘述，他自然是想增祀薛瑄。张氏在其奏疏中，既未提及刘定之之前的评语，也没有回应刘氏的两项批评。其说法虽与李伸之言类似，可是有一点倒是不同：他注意到董仲舒（前 179—前 104）和吴澄（1426—1435）分别于洪武（1368—1398）和宣德（1426—1435）年间从祀孔庙，因而声称“无愧于二子”的薛瑄，也应该获准从祀。[17]

与张九功同时，侍讲学士程敏政也独自上奏要求罢祀某些已经居从祀之列的儒者，并且建议了其他的备选者。或许因为罢祀一事非同小可，皇帝命令京城诸衙门一起讨论和报告。[18] 153

与礼部联署佥议的回复中，诸衙门总结道：

> 在成化初，亦议其于明道著书尚未若黄干、辅广之亲承微言，金履祥、许谦之推衍绪说……（其现状）仍旧。

该报告引用刘定之先前所提出的理由，建议朝廷拒绝程敏政的请求，而皇帝也采纳了诸衙门的建议。[19] 尽管他们继续把薛瑄列于金华学派之下以削弱其重要性，但正是这份报告始以“明道”和“著书”二词概述刘定之的条件。薛瑄的支持者，后来将这两个标准视为其立论反击的主要靶标。

国家专祠

几经失败后，薛瑄的支持者意识到，若要加强薛氏作为理学硕儒的重要性，就需要更多的预备步骤。他们希望通过以能够确定薛氏学术传统的国家专祠形式设立一个中心，以及通过获准由朝廷印发薛氏的哲学著作，来实现他们的目标。而主导这个策略的人是追随程朱传统，并与罗钦顺友好的杨廉。杨廉于 1497 年上疏提议表彰薛瑄以风励后学：

> 国朝自瑄以前，知经学古及以文章名家者，固有其人。求其
> 一于理学，识者谓瑄一人而已。瑄在当时，学者称为薛夫子，固
> 已尊信之矣。自是而后，此学浸加冷落，求其人者，不过止于词
> 154 藻，固已厌其枯淡。至于《读书录》，见者甚少，而所以求瑄者，
> 又不知在乎此。[20]

在强调薛氏在世时为学者所重的名声后，杨廉承认薛氏去世之后，人们普遍对薛瑄的学说不感兴趣，而且其最重要的哲学思想著述也流传不广。为了弥补这些不足，他提出了几个建议。首先，他提出薛氏的梓里虽有祠堂祭祀之，但不是国家出资官立的；他提议朝廷应该修建一座祭祀薛瑄的祠堂，并定期祭祀薛瑄。杨廉强调，既然这是薛瑄的专祠，而非乡贤祠，那就只有属于薛瑄学派的士人方能配祀其中。

杨廉的建议和其后来的实施有两点重要的意义：薛瑄是其中一位最早在明代期间得到国家认可并出资修建“个人”祠堂的明儒。这个专祠被赋予代表一个特定学术传统的意义，因此，从祀其中的人仅限于其追随者与其学术继承者。就算仅限于一个地方，即河津县城，这个专祠却类似于孔庙。意即两者皆蕴含国家的认可，祭祀一个主要的硕儒，并配以其学术传统的追随者。在发展初期，河东学派已经开始从祭祀方面定义自己。

杨廉针对《读书录》，也提出了一个重点。他发现山东章丘县出版过《读书录》，因而要求国子监收回该旧雕版版片，将一份印本送

至福建书坊翻刻，并在市上出售翻刻的新版《读书录》。这将使所有国子监生和县里的士人得以阅览之。杨廉劝导皇帝若对明代儒臣的著作感到好奇，就应该阅览《读书录》，并谓《读书录》的出版和流通将会是“斯文”之幸。杨廉的论点显然是暗指道统。

> 夫既祀瑄而广布其书，则人皆知本朝亦有为此学者，岂不有 155
> 所兴起者乎？又安知不有由瑄上溯宋儒者乎！[21]

杨氏由此置薛氏于联系明代与宋儒之教的位置，把薛氏抬高成为理学道统的一部分。为此，皇帝命令礼部进行讨论。而礼部通过援引李贤为薛瑄撰写的碑铭，提出礼部对此事的正面评价，并且建议批准杨廉所请。[22] 皇帝最终同意礼部的建议。朝廷即命山西布政司支用官钱兴建薛瑄的专祠，并由接获指令的平阳府知府致祭。[23]

我认为杨廉的策略是对薛瑄的支持者多次奏请薛瑄从祀孔庙而屡屡失败的一个回应。杨廉为薛瑄学派谋得国家专祠并成功要求国家出资出版和推广《读书录》的这个良策，使杨廉后来得以在该专祠的祀典中占一席之位。迨至明末，共有十六人入祀薛瑄的专祠，其中四人“配享”，十二人“从祀”。[24]

~

请求在孔庙全国性的祭祀中加入薛瑄之第一阶段的努力，以其弟子陈铨的奏请开始，然后以在河津县城兴建薛氏与河东学派的国家专祠告终。在这个初步的阶段中，薛氏的支持者没有协作而各自上疏。在这期间，朝廷接受了刘定之的反对意见，以之作为官方的评价。而乍看之下，杨廉似乎退一步，屈就比薛瑄支持者更低的要求。但是，他实际上是提出了一个新策略。为了提高薛氏的声望，他视专祠为一种方法而非结果。与此同时，其他的支持者仍然继续请求朝廷批准薛瑄从祀孔庙。

156 第二阶段：鉴别“真儒”的新范式

请求薛瑄从祀之第二阶段的发展受到两个重要因素的影响：明世宗的政令和薛氏支持者对官方拒绝理由所作的回应。世宗皇帝过于热衷祭祀事宜。他在位期间，朝廷讨论且实行许多变革，而当中有的是以复古之名进行改变。1530 年间，他对孔庙进行了显著的改变。世宗皇帝撤去了孔子王号，并削除其配享从祀者的爵号。他进一步降低孔子原本与天子同等的祭礼，并且将孔庙中的塑像全部换成木主。世宗皇帝也下令修订祀典，并且罢祀元儒吴澄。[25]

就明儒从祀孔庙而言，嘉靖年间所发生的最重要的事件，是 1540 年之廷议。1540 年之议推演产生了品评明儒的新范式。那些参与议论的官员，无论各自的哲学思想取向，多数都认同那个新范式。而我们必须考究许赞（1473—1548）和姚镆（1465—1538）的两道奏疏，才能充分理解 1540 年之议。

回应官方的拒绝理由

许赞在嘉靖元年（1522）上疏奏请薛氏的从祀。他在奏章中表扬了薛氏的学术成就，并且援引了他人的评论意见以制造一种其言有公论支撑的表象。许氏也巧妙地利用朝廷对理学的支持，挑起世宗皇帝的政治合法性之议题。他的奏疏不仅反映其同辈希望有明儒能获准从祀孔庙，同时也质疑从祀的标准。许氏写道：

> （薛瑄）年少读书，即知践履；历壮至老，不怠躬行。以圣贤为依归，以道德为己任，故守之自固。然且刚强不折，和易
> 157 有节。
>
> 至于著述之功，布之《集》、《录》者，性命、道德、中正、仁义之言，皆有以发明圣贤之秘奥；阴阳、动静、刚柔、太极之论，又有以阐扬造化之几微。诚文行一致，学业大成之真儒也。[26]

许赞不仅强调薛瑄哲学思想的成就，也主张薛氏能够通过其著述表现自己对道的明确体认。许氏由此将刘定之60年前提出的两个论点二合为一，一并解决。

许赞接着利用朝廷的记录来提高薛瑄的威信以及增强其言的公信力。他通过提起张九功的奏疏，谓孝宗皇帝（1488—1505年在位）下令诸衙门进行讨论一举显示了孝宗皇帝崇重薛瑄。[27] 其次，他提及杨廉要求国家认可《读书录》的请求，并提出孝宗皇帝正面的回应是皇帝认同薛氏的进一步证明。然后，他接着引述那两道奏疏和礼部报告中有利于薛瑄的评论。[28]

许赞也提醒当政的皇帝刚登基不久的事实。除了正德朝（1506—1521）以外，从成化到隆庆朝期间，每个皇帝登基继位的第一年，都有官员上疏提出类似请求；这些上疏者无疑把允准从祀孔庙理解为善政的证明。可是，由于世宗皇帝的继位不寻常，因此在嘉靖朝期间，把从祀孔庙的标准与皇帝的登基联系起来，具有特别的意义。之前张九功在弘治年间上呈的奏章中，同样敦促皇帝讲求圣学，以孔子之道治理天下。可是，张氏没有提及后来在嘉靖朝变得敏感的议题——道统或有关儒家正统和继位合法性的问题。[29] 由于明武宗（1506—1521年在位）无嗣，所以世宗皇帝以旁支入继帝位。两人皆是宪宗皇帝之
孙；换句话说，孝宗皇帝一支已经“断绝”。[30] 虽然像许赞所上疏的那 158
种奏章，不是最适合评论继位合法性一事的地方，这个议题却可以暗示的方式来处理。

许赞的奏疏，开篇就把圣神之君的成就与其“扶正道，明正学，崇真儒”，使天下晓然的能力联系起来。之后，他提醒世宗皇帝，说尽管世宗皇帝登基继位，百度鼎新，万方欢颂，但世宗皇帝尚未举行道学重典。他接着敦促世宗皇帝体孝宗皇帝（世宗皇帝的伯父，也是世宗皇帝理应身为继子侍奉的人）崇儒重道之心；提醒世宗皇帝应该下令官员讨论这个提议，以继续其祖先教育天下的努力，而增祀薛瑄这个作为维持道统最重要的任务，将标志世宗皇帝新政之大端，因此不可推迟。[31]

许氏涉及的另一点是其同辈都有的一个关怀：明儒从祀孔庙的

议题。

> 祖宗以来设学校余千百区，养士余百五六十年，岂无一人可与游圣人之门乎？且元以胡人主中国，未百年而从祀孔庭有二人焉。[32]

在许氏的逻辑里，由于明朝胜于蒙元一朝，所以明廷增祀一位明儒是很重要的。许赞接着又提出另外一点：鉴别的标准。许赞指出"道以纲常伦理为重，以言语文字为末"。他通过参照之前有关罢祀扬雄和
159 马融的建议，主张罢祀他们两人而增祀薛瑄，并认为这将重纲常伦理之实而轻言语文字之习。他声称即使不罢祀他们，也还是应该要及时增祀薛瑄。[33] 许赞贬低言语文字以强调纲常伦理无疑是要削弱如刘定之所提出的拒绝薛瑄从祀孔庙的理由。可是，以一套标准取代另一套，还是距一个广泛的范式转移一步之遥。

许赞宣称自己有资格提出这样的请求因为在山西提调学校时，他"稽之载籍，询之学士，参之耆老"，所以知薛瑄最深。他接着主张自己对薛氏的评价不是一己之见而是天下之共见，强调其立场为公论。虽然他的奏疏被送至礼部[34]，但是礼部审议的结果不明，而且《实录》中也没有记录该奏疏。

新范式的前奏

鉴别硕儒能否从祀孔庙的论述发生了转变，而其最初的迹象可以在姚镆 1523 年上呈的奏疏中看见。可是，不仅《实录》没有提及这道奏章，其审议的结果亦不详。朝廷表现出的冷漠可能源于大礼议事件。[35] 我们不清楚姚氏的奏章是否奠定了 1540 年之议的基调，或该奏章是否影响了任何一名 1540 年之议参与者的意见。无论如何，那道奏章是重要的，因为姚镆在该奏章中采用了一个新方法。这个新方法预示着 1540 年有关从祀问题的讨论。[36]

略过孔子的弟子，姚镆指出汉代和晋代的儒士，尽管其中有德行

有疵之士，但因其于秦火焚书之后传经有功而得以从祀孔庙。可是，自宋代以降，只有那些“深有得于斯道”者和“大有功于经史”者，才得以从祀孔庙。而即使在理学大明之后，也很难能真知和实践斯道。之后，许衡获准从祀孔庙；许衡善学朱子，但不以自己的著述为功。姚氏由此提出了其奏疏的核心议题——薛瑄的从祀。

在赞颂薛氏自励修身的努力后，他概述薛氏为官时和退居后的德 160
行。之后，姚氏通过类比薛瑄和许衡，反驳薛氏因著述甚少不能从祀孔庙的挑剔意见。虽然他提及薛氏的《读书录》和《河汾集》，但他摆明相信薛瑄如同许衡一般，应该以其躬行实践而从祀孔庙。在姚镆的构想中，躬行实践应该成为鉴别硕儒的新标准。[37] 在奏请薛氏从祀孔庙的官方文件中，这是首次一反刘定之对金华谱系的强调，把朱熹、许衡和薛瑄作为道学传统的重要人物联系起来。姚氏的论点在后来一系列怀有同样目的的奏章中一再地出现。

1540 年之议

研究 1540 年之议，可以清楚地显示鉴别从祀孔庙人选过程中的利害关系。那个不同哲学思想取向的士人都一概认同的新理解，成功地挑战了刘定之官方的反对意见。在新范式下，跻身于某一公认的学术宗派，不再是一个必要条件；更重要的是，著述的数量不再是衡量人选的成就之准绳。反之，从祀孔庙成为一项对儒学有特别之功的人的肯定。由于儒学在各个时期会面对新的挑战，何谓有功于儒学也自然会随着时间而改变。这个新范式允许其拥护者重新去定义什么是重要的事情，尤其对于明代儒学而言。

1539 年的奏疏

御史杨瞻（？—1555）和樊得仁（1516 进士）于 1539 年请求薛瑄从祀的奏疏引发了 1540 年之议。[38] 杨瞻，蒲州人，乃薛瑄入室弟子杨谌之孙，因此是薛瑄河东学派的继承者之一。[39] 其子杨博（1509—1574）后来在请求薛瑄从祀的最后努力中扮演关键的角色。樊得仁是陕西朝 161

邑县人，之前曾经担任河津知县，并曾助薛瑄之裔整修薛瑄的墓茔。[40]

除了利用许赞奏疏中的策略以外，杨瞻以引述有关薛瑄正面评价的证据和提起其他人给薛瑄的美称来强调自己的论点。接着，杨氏提到薛氏在世时启发了许多同辈，并且很多人在薛氏去世后以其私淑弟子自居。这所有的因素使薛瑄成为一个明代士人的楷模，一个其行可以启发后人的模范儒士。

再者，杨氏指出宋朝虽然只持续不到 300 年，却一共有 13 位宋人得以从祀孔庙。反之，明代开国 170 年后，连一位从祀孔庙的明儒都没有。除此以外，杨氏声称由于世宗皇帝是比宋理宗（1225—1244 年在位）更伟大的理学的皇室支持者，他应当要允准薛瑄从祀孔庙。因此，杨瞻要求皇帝命大学士并詹事府、翰林院、五府、六部、都察院、通政司、大理寺、六科和十三道会商。杨瞻或许希望张九功和其他官员之前的奏疏可以支撑他的请求，因而也强调应该审查那些奏章。针对他的请求，皇帝命礼部商议并报告该事。[41]

诸臣表态

1539 年奏疏所提出的薛瑄从祀问题，获得皇帝与廷臣空前的注意。在收到皇帝的旨意以后，礼部建议咨询“儒臣”的意见。从那些上疏者的官职判断，所谓“儒臣”指的是翰林院和其他负责教育及史馆方面的官员。[42]

记载中，至少有 27 名官员作出回应。当中有 23 人支持杨瞻的请求[43]，两人以为其请宜缓[44]，一人直接反对[45]，以及为数不明的人建
162 议从众议多者之见[46]。而众支持者中，只有 10 人的奏疏幸存至今。[47]
典型的上疏者会采用数个论点来支撑自己的立场。他们只选择自己认为重要或判断为有助于自己的论述的那些论点。那十道奏疏中，有些论点是他们都共同提及的，有的则比较非主流。如表 20 所示（见附录二），现存的那十道奏疏总共提出我以下列举的八个基本论点：

1a. 直接回应缺乏著述的批评：唐顺之的奏疏是一个很好的例子。通过引述之前谓“瑄于六经少所著述”的批评，唐顺之贬低言语的重要

性，并且认为即便如此，“瑄所著《读书录》且十余万言”。[48]

1b. 间接回应缺乏著述的批评：持此论点的作者没有直接引述之前的批评，但是他们显然清楚地晓得该批评的存在，并以强调薛瑄《读书录》的重要性回应之。[49]

2. 称颂今上：这个赞扬皇帝对理学及理学家的支持的策略，绝非一个新手段。[50]

3. 从祀标准改变：持此论点的作者提出了一个时代转变的视野，强调鉴别硕儒的标准随着时间而改变，以适应不断改变的情形。换言之，从祀标准应该是灵活而非一成不变的。例如陆深所言：

> 孔门七十二贤亲炙圣化，相与讲明，有翊道之功，故宜祀。秦火之烈，典章焚弃，故二十二经师口授秘藏，有传道之功，宜祀。魏晋之际，佛老并兴，故排斥异端者，有卫道之功，宜祀。隋唐以后，圣学蓁芜，故专门训释者，有明道者，有明道之功，宜祀。自程朱以来，圣学大明，学者渐趋于章句口耳之末，故躬 163
> 行实践者，有体道之功，亦宜祀。[51]

4. 直接回应“无功”的批评：例如屠应埈直接挑战“从祀以报功，贵释经以卫道”的意见。[52]

5. 强调薛瑄之“行”：薛瑄之行指的是薛瑄为官时和退居后的操守与品德。许多人表扬其广为人传的行为，如拒绝认可宦官的私权，不勾结权党。[53]

6. 品评其他明儒：针对薛瑄之后的明儒，上疏者提出两种批评。有的批评他们追逐功利，汩于词章[54]；有的则间接攻击王阳明学派[55]。

7. 引述公论：这些作者或称持有公论，或引述其他著名明人所作且有利于自己立论的意见。这两者均借重前人的威信。[56]

8. 强调明代开国以来所历时日：这些作者主张从祀问题为当务之急，因为有明开国已历经两百年，却无一明儒从祀孔庙。[57]

在这些组别中，论点 1（以论点 1a 和 1b 为一组）和 2 出现的频率最高（见附录二表 20）。论点 2 采用的称颂今上论述策略，已经普遍得似乎毫无意义了。如众所周知的那样，明廷对支持理学仍有极大兴趣的目的是要以认可理学抑制之。再者，世宗皇帝如同其对孔庙的改革所表明的那样，自大礼议之后，也对祭祀事宜产生莫大的兴趣。1522 年，许赞试图强调皇帝定义正统的角色。异于 1522 年，1540 年出现
164 了全新的情况：世宗皇帝已经登基近 20 年，并已在大礼议中占据优势。因此，我很怀疑会有任何上疏者和许赞打同样的主意；他们之所以采用相似的语言，我想只是习惯的问题而已。

因此，论点 1 是众奏疏作者认为无法回避的论点。这也不足为奇，毕竟反对薛瑄从祀的主要论点一直是薛瑄少有著述。1540 年之议中，我们唯一已知的反对者郭希颜，以薛氏无著述功为由非难之。[58] 而恰恰是郭氏的意见引来王希旦挺身为薛瑄辩护。[59] 正如我们所见，上疏者从两个方面回应“著述”的问题：他们既主张薛瑄的著述，尤其是《读书录》，实际上对儒家传统有很大的贡献，也贬低著述作为从祀孔庙标准的重要性。有人主张从祀孔庙没有一个固定的标准，且该标准会随着时间和情况不同而改变。这为新范式铺下了基础。

根据黄进兴的研究，明代从祀的标准出现了由“立德”取代“立言”的转变。[60] 黄氏的观察似乎主要是推断自徐阶的奏疏。徐阶反对以著述数量作为标准，提出四个考虑了立言和立德的品第：（1）德与言具立者，应祀；（2）德立而言不足者，可祀；（3）言立而大德不逾闲者，在祀与不祀之间；（4）有言而德不逮者，下也，应黜。[61]

徐阶是众回应者中特别的一个，因为他明确地提出这个品第标准的构想。所以，他的回应既不具代表性，也无助于作为理解官员整体情绪的框架。1540 年之议没有致使从祀标准从三不朽的“立言”转向“立德”，反而产生了一个理解“立功”的新范式。我认为这是一个
165 范式上的转移，因为它代表了明儒思考从祀问题的新方式，而且甚至是他们思考明儒在理学史上的位置与扮演的角色之新方式。他们从另一个角度提出这个问题，进而建议最适合他们时代的标准。这是许多 1540 年之议参与者和明代后来官员们的共识。

在这个新范式下，上疏者主张从祀孔庙是对有功于儒学者的奖励

或承认。[62] 因此，陆深，上文引用过，以贤儒在不同时代表现的各种成就与功绩，来表明他认为标准不是一成不变之意见。当龚用卿把理学史分成唐代以前和宋代以后时，尽管他谓“从祀诸贤未有无功而祀者”，其实他是在质疑把著述视为功绩背后的逻辑，同时主张躬行实践的价值。[63] 同样，屠应埈质疑“从祀以报功，贵释经以卫道”的旧说。对屠氏而言，朝廷对实践的强调，说的是另外一套不同的价值，因为时代已经改变了。[64] 简而言之，那些以论点 1、3、4 或 5 立论的作者们，均是重新为“立功”之义下定义。在他们的理解中，品评当时之“功”的准绳应该是儒士之行，尤其是其出处进退的操守，而非儒士的著述。[65]

王阳明学者与其次要目的

朱鸿林认为王阳明从祀孔庙的支持者“可以说是回避了弱势的一方，并专注于宣扬不争的事实：王阳明的宦绩，一个可靠之学说体现在可稽之事的具体表现。”[66] 朱氏的研究关注的是 1572 年以后发生的事件。可是，我将会说明范式的转移是在远比王阳明从祀之议的发端更早以前，有关薛瑄从祀的讨论过程中形成的。无论如何，任何人要回溯王阳明从祀孔庙一事或是回溯其心学学说被认可为正统之一环的源头，就必须要回到比 1570 年代更早以前。1530 年，即王阳明去世 166
一年后，当王阳明的弟子薛侃（1545 年卒）请求陆九渊从祀孔庙时，一般来说会认为他实际上是在为王阳明的从祀铺路。[67] 再者，薛瑄从祀之议所引发的范式转移深深地影响了王阳明、陈献章和胡居仁后来的从祀。[68]

早在1540年之议时，从祀问题已引发了远远超越薛瑄个案的意义。当中基本的问题是，“我们当中何人应该从祀孔庙？”这里的“我们”，我指的是明代的儒士。除了希望薛瑄从祀孔庙这个共同目的以外，上疏者有各种次要的动机。嘉靖朝以前，王阳明的意见尚未在科举考生中形成气候。王阳明学派的重要成员，如徐阶和欧阳德（1496—1554），于 1523 年开始通过会试。当欧阳德面对对王阳明传统存有敌意的考题时，他甚至会借机在自己的答案中颂扬其师的学说。[69]除了为王阳明从祀孔庙一事铺路的薛侃以外，两位著名的王阳明学派支持者徐阶和邹守益（1491—1562）在1540年上疏为之铺路。与王阳明的从祀相关的努力以及其弟子的仕途，暗示阳明传统的追随者为何支持像薛瑄这样坚定的程朱追随者从祀孔庙。及至1540年，这些王阳明学派的官员只能表示支持薛瑄，他们的势力尚未强到可以直接奏请王阳明从祀。在1540年代，程朱信仰者与阳明追随者依然可以共同为一个目标努力。到了1560年代，当越来越多阳明学派支持者位居重要官职以后，这两派人在政治上逐渐分道扬镳。

这些官员在1540年之议中有共同的目标，但是，正如支持薛氏的奏疏中对陆九渊和司马光不同的态度所显示，他们对很多学术思想议
167 题存有诸多异议。与河东学派第四代成员陆嘉鲤友好的霍韬（1487—1540）明确地要求罢祀陆九渊和司马光两人。[70]张邦奇（1484—1544）不觉得司马光完全领会了程氏兄弟的微词奥旨，但即使他认为薛瑄在司马光之上，他还是认为司马光可以从祀孔庙。[71]唐顺之曾从王阳明重要的弟子王畿（1498—1583）游。他指出当朝皇帝罢祀马融，增祀陆九渊的举动。唐氏的言外之意是后者乃因其体认本心，不肯为六经注脚而获祀孔庙，而这是正当合法的。[72]而属于王阳明阵营的徐阶，会以类似的方式品评陆九渊的增祀和马融的罢祀，这也不足为奇。[73]

同样，即使隐晦地与其同辈意见相左，邹守益也采用这个新范式。他的整体论述支持薛瑄的从祀，但是具体的说法却透露出他对薛氏实有所保留。他没有提出正面的评价，反而请求一个较为宽松的标准；如此一来，他等于默认薛氏反对者的批评。[74]唐顺之的某些说法也透露出类似的矛盾："自瑄以后，其有如瑄者继踵而出乎？未可知也。其有能直接孔氏之心传者出乎？未可知也。"[75]对唐顺之而言，连薛瑄也无法直接与孔子之教联系起来；尽管他没有指名说明，最有资格与孔子之教联系起来的人是王阳明。徐阶似乎同意唐顺之的意思，因为在他的品评构想中，他明确地把薛瑄排在次等品第中。[76]

与此同时，其他的上疏者都在攻击王阳明学派。霍韬批评薛瑄之后的明代士人不是笃行高蹈而识度浅隘，就是高明超迈而淫于佛老。

霍韬进一步批评那些次等之士阴翊邪说而明叛圣轨。[77] 屠应埈则谴责明儒公然地剿经传之绪余，以肆其曲说诋讥儒先。[78] 168

有别于1488年之议，即薛氏的从祀只是数个主题之一，1540年之议标志着朝廷首次专注讨论解决薛瑄从祀的问题。要想任何当朝儒士获准从祀孔庙，就必须有一个鉴别范式的转移，一个迫使主要以躬行实践，而非著述来定义“功绩”的转移。到了1540年，这个需要已经变得明显了。只有在诸臣不再视中国历史为一成不变，且意识到时代和情况已经更易后，才有可能发生这样的改变。这个范式影响了王阳明支持者后来所采用的策略。[79]

1540年之议的参与者认为当时已经是允准一位明代硕儒从祀孔庙的时候。再者，他们视薛瑄为程朱和王阳明学派两个阵营都共同接受的人物。异于他们的想法，皇帝却下令“宜候将来”[80]。面对众臣对薛瑄从祀孔庙之势不可挡的支持，皇帝不允准的理由不详。他既没有提供任何理由，而其同辈也没有试图替他解释。有鉴于世宗皇帝热衷干预祭祀事宜，且猜忌像王阳明这样具有影响力的人物，或许世宗皇帝不愿授予任何明人一个全国颂扬的“不朽地位”。[81]

呼应新范式

1540年之议引发的范式转移，奠定了后来请求薛氏从祀的基调。例如河南罗山人尚维持（1541进士）的上疏。[82] 倘若我们将其奏疏与1540年诸疏相比，可见其论点基本上与表20的论点1、2、3、5、7和8不谋而合。[83] 除此以外，尚氏还提出一个耐人寻味的问题：“岂瑄之学不逮宋、元诸儒，而建议诸臣岂尽瑄之葭莩者乎？”[84] 这个问题像是一个对于控诉薛氏支持者因私人目的而支持他的反驳，可是我未见薛瑄从祀以前，曾有任何这类的控诉。尚氏进一步提出一个新论点， 169
从前代历史看来，夷狄会在理学大明之时臣服。就这个理由而论，他建议明朝宜祀薛瑄。[85] 可是，《实录》中没有提及尚氏的奏疏。

呼应新范式的“私”议

在继续朝廷中奏请薛瑄从祀的故事以前，我暂时转移重心，简短地讨论一份“私人”的资料。这里所谓的“私人”是指这份资料不是正式给朝廷的奏请或官员的上疏。另一方面，在某个意义上，这份资料也有其“公共”的一面。这位作者是离开官场超过40年的退休官员；身为一位有科第功名、以文学著称，曾事教育的人，他无疑也是一个公众人物。再者，他虽然承认这个议题应该在朝廷里讨论，且像他这样已经致仕的士人是不应该参与其中的，他还是希望自己所写的，能为后人所参考。在这个意义上，这是一份“公共”的资料。无论如何，我认为还是将之标签为“私人”的资料比较妥当，以将之与那些历经官方渠道，且更明确地具公共性质的资料区分开来。

这位作者是李濂，开封府祥符县人。身为1513年乡试解元，他于次年中进士。他的仕途不顺。1526年间，38岁的他免归以后，就再也没有出仕过了。这距离他去世，有超过40年的时间。[86]我不知道其逝世的确切日期，但是从正史的本传看来，他可能卒于隆庆元年（1567）。我也不清楚这份资料是什么时候写成的；它可能是在嘉靖或隆庆年间写成。

这份资料题为《薛文清公从祀答问》。其中共有四个问题。第一个问题先问儒者的著述是否应该是从祀的标准。于此，他引述了22名唐代从祀的儒者。这个问题的答案是正面的。第二个问题问道，那
170 为何伯淳和平仲[87]，弗事著述却得以从祀孔庙呢？这个疑惑的解答是，著述有明道之功，实践亦有体道之功。第三个问题问道：既然屡有请令从祀薛瑄，那薛瑄的为人如何呢？他在答案中援引李贤、彭时、阎禹锡和张吉的评论，大赞薛瑄一番。

而最后一个问题则问刘定之的评论是否出于“公（论）”？李濂同意这显示出刘氏对这类议题的认真。但是，他接着谓人品与学术如薛瑄者，有体道之实行，不可以著述寡而少之。李濂指出自己曾经考察前代的从祀之议，有定于一时者，有定于数十年之后者，以及有定于百余年之久者。因此，他相信从祀的议题不是一人之见所能影响

的，且他对薛瑄的从祀表示乐观，认为终有从祀之时。

李氏也回忆自己走访薛瑄故居及到其祠堂礼拜的经历。他曾在那里“询之耆老，访之士夫，咸称公为昭代真儒”[88]。尽管李氏的文字基本上围绕着从祀是否有赖于著述的问题，但是李濂显然也对需要一个更宽泛的标准这点有所共鸣。尽管这可能是现存直接涉及讨论薛瑄从祀问题的唯一“私人”资料，但是这份资料因为其呼应 1540 年之议的核心论点而重要。我相信这个资料确实反映了一个存在于官方文献和朝廷奏章之外更大的公论，以及反映了那些于朝于野的士人之公论。如同上述许多奏疏采用的论述策略一般，李氏也引述了之前官员的意见。他除了通过表达对薛瑄的崇敬以提高其威信以外，更重要的目的是要建构一个共同认可的公议。

这份资料，如同之前的两道奏疏一样，因其亦援引地方意见而值得注意。前文所讨论的许瓒奏疏中，他提及曾经在薛瑄家乡一带提调学校时，“稽之载籍，询之学士，参之耆老”以感受地方群体对于薛瑄的态度。另外一名拥护者尚维持上疏表示支持时也引述了他从山西 171
耆老口中所闻。许赞和尚维持两人，如同曾经是佥事的李濂（可能也掌管提学道）一般，都是因公事而走访那些地方。[89] 虽然他们是以官员的身份到访那里，他们却愿意援引薛瑄故里一带的地方意见以强化自己的论点。

因此，历经正德一朝的寂静以后，奏请薛瑄从祀的第二阶段重新出现了士人的努力。尽管这些尝试也宣告失败，但是 1540 年之议是一个重要的分水岭：这是首次诸臣集中关注这个议题，并且论述丰富得足以推演从祀标准的一个范式转移。1540 年之议也透露了致使学术取向不同的群臣同站一个阵线背后的复杂原因。

第三阶段：外在因素

在薛氏的木主得以入祀孔庙以前，伴随着那个新范式的还有其他外在的决定因素。成功说服皇帝允准薛瑄从祀孔庙的那些人，是具有影响力，且与薛氏的河东学派及其同盟有关系的政治人物。在鼓吹朝廷支持薛氏的当儿，这些人当中有许多人对王阳明学派高涨的人气有所回应。人气高涨的王阳明学派挑战了当时占据主导地位的程朱学统，并且加剧了薛氏支持者的焦虑，进而促使他们加紧努力要求从祀薛瑄。当耿定向（1524—1596）于 1567 年奏请王阳明的从祀时，薛瑄的支持者尤其感到不安。[90] 同年，赵軏（1544 进士）和周弘祖（1559 进士）也奏请薛氏的从祀。这标志着 1540 年薛瑄支持者与王阳明学派弟子之联盟的结束。如今，两方士人相互竞争以将各自的楷模加入祀典中。[91]

双方最终都失败，但是随着时间的流逝，情况却是有利于薛瑄的。礼部的报告提出，薛瑄和王阳明虽然无疑是他们各自时代的硕儒，但针对薛瑄的从祀，有一个强烈且清楚的公论，而针对时代稍近
172 的王阳明却没有一个共识。礼部建议在咨询诸臣的意见后再议。[92] 然而，《实录》中没有进一步提及诸臣的回复或是皇帝针对那三人之奏请的任何决定。

朝向共同目标的一致努力

随着奏请从祀愈演愈烈而来的，是一个策略的改变。在前两个阶段当中，关于薛瑄从祀的奏疏是个别官员上奏的；在这个最后的阶段中，那些奏请是联名上疏的。文献资料只显示那些联名奏章中的首个署名，即可能是奏请发起者的名字，而仅以“等”字概括其他的人。

这些联名的奏请必定是协同努力。在 1570 年和 1571 年间，诸臣至少上疏过两道这样请求薛瑄从祀的联名奏章。领衔主导这些上疏的是蒲州籍的韩辑（1565 进士）和马三乐（活跃于 1561—1571 年）。[93] 在同一个时期，雒遵独自上奏了第三道奏章。雒遵是山西泾阳人，与韩辑同年中进士。值其上疏之时，韩辑是吏科都给事中，马三乐是贵州道监察御史，而雒遵则是礼科左给事中。[94] 他们分别是在隆庆在位的第十月（1570）、第十二月（1571）和下一个二月（1571）擢升至那些职位的。[95] 换句话说，第一道奏疏不可能是在 1570 年底以前上奏朝廷的，但从礼部的报告看来，朝廷到了 1571 年 9 月 20 日，肯定已经

收到那三道奏请。[96] 这使得他们奏疏之间有一年的相隔距离[97]。

韩辑的奏请：要求廷议

韩辑主导的奏请敦促皇帝下令召开针对薛瑄从祀问题的廷议。这
意味着众请愿者都共同感受到得及时解决这个问题的迫切感。他们提
醒皇帝：“仰惟皇上登极之初，适当中兴文明之会，故言官有连疏之 173
请，而该部有集议之章。”——这里指的是 1567 年命集议薛氏的从祀
之令。[98] 由于他们对薛瑄的从祀志在必得，那些请愿者接着道：

> 臣等闻之，名儒必有孚众而后真，公论必积年而后定……直请从祀者不下累十余奏，献议从祀者亦有累十余札。[99]

为了确保该议题不会被搁置不理，奏请者明确地要求皇帝刻期廷议。通过强调公论的重要并要求召开廷议，他们显示出自己相信公论乃该议题的关键，并且自信自己准确地代表公议。结果，皇帝把他们的奏请转送至礼部。[100]

雒遵的不安：将薛瑄的地位提升至许衡之上

皇帝固然已下令针对第一道请愿进行讨论，但是礼部于此毫无下文。这似乎加剧了薛氏支持者的不安，进而引发雒遵极端地尝试把薛氏在理学史上的地位提升至空前的高度。他指从祀的问题“诚不容久缺而不举也”，并写道：

> 自汉及唐及宋下至于元，每代必有其人，庸显文教之盛。况我皇明政治教化远过汉、唐、宋，至从祀孔庙不令一人与之，是示后世以我朝果无真儒也。诚有之，何以不与从祀也？[101]

根据雒遵的奏疏，既然明代的文化比其前代更为优越，那么没有名儒从祀孔庙是明代的不足。雒氏也指出虽然明人多有被誉为大儒或名臣者，但极纯不杂而公议久定者，独为薛瑄一人。因此，在雒氏的意

174 见中，最有资格从祀孔庙的儒士，非薛瑄莫属。雒氏的赞扬还不止于此：

> 拟诸孔门，沈潜似颜子，笃实似曾子，与周、程、张、朱可相伯仲，其视许衡则诚过焉。[102]

许衡是薛瑄一直尊为楷模的元儒。在薛氏的某些弟子，如王盛看来，许衡是继朱熹以后，延续道学之真者，而薛瑄则是继朱熹和许衡之后，得道统之传的硕儒。[103] 王氏绝不会宣称薛瑄在许衡之上。[104] 反之，雒遵不仅将薛瑄的地位抬高至许衡之上，也将之媲美孔子门人诸贤，并认为他与宋代理学硕儒不相上下。这样的断言既不太合理，也不为大多数的明代士人所接受。雒氏行文的长度暗示着他的焦虑程度。可是，无人批评其奏请，而皇帝也再次将其奏疏转交至礼部。

马三乐的奏请：承认一位真儒

虽然他们没有明说自己的不安，但是韩辑之疏的署名者，亦感受到和雒遵一样的迫切感。由马三乐领头的奏请，其攻击的主要目标，就显然是王阳明学派。马氏与联名者主张薛瑄是继许衡之后，成就最高的硕儒。他们认为薛瑄知行兼全，表里无间。[105] 此外，他们表示薛瑄足以与孔门高足平起平坐，而其《读书录》则足以羽翼《六经》，舆卫《四书》。他们接着谓：

> 矧今士习渐疏，道真日晦，讲良知者以顿悟为妙，而略居敬
> 175 穷理之功；论道体者以幻空为言，而昧理一分殊之实。非惟不足
> 以卫道，而实所以病道也。[106]

王阳明学派追随者的影响力日益壮大。而那些上疏者显然是为之所扰，因为他们相信王阳明学派的“良知”学说有害于正道。雒遵和韩辑等人的奏疏也隐约存有同样的焦虑。他们之所以特别不安是因为当时有一名王阳明学派成员刚上疏要求朝廷承认王氏是真儒。

马三乐的奏疏建议朝廷，谓抵抗王阳明学派之威胁的唯一办法就是承认一名真儒。他推荐薛瑄为理想的人选，并且要求礼部针对其请召开廷议。薛瑄的从祀将实现他们的目标：

> 使万世之后，咸知我明有真儒，无愧朱、程，可以配享圣庙。且使世之为儒者知所仪刑轨范，不蹈于异端曲学之弊。

皇帝再次将奏疏转送至礼部。[107]

获得最高荣誉

礼部表态

到了这个时候，礼部也热衷于薛氏从祀孔庙一事。礼部呼应上疏者要求廷议的请求，首次强烈表示有意达至令人称心的共识。在回奏皇帝的报告中，礼部提及赵輄和周弘祖的奏疏，并强调是皇帝自己下令翰林院针对该议题上疏，而礼部也在等待诸臣会议商讨。（这一指令显然被多次忽略。）报告接着指出韩辑等人、雒遵和马三乐等人针对1567年的奏请及皇帝下旨讨论的命令，上疏建议允准薛瑄从祀孔庙。[108] 176

礼部的报告把两波奏请，用一种暗示，即后者是为了跟进前者而上奏的方式联系起来。可是，那三道后来的奏请完全没有提及1567年的奏疏，也没有任何因皇帝下令讨论而上疏的暗示。不同于1540年的奏疏，这些不是发表意见的奏疏，而是直接建议的奏请。由于其标题不同，因此给人一种出自不同群体之手的感觉。这个试图给人一种非共谋上疏之印象的努力，无疑是另一个制造出薛瑄实是公论所允的形象的策略。礼部试图把两波奏疏联系起来，因为不这样他们就很难解释何以1567年之请没有下文。礼部1567年的无为，显示了当年的礼部不是对皇帝会依旧热衷于薛瑄的从祀一事始料未及，就是没有意料到会有新的一波奏请迫使朝廷作出回应。

礼部的报告指出，有明开国历经两百年后，之所以仍无一明儒从祀孔庙，并非真无其人，而是因为有关重要的议题，公论须持久而后定，而任何旷典必待时机而后行。礼部接着赞扬薛瑄，指出薛瑄的同辈都敬仰他，且自薛瑄殁后，有许多人奏请薛瑄从祀孔庙。回顾1540年之议，礼部写道：

> 在嘉靖年间，曾下儒臣详议，各自奏进，其与瑄者十居八九，即有一二未协者，亦以礼宜慎重，姑俟将来。至于瑄之人品，未有或訾之者也。[109]

礼部重述1540年之议，表示当时的立场倾向薛瑄从祀之后，礼部忆起其他硕儒也是类似请求的主角：

> 自我皇登极以来，言官累请，部议累下。至今尚未有定
> 177 者，盖缘疏中所及者众，舆论难同，至于瑄之应祀，则未有间然者也。[110]

礼部随着奏请者的带领也主张有关薛氏从祀的问题，要有达成共识的公论。礼部提及韩辑、马三乐等人屡请刻期廷议后，也同意得定下廷议的日期：

> 若复仍拘往例，再行各衙门撰议，诚恐作舍道傍，久延岁月，至使一朝之盛典，又徒托诸空言矣。合无俯从诸臣所请，通行九卿科道，及翰林院、詹事府、左右春坊、国子监等衙门，文学诸臣廷集会议，各要虚己秉公，悉抒所见。如有意见未同者，不妨面相质难，详列是非，务求至当之归，俾成画一之议。议成会疏上请，恭惟圣明裁断，敕下施行。[111]

礼部支持朝廷针对薛瑄从祀孔庙问题，召开史无前例的廷议。这表示礼部志在解决薛瑄从祀的问题，并且害怕倘若继续墨守往例，征收诸衙门之意见的话，将无法得出一个决议。[112] 对礼部而言，倘若此事有

任何反对者，廷议是说服他们的平台。更重要的是，廷议是将一个公认之公论合法化的最后一个程序。除此以外，礼部实际上是在表态，要求召开廷议。礼部首先引述已知的公论，接着又强烈敦促皇帝刻期廷议。礼部如此一来和那些上疏者站在了同一条阵线。最后，礼部规定廷议一定要得出一个决议，而只有在诸臣一致同意薛瑄从祀的情况下才能达成。1571 年 9 月 20 日，皇帝允准了礼部的请求。[113]

廷议 178

礼部后来将廷议表现成是以一致的决定告终。当然，我们不应该不加思索地接受这表面的说法。若要充分地理解如何会有薛瑄从祀孔庙的决定，我们就必须问廷议背后有何种力量在角力？何人因何支持薛瑄从祀？当时的政治气候如何，其是否有助于那次努力的成功？诸支持者彼此之间有何关系？杨博是在这些问题中占据关键的位置的人。

我们无法肯定举行廷议的确切日期。由于礼部是在皇帝允准召开廷议后的第五天上奏廷议报告，那么廷议可能是即刻召开的。[114] 礼部尚书潘晟（1541 进士）是报告的主笔。参与廷议职位最高的，且潘晟在报告中唯一提及名字的是杨博。

> 臣等谨钦遵前议，会同六部、都察院、通政司、大理寺、詹事府、左右春坊、翰林院、国子监科道等官，少傅兼太子太傅、吏部尚书、管理兵部事杨博。[115]

杨博乃杨瞻之子，薛瑄弟子杨谌之曾孙。[116] 杨瞻的上疏引发了 1540 年之议。杨博对公开讲学的王阳明学派传统存有敌意，这是众所周知的。1567 年，当他任吏部尚书主持京察时，他罢免驱逐了许多活跃于那些讲学活动的官员。一则记录声称在中央朝廷任官的浙籍官员中，有近半数的人遭罢官。其他有些官员则以晋籍无列下考者指杨氏的行为是在对其个人仇敌进行报复。他们因为对京察的结果有所不满而弹劾杨氏。可是，皇帝不采信他们的意见。[117]

179 杨氏憎恨王阳明学派的重要人物。他曾经明确地谴责罗汝芳（1515—1588）和耿定向，说他们是伪儒。杨博的同事、姻亲兼蒲州同乡张四维（1526—1585）也把杨博的京察结果理解成是针对王阳明学派而为：

> 时士习稍颇以禅解谈性命，土苴世务，几东晋清谈风，且奔趋邪径。公相标榜，肆不知耻。公痛裁正之。[118]

张氏可能夸大了杨博的成就。可是，如其关系密切的亲人兼朋友所理解和记录的那样，杨博对某些官员和士的打击，即其京察最主要的成果[119]，也反映了他对王阳明传统的鄙视以及其成员的操行的不满。杨博甚至向皇帝建议，往后不论内外官员，凡有任何“援儒归释”者，应一概列为下考。而皇帝从其建议。[120]

潘晟所奏之报告的基本前提——即呼吁朝廷接受一个更灵活的从祀孔庙品评标准——呼应了1540年之议的基调。该报告宣称薛瑄是明代理学之冠。潘氏阐明薛瑄于操行、著述和品德皆有功以后，他接着挑战两个反对的意见。[121] 首先是回应批评薛瑄少有著述的意见。礼部的报告承认学贵心得，而道在躬行，而且认为即便如此，薛瑄所著逾十万言，也不可谓之少。潘氏的报告所挑战的第二个反对意见是许多宋代贤儒尚未从祀孔庙，而且还有其他比薛瑄更宜从祀孔庙的明代硕儒；于此，该报告反驳谓反对意见所提及的那些宋儒，身处于道学大
180 明之后，所以容易有功。而在绝学之后者，要兴起就很难。薛瑄是明代倡明道学的第一人。[122]

最重要的是，潘氏的报告把那两个反对意见表现成是在廷议以前提出的，并且没有提及廷议中有任何异议。反之，报告的表现好似公论久定。然而，就礼部针对此事的原有立场言之，就算那两个反对意见是有人在廷议期间提出的，廷议报告也可能不会提及那些异议。

杨博在这个廷议中扮演了什么角色呢？杨氏是有杰出记录，为人所敬重的元老大臣。在朝廷的集议中，他一直扮演着重要且经常是具决定性的角色。根据张居正的说法，“国有大政议者，盈庭或日中不决。公才出数语，众已称善。”[123] 这段文字没有特别指明是针对薛瑄

从祀一事的廷议。然而，就杨博的家族与薛瑄学派的关系、其父为薛瑄请求的努力以及杨博自己对王阳明学派的鄙视而言，杨博很可能支持薛瑄从祀孔庙。杨博的年谱《太师杨襄毅公年谱》（以下简称《年谱》）如今有两卷幸存下来。而隆庆年间相关的事件，载于那两卷中的其中一卷。根据这份资料，“公首倡宜许，众遂无异辞。”[124]

《年谱》提醒读者，当年杨博之父请求薛瑄从祀孔庙时，为郭希颜和浦应麟以外的所有人所支持。而《年谱》的编者也暗示阻挠薛瑄的从祀的是礼部尚书严嵩（1480—1567）和内阁首辅夏言（1482—1548）。[125]《年谱》接着重述一件与1567年相关的事件。耿定向上疏奏请王阳明从祀孔庙。根据《年谱》的记载，浙江钱塘人礼部尚书高仪（1541进士）与数名官员商议从祀一事。杨博是其中之一，他如是回复高仪：

> 文清，晋人；文成，越人。皆乡正，敢轩轾。文清理学，从 181
> 祀孔庙；文成功业，配享武庙，此定论也。[126]

杨博因志在为薛瑄保留从祀孔庙真儒的位子，而强调王阳明的军事功绩，完全忽略王阳明的学术贡献。据说高仪因被杨博说服，于是拒绝了王阳明从祀孔庙的请求。隆庆元年，杨博说服了礼部尚书。隆庆五年，他引导廷议作出合意的决定。在这期间，杨博在薛瑄的支持者和反对者，乃至于程朱追随者和新兴王阳明学派成员之争中，扮演了重要的角色。《年谱》将杨瞻和杨博的努力视为一个整体事件，以“至是乃定”总结其讨论。[127]

廷议中可能有另一位举足轻重的蒲州人，即当时的吏部侍郎兼翰林院学士张四维。[128]在薛瑄的祭文中，张四维自称是薛瑄的“州里小子”。[129]张氏于1571年的冬天写了一篇被放在河津文庙门边，有关薛瑄从祀孔庙的记文。虽然该记文写在从祀请求获准之后，但记文回顾透露了薛氏的支持者所感到的焦虑和不安以及他们共同怀有的动机。

> 迩者性学渐晦，士失所从，卑者溺词章，徇功利；高者则假

借禅幻，乱性与天道之真。有识者虑焉。[130]

张四维因当时学术的风气，尤其是阳明士人的负面影响而担忧。根据
182 张氏之文，要挽救矫正颓风，首先要“表彰正学”和祭祀真儒。后者当然指的是薛瑄。[131] 这群有姻亲关系的山西人对薛瑄的意见是一致的，并且共谋薛瑄从祀孔庙一事。[132]

礼部上奏廷议报告的两天后，皇帝就允准薛瑄从祀孔庙了。[133] 钦天监建议 10 月 17 日为薛瑄从祀的吉日。10 月 17 日当天，国子监祭酒马自强（1513—1578）祭告孔子有关薛瑄的入祀。薛瑄的木主，终于立于孔庙中。而朝廷亦下令全国庙学从之。[134]

超越区域自豪感与个人关系

地缘、个人及政治关系在奏请薛瑄从祀的第三阶段中扮演了重要的角色。我们提到了杨博与薛瑄河东学派的联系，以及他与韩辑、张四维的关系。我们也必须考虑到当时的内阁首辅高拱是王阳明学派两个重要成员，即徐阶和赵贞吉（1508—1576）的政敌。在高拱与徐阶较早前的一次政治斗争中，虽然杨博没有站在高拱一方支持他，高拱却是推荐杨博复职的人。[135] 而高拱的科举门生韩辑会参与致使赵贞吉被罢免的政治斗争，也不是纯属巧合。[136] 就高拱与韩辑和杨博的关系看来，他应该会支持他们奏请薛瑄从祀的努力。再者，薛瑄的从祀将意味着对王阳明学派的打击，这应该也是高氏所乐见的。

沈德符的记录准确地指出蒲州籍的韩辑，即敦促朝廷允准薛瑄从祀孔庙的御史，与薛瑄“同里”[137]，并谓薛瑄的从祀得力于其“乡人”之助。可是，不是所有支持薛氏从祀的人，都来自同一府或同一个省份；推动薛瑄从祀孔庙的努力，亦包括了山西省以外的人的合作。

表 21（见附录二）分析了所有被提及的薛瑄从祀孔庙请求者的籍
183 贯。在被提及的 15 人中，只有 5 人同样来自直接相邻的三州一带（蒲州 – 同州 – 陕州）。如果把我们视野的范围扩大一些的话，我们将看

到 15 人中有 6 人（40%）同样来自相邻的三府一带（平阳 – 西安 – 河南），而 15 人中有 9 人（60%）同样来自相邻的三省一带（山西 – 陕西 – 河南）。我们通过这些数据可以推断出两个推论。一方面，薛氏的支持者多数同样来自上述的三省一带，即呼应了薛氏弟子的分布；另一方面，既然有些支持者，如薛氏的弟子一般，来自南方，薛氏所得到的支持，则绝非纯粹出于区域意识。

沈德符表示基于高拱是内阁首辅，而韩辑又是其心腹门生，故举朝无人敢提出异议。[138] 他显然提出了有失偏颇的意见。其亦不准确地将这个议题表现成“一疏而穆宗立允”。[139] 就连 1571 年间，这个薛瑄的从祀奏请也要在众人一致的努力下才得以成功，并且整个过程长达一百多年。

其他的努力

薛瑄的支持者用以提高薛瑄之声望的两个其他途径，也同时是进一步推广其学说的方法。这两个办法是薛瑄著述的出版以及对河津县中与薛瑄有关的建筑进行整修的工程。由于本章的目的是要表明薛氏的支持者在正式的奏请屡遭拒绝的同时，在其他方面做了什么努力，因此这里只涉及 1571 以前的出版活动和整修工程。这绝不表示这些活动在 1571 年以后就停止了。

出版薛氏的著述

在薛瑄的著述中，最先付梓出版的是其《读书录》，即由其弟子阎禹锡于成化二年（1466）重编刊刻的。[140] 大约同时，薛瑄之孙薛褀也编辑了其祖的诗集《河汾诗集》，并请阎禹锡为之撰写序文（成于
1468 年）。[141] 该诗集由朱维吉（生卒年不详）这名想必亦是蒲州籍且 184
已经退休的小官员出资刊刻。而薛氏弟子谢琚之侄，谢庭桂（生卒年不详）对此撰写一篇成于 1469 年的序文。[142]

此外，薛禥也把其祖的文章编辑成《薛文清公文集》，并将之交与谢庭桂刊刻出版。可是，基于一些不详的原因，该文集板刊未就。在从河津人畅亨（1478 进士）那里得知该文集的下落后，薛瑄的著名弟子咸宁人张鼎在谢庭桂任官的常州取得薛瑄的文集。由于张鼎所取获的版本已经舛讹，因此他重新编辑薛瑄的文集后，才于 1489 年刊刻出版之。[143] 既是这段时间出版而又对应我们所谓的薛瑄从祀孔庙之第一阶段的著述，包括了《读书录要语》和一版山西重刊《读书录》。前者有一篇写于 1503 年的序文 [144]，而后者有书于 1520 年的序文。[145]

到了正德末年，薛瑄的主要著作，即《读书录》、《诗集》和《文集》都已经全部镌刻出版。李伸在其请求薛瑄从祀的奏疏中，引述了薛瑄的《读书录》和《文集》。倘若李伸的奏章真的是在 1465 年呈上的话，那就很难解释李伸为何会看到分别迟至 1466 年和 1468 年出版的两本著作。然而，李伸与薛禥和阎禹锡的交情可能友好到足以让他知道那些正在进行中的编辑与出版计划。有趣的是，当薛瑄的弟子张鼎重编和出版其师的《文集》时，其对薛瑄的从祀只字未提。他也没有把《文集》的出版表现成是对薛瑄少有著述之批评的反证。

大约在 1519 年和 1523 年之间，胡缵宗重刻了一版薛瑄的《读书录》。后来，又在 1528 年和 1531 之间，刊刻了薛瑄的《薛文清公从政名言》。再一次，他撰写的序文中没有提及薛瑄的从祀问题。[146] 1563 年，谷中虚（生卒年不详）编辑出版了他自己一版的《薛文清公要言》，但是，他的序文也没有提及薛瑄应该从祀孔庙。[147] 胡松（1503—
185 66）确实在其为谷中虚的版本撰写的一篇序文中，提及有关薛瑄缺乏著述的指控是不正确的，但是他没有提及孔庙一事。[148]

王慎中（1509—1559）的序文中，有一则关于赵孔昭（1537 进士）任福建监察御史时，赞助一个福建版的薛瑄《全集》（结合了薛瑄的《文集》与《读书录》）的证明。[149] 由于其中也记录了下一任福建监察御史胡志夔（1544 进士）的意见，因此该《全集》的出版显然不是在赵孔昭的任期内完成的。无论如何，由于序文撰写者是在 1599 年去世的，这版《全集》肯定是在嘉靖年间完成编辑并出版的。[150] 这篇序文也对薛瑄从祀孔庙的问题保持沉默。

另外一位刊刻薛瑄的著作的重要赞助者是鄠陵县人陈棐（1535进士）。他在撰写序文时，正担任山西提学。陈棐的序文提及自己将《全集》交给赵王。赵王于藩邸中，刊刻薛瑄的《全集》。[151]他也提到自己也将《全集》交给赵孔昭，而赵氏则在福建刊刻之。而陈棐的序文，是为闻喜县人（闻喜县在相邻河津县的解州中）沈维藩（生卒年不详）所刊刻的版本撰写的。陈棐在文中提及薛瑄从祀一事尚无定论，也提及已经奏请朝廷在鄠陵县建立薛瑄祠。可是，文章既没有将薛瑄著述的刊刻，表现为证明薛瑄著述有功的一种尝试，也没有明确地敦促朝廷允准薛瑄从祀。[152]

事实上，唯一坦言希望刊刻著述有助于薛瑄之从祀的序文撰写者是许赞。他曾在1522年上疏请求薛瑄从祀孔庙。有趣的是，他是为一版山西重刊的《读书录》撰写序文。这发生在正德年间，一段我们未见有正式请求薛氏从祀的时间。而同一版《读书录》有另外一篇由赞助者郑维新（生卒年不详）所撰写的序文，该序文就没有提及从祀的事情。许赞则明确地暗示道：

> 又安知不有因是书之传，建白于圣天子以成先帝崇儒重道之
> 意者哉？[153] 186

这个唯一提及从祀议题的文字，既简短又间接。朱鸿林提示谓，鉴于有人之前批评薛瑄少有著述，因此“王阳明的各种著作很快地就被人编辑出版不是一个巧合，似乎是要预先阻止同样的批评发生在他身上。”[154]可是，就算王阳明著作的出版者有这样的想法，那些王阳明著作的编者和序文撰写者也没有明确地指出那些付梓的著述是王阳明应祀孔庙的证明。现存明代王阳明学派成员所撰写的序文无一将王阳明著述的出版与从祀孔庙一事联系起来。[155]

简而言之，大多数薛氏著作的编者和序文作者，均对薛氏为孔庙从祀人选一事保持沉默。这似乎是很奇怪的。他们为何不以之捍卫薛瑄？这是匪夷所思的。薛瑄弟子于此的沉默也是很奇怪的。他们又不

是对这个从祀的议题不感兴趣。例如，虽然阎禹锡为《读书录》和《诗集》所作的序文不提此事，但阎禹锡却确实在另一个场合提及李伸等人不成功的尝试，并且试图捍卫其师：

> 盖天下无性外之物，而性无不在。舍性而论道，有何道之可论？舍性而著书，又何书之可著乎？世谓先生著述少者，岂足知先生之志哉！后之求先生者，当于此考之。[156]

如此捍卫薛瑄的文字，与许赞隐晦的评论相比，既有力，又明确。通过非官方的渠道反驳对薛瑄的批评并提出对其从祀的支持，是不合宜的；薛瑄的支持者只是在其他体裁中进行反驳和论述。[157]

187 **石碑上的公论**

现存有五篇关于1571年前兴建或整修与薛瑄相关的建筑之记录。其中有一篇关于文清书院，两篇关于薛瑄祠和两篇关于薛瑄墓茔的记录。

如第四章所提及，王盛提示我们河津县城大街西有一处旧建筑。其乃薛瑄的住宅兼教人之处。王盛于1488年发起整修薛瑄旧宅的工程。当时的王盛正任山西布政司参政。该工程后来由其他省级官员接手，最终在1492年竣工。薛瑄之孙薛元吉（薛禥）请王盛为之作记。而王氏在记文中写道：

> 道之显晦有时，愚观先生所著《读书录》、《续录》、《文集》，无非发挥性理之渊源，辨异端，扶正学，以阐明前圣之道于后世，终当从祀孔子庙庑，而列朱、许诸贤之后。[158]

除了表彰其师之学说以外，王氏也主张继朱熹和许衡之后，延续正学的是薛瑄，因此薛瑄有资格与他们一同从祀孔庙。

第二篇是有关整修薛瑄祠的记录，出自吕柟之手。吕柟是河东学派最重要的第五代成员。我们知道 1497 年间，在杨廉请求获允之后，朝廷在河津县城设立了国家专祠专祀薛瑄。后来，数名省级官员于 1526 年间出资整修薛瑄的专祠；吕柟所记，正是这项整修工程。

在列举参与其中的官员名单以及简要描述整修工程后，吕氏接着
记叙薛瑄为官和退居时的德行。他通过比较薛瑄和明初名人，提出明
初名人皆有不足，来暗示薛瑄是自许衡之后首出的完美之儒。吕氏接
着重述许多薛瑄在世时获得的好评，引述自张久功、姚镆之奏章和乔 188
宇（1464—1531）之序。吕氏总结道：

> 其未祀者盖有待耳。然则今日之举，振颓风而警后学，广德意而显前哲，岂为泰乎？[159]

吕氏对薛瑄从祀的支持，由此可见一斑。他解释薛瑄之所以尚未获准从祀是因为公论需要时间达成一致。再者，吕氏对薛氏的赞扬、对各种关乎薛氏之好评的重述、对其他人支持薛氏从祀之言论的重复这些努力都试图呈现过去以及吕氏同辈中的正面公论。

第三篇记录关乎同一专祠的整修工程。记文撰写者是曲沃县人李承华（1547 进士）。曲沃县和河津县隶属同一府。这项整修工程于 1533 年，由尚维持发起，并于 1554 年完竣。尚氏也是 1553 年奏请薛瑄从祀孔庙的监察御史。而薛瑄之裔薛惟杰和薛惟庆则请李承华为薛瑄祠的整修作记。李氏在记文中把截至当时阻碍薛瑄从祀孔庙的反对意见标签为“私议”。薛氏的支持者认定公论站在他们的一方。而作为私议，那些意见当然不同于他们所认定的公论。李氏接着写道：

> 后世行将正祀典，从孔庭，庙享无斁，与天壤相为悠久。兹一乡之祀，一宇之葺，岂足为先生记哉！[160]

李承华认为既然公论希望薛瑄从祀孔庙，那么薛瑄总有从祀孔庙的一

天。尽管相距一世纪，他亦以私淑薛氏者自居。

另一篇记载 1533 年薛瑄墓茔的整修工程。该记文的作者是河津知县樊得仁，即 1539 年上疏奏请薛瑄从祀孔庙的人。樊氏是陕西朝邑县
189 人。朝邑县邻近河津县。樊氏在记文中指出，1514 年、1515 年、1526 年及 1528 年间，分别已经有多项修建薛瑄茔祠以及为其墓茔建坊的工程。而樊氏所记主要是 1533 年的整修工程。樊氏记述多名薛瑄的后人请求省级官员资助那次工程，以及他们各自直接参与计划和督工。他也提及李伸、张九功和许赞主张薛瑄从祀孔庙的奏疏，并且提出自己的意见。他认为连董仲舒和吴澄之流都从祀孔庙，那朝廷也应该允准薛瑄的从祀。[161]

又一篇记录则出自安邑县人相世芳之手。安邑县和河津县同属一府。这篇记录写于 1538 年，即樊得仁和杨瞻上疏引发 1540 年之议的前一年。文章关乎河津县新知县陈大策（生卒年不详）所进行的整修工程。相氏罗列了很多他宣称来请他作记的薛瑄后人。他哀叹谓薛瑄“虽有邑祠，而未通于天下”。他重提张九功奏请薛瑄从祀的奏疏以及杨廉希望颁行《读书录》于国子监的奏请，并将之与陈大策主导的整修工程同等看待，谓其皆对薛瑄有同样的敬意。他接着说“人心尊尚大同，公议无间，崇入祀典，其在今日矣。”[162]

这五篇记录有一些耐人寻味的相似之处。首先，这些作者不是薛瑄的弟子，就是河东学派后来的成员，又或是与薛瑄之裔相识。有时候，这些作者不一定只属于其中一类。其次，这些工程都涉及省级官员。一般来说，实际工程虽然是由河津地方官员或薛瑄的后人主导进行，但是省级官员通常是这些工程的资助者。再次，这些作者均来自平阳府（即蒲州所隶属之府）或陕西的西安府（黄河对岸之府）。[163]
190 最重要的是，这些记录全都清楚且有力地表示支持薛瑄从祀孔庙，并且超过半数都直接或间接援引公论。

值得注意的是，这些特征都与上一节所探讨的薛瑄著述出版序文相反。这些来自更大的“三府一带”的作者也许有更强烈的为其“自己人”争取最高荣誉的意愿（虽然这里不包括河南府）。这个情况不无可能。虽然其中有些作者可能不能说是河东学派的成员，但说不定

其师、其友或亲人是河东学派的成员。而倘若我们考虑到薛瑄著作的编辑者中也有薛瑄的高足这一事实的话，这个论点无疑将变得多少不那么让人信服。

乔宇1511年为薛瑄的《行实录》所作之序，明确地提及从祀问题。尽管这篇序文有两个版本，但两版皆认为宜祀薛瑄。[164]我未将这部《行实录》加入之前有关薛瑄著述的讨论中，因为《行实录》最初乃薛瑄之孙所辑，而非出自薛瑄之笔。《行实录》收录了他人撰写的与薛瑄相关之奏疏、记文、颂词、诗文、诏书和逸事。这部《行实录》（包括序言）和修建工程的记文都有记录或纪念的作用，可以相提并论。

对从祀孔庙这种性质的议题发表意见，除了可以上奏皇帝以外，似乎有一个大家都认为恰当的地方：这个文体应该具有记录或纪念的性质。若要加深我们对这个史学议题的理解的话，就需要对其他三位在薛瑄之后从祀孔庙的明儒和其他没有获准从祀孔庙的明儒，甚至是其他朝代的个案作比较研究。

有关这些记文要注意的另一点是撰写者明确声称自己代表公论。这些记文不只提示我们公论支持薛瑄的从祀，也只有这样的资料会直接地指控反对意见（这些反对意见曾经是在正式场合提出的）是私
议。乔宇也认为反对意见有失偏颇，且忽略了薛氏德行和学术的整体 191
优点。因此，他认为那些意见不为天下所接受。[165]

王阳明的支持者是否像朱鸿林所论的那样，亦以出版王阳明的著述为他们请求允准其从祀孔庙的工具？逮至1571年，薛瑄从祀的许可显示评估标准已经改变，少有出版著述不再是一个主要的障碍。因此，尽管我同意朱鸿林谓“王阳明的支持者可以说回避了弱势的一面，并专注于宣扬不争的事实：王阳明的宦绩，一个可靠之学说在可稽之事上的具体表现”[166]，我却不认同，这是从薛瑄入祀孔庙经历的挑战中学习的教训。反之，我视之为王阳明的支持者因评估标准范式在薛瑄从祀孔庙漫长的请求过程中被重新定义后的策略改变。明代官员最初讨论从祀问题的范式，围绕着著述的问题（立言）以及朱熹之统的谱系式继承。自1540年改变的范式，问的是对理学传统是否有功的问题，并且此功不限于著述，也考虑德行操守。明代官员将躬行

或实践正道，理解为对理学传统的最大贡献。正如我们所见，这也是王阳明学派的某些重要成员一度参与的过程。王阳明著作的出版不是为了要表明其有著述。品评贤人的一个新方式是要鉴定其是否有立功。

从祀孔庙是任何硕儒所能获得的最高荣誉。从祀或罢祀的最终决定，的确是在皇帝的权力范围中。而从这个角度而言，我们可以把孔庙的从祀理解为国家定义和实施正统的手段。可是，虽然儒家士人生
192 时不敢奢望自己可以从祀孔庙，却通过积极主张其理想之儒从祀孔庙，而影响了官方的正统。本杰明·埃尔曼在其有关科举的研究中主张“科举考试乃政治和社会关怀彼此竞争且获得平衡的文化平台”，而且尽管国家“试图以科举考试控制士人文化，在朝在野的士人群体经常避开如斯控制，并同样以科举考试成功扭转乾坤，影响朝廷政策或复兴士人文化”。[167] 从这个角度而言，孔庙祀典增入新儒的追求也可以理解为一个类似的文化平台。而官员有一定的空间去影响和诠释品评标准范式。这个空间中的主要平台之一，是公论之争。鉴于最后的决定权在朝廷，因此诸奏疏会一再地宣称公论与之同在，不足为奇。可是，既然薛瑄著作的出版序文几乎皆未提及此事，那么在奏疏这个官方正式的渠道以外，另一个明显可以找到这种论述之处，不在书坊刻书的读者圈中。声称公论与其同在的，是具有祭祀意义的记文。由于这些文章应该会刻于石碑上，并立于其所为之作记的场所，因此在某种程度上，具公共性质。然而，这些场所和工程的祭祀面向是一个更重要的因素，因为其比书坊更能引起碑文读者的注意。这些记文刻于碑上，公众随时可见，但这些记文要在多年以后，才能以纸本形式出版面世。

~

薛瑄支持者长达一世纪的努力，集中于三个策略。首先是如 1540 年之议所发生那样，他们以立功这个标准及改变“功”之义来制造一个鉴别真儒的新范式。第二个策略是将从属著名学派这个未明说的标
193 准打折扣。一反金华模式，即有一个自朱熹本人以至明代理学家的谱系，薛瑄的支持者把薛瑄表现成明代理学之冠，一个道学式微后振起

的人，并且在道统中与许衡不相伯仲。[168]

第三个策略是诉诸公论。之前《实录》都声称公论同意刘定之对薛瑄负面的评价以及其对薛瑄从祀的反对。薛氏的支持者清楚若要让薛瑄从祀孔庙，就得显示公论与之同在。因此，之后许赞、姚镆、杨瞻和尚维持的奏疏，以及1540年之议现存过半的奏章，还有李濂的文章，都引述薛瑄同辈的意见、之前奏疏的评论、其他士人的正面评价，甚至还有前代皇帝的评论和行动。许赞、尚维持和李濂更进一步借助地方意见。

虽然这些支持者称公论支持薛瑄，但是世宗皇帝巧妙地以公论须久方定为由，拖延不作决定。隆庆年间的议论中，薛氏的支持者重新组织起来，并援用公议立论。他们联名上疏，使用更强硬的论述，一再地要求皇帝刻期廷议。礼部采用上疏者的语言与立场向皇帝奏请与报告，助上疏者一臂之力。上疏者宣称获得公论的策略，在皇帝同意众人经已达至一个清楚的共识时，终于得到回报。

回顾薛瑄的从祀始末可知薛瑄在地方上的国家专祠对于河东学派的历史很重要，但对于请求从祀的努力则不尽然。另一方面，范式的改变对请求从祀的努力和明代理学史而言，则意义非凡。这个新范式反映了明代儒士如何理解同辈的贡献和他们自己在理学传统中的位置。可是，最终促使薛氏支持者实现其长久以来希望薛瑄从祀孔庙的心愿的是新范式的援用、经过改良的论述策略，奏请者共同的学术取向、区域自豪感、家族关系和政治联盟。这个过程的历史显示了促使学术史的核心发展的不单单只是思想的交流而已。同时代政治和社 194
会的因素也发挥决定性的作用。薛氏的支持者因骤起的阳明学派而不安，进而加剧了他们在请求薛瑄从祀孔庙最后阶段的努力。他们向中国明代学术界发出的讯息是除了急速普及开来的阳明学派以外，还有另一个理学的模式，而且是正确的那个模式。这个替代模式是来自北方，在薛瑄身上体现出来。异于其前辈以及南方的同辈，这位北方人的目光是朝向国家，并且对国家公器，抱持信心。最后，国家也通过允准薛瑄成为首位从祀孔庙的明儒，让他垂世不朽。

195 # 结　语

北宋至今，理学历经数次明显的发展阶段。学者们早已注意到理学传统中存在着多元的状态。著名的朱熹和陆九渊之争，尤其能证明这个多元性，并且因程朱和阳明学派之间的竞争而在明代重新被提起。研究学说的差异和思想的竞争，不仅有其正当性，也是目前学界一个主要的研究主题。然而，其他学者一直对研究理学家如何回应明清转折之际的挑战，尤其是新兴考证学的挑战，更感兴趣。[1] 尽管后一组学者较明确地关注理学历时的发展，但两组学者都非常依赖，甚至完全依赖哲学思想学说的分析。

社会史学家的研究，特别是地方史相关的研究，引进了一个理解理学家的新方式。社会史学家在认同哲学思想学说之重要性的同时，将理学研究从对思想学说的聚焦，推向揭示理学家参与社会事务之意义的研究。学者如今已开始直接研究理学家的社会、经济和政治
196 活动，并且开始把他们对这些计划的想法与其哲学思想的立场联系起来。这些活动不再只被归入背景，搁置一旁。学界目前已经接受理学是一场学术兼社会运动这个观点。

虽然截至目前的研究一直引人入胜，但是现在也到了重新评估当前既定叙述中有关社会的部分的时候。这个叙述把理学家的社会计划，如书院、乡约和社仓表现成是国家建制的替代。自南宋开始，朱熹与其同僚还有其追随者尝试创建或重建这类社会计划。虽然学者们允许更易该叙述，但是该叙述的主调依然是地方意识和自发意识。再者，在有关传承理学学说和实践的研究中，学者非常强调师承，尤其

是那些把个人与朱熹直接联系起来的谱系。正如本研究所述，这个标准叙述只适用于南方的理学家。我们后来所谓的河东学派，即薛瑄和那群与之有关的北方理学家，对理学有不同的理解和实践。尽管其做法与南方同辈，甚至是朱熹本人南辕北辙，他们亦视自己为朱熹学说的传人。

身为一名理学家，薛氏在追寻一个理气合一的世界。因为是自学，所以他并未从任何人那里直接继承某个特定的立场；反之，他是依靠自己对理学学说的理解和诠释而自振起。他为学既勤力又投入，并且记录了自己多年以来的想法和反思，以之辑成《读书录》和《读书续录》。黄宗羲有失偏颇的攻击和其边缘化薛瑄的尝试，还有现代学者乐于沿袭黄氏的观点，导致了很多人误会薛瑄，以为其思想在根本上存有矛盾。如本研究所示，《读书录》和《读书续录》中出现的学说差异，应该归因于其哲学逐渐成熟的过程，而非内在的矛盾。就一个严格意义的程朱式立场来看，倘若薛氏的哲学思想中有任何“矛盾”的话，那就是他试图把朱熹和张载哲学中的某些元素结合起来。薛氏的混合式哲学强调理气合一，但这个理气的结合被扩大至道与物质世界 197
的范畴时，国家权威和国家建制在薛瑄的哲学中依旧至高无上。

南方理学家的两个基本特质——地方意识和自发意识——在薛瑄对理想世界的想象中是缺席的。通过合法化精英分子对宗族的控制来宣扬精英对地方社会的领导权的，不只有金华学派的重要成员，连非典型理学家的杨士奇亦然。薛氏的同辈吴与弼和他的很多弟子不事举子业，并且都在国家官学系统外修建书院，并用以传授他们一派的理学。相反，国家在薛氏的构想中一直扮演着一个关键的角色。对他而言，宗族不是一个授权给地方领袖的途径，宗族只是辨认亲属关系的方法。更重要的是，一族之价值，不在于其对社群的福利或和睦有何贡献，而在于其成员从国家那里获得多少功名和官职形式的荣誉。同样，薛氏认为可以通过复性获得理学正学，且应该仰赖国家的教育系统以及官学与科举推广之。在这个构想中，完全没有书院的存在。

薛瑄之裔跟随其最崇敬的祖先之意，没有建立一个强大的望族。我们未见他们缔结策略性婚姻联盟或维持祖产。他们还经常向地方官员请求支援，以进行整修工程。尽管偶尔有个别的人会出版薛瑄的著作，但这群人的仕途和科举成就有限，因而无法成功推广薛瑄的学说。薛氏族人无法维持一个有系统的命名规律。这一事实证明了薛氏宗族的不足。而他们允许长房断嗣一事，又进一步地证实其宗族的不足。薛瑄的弟子，尤其是那些第一代门人，也忠于其师的立场。他们不是以学官的身份，就是以教授邻人应付科举考试的塾师身份传授薛氏的思想学说。就算他们之中有人以朝廷官员的身份修建“书院”，该机构也只是官学的延伸。

薛氏以及他的很多弟子都从事教育。这就是为什么我们有其学说数代相承的记录。可是，就算这些个别弟子传承了同一套学说，他们
198 也没有试图形成一个明确的学派。除了不建书院以外，他们也没有把自己组织为一个定义明确的学术宗派，毕竟薛氏不相信治学需要师承。由于薛氏的弟子与薛氏的后人，都缺乏牢固的联系，那么在他们那套模式中，既没有一个施加个人学术领导的空间，也没有一个容纳地方意识和自发意识的空间；纯粹只有个人和国家。

南方理学家除了通过兴建书院和提倡组织强大的宗族来制造这个空间以外，他们还为建立学术宗派花费很多心思。其中最显著的是金华模式，以直接承接朱熹之统自居。这种思维强烈到即使这个谱系断绝消亡以后，直接承接朱熹之统与否依旧是儒士可否从祀孔庙的一个重要鉴别标准。

记录薛氏支持者在推动薛瑄从祀孔庙的过程中所运用的论述和策略，不只揭示了其中涉及各种关系的复杂情境，也显示了明代官员与士人如何理解明代理学家在理学传统中的位置。基于其对理学不同的理解，薛氏的支持者主张另一套标准，以表明薛氏宜祀孔庙的立场。从他们与王阳明学派的对抗中，可见其对理学不同的想象。明末清初的士人经常把薛瑄和王阳明表现成明代两种不同理学取向的代表。可是，他们之间的不同，超越了薛氏代表程朱传统而王氏继续陆九渊“心学”这样简单的二元对立。与薛氏及其追随者相反，阳明士人不仅涉足书院，也参与大型的公共讲学活动。陆世仪提醒我们，薛瑄一“派”也包括了明代其他杰出的理学家。因为他们虽教人，却不聚徒。

虽然这些理学家与薛氏或其学说没有直接的关系，陆世仪之所以把他们与薛氏联系起来是因为这些人都使用了同样的授受网络。这种网络是北方替代模式的一个关键特征。

~ 199

本研究在很大的程度上受益于中国地方史的研究。中国地方史最重要的贡献是其试图阐明各个地区和时代有不同历史经验这个多元性。我犹记得首次得知王安石和陆九渊同为抚州人却有不同思想和社会取向时的兴奋。[2] 地方史因而让我们重新思考那些基于宏观“国史”研究或部分人物微观考察而对中国历史下的泛泛之论的正确性。从地方史的立场言之，薛瑄与河东学派不能代表中国或明初的整体情况。本研究讨论的是各种可能性中的其中一个模式；或者更确切地说，本研究阐明一种北方替代模式，以让我们对理学的认识超越至今仍主宰着学术论述的南方模式。

南方随着唐宋转折的发生，逐渐变得重要。可是，我们不能过分强调这一点。理学，至少由朱熹所定义和倡导的那种理学，也是一场强调自发意识和地方意识的社会运动。这两种特点和南方的经济情况息息相关。然而，明代初年，士人的自发意识其实逐渐在减退。根据包弼德的研究，明初朝廷把理学家的社会计划制度化。用包弼德的话说，即“明朝的创建可以被视为是扩展南方理学运动的地方取向”[3]。

理学内部倡导的社会实践，是在南宋和元代的南方形成和发展的。朱元璋的基地在南方，并且以许多南方重要的理学家为政治顾问。当朱元璋开创一个新朝代时，他采用了南方社会计划的重要环节，并且将之加入明朝的计划中。因此，我们不难想象，这个“明代”的计划，对中国北方的理学家而言，会是陌生的。在这个意义上，他们可能觉得明朝比战败的元朝更“外来”。当一位明代北方的藩王篡位而建立永乐朝时，某些南方官员群体决定接受他的统治，他们甚至支持其定义理学正统的权威。然而，虽然这些儒士在定义地方精英所扮演的角色时有异于金华理学家，但他们依旧在其撰写的族谱 200
序文中倡导地方领导权。可是，像薛瑄这样的一个北方理学家，则不支持南方式的社会计划。他视国家为家族的荣耀之源，并且认为国家的教育体系是推广理学的正确之处。薛瑄及其北方同伴并不理解南方的模式。

待16世纪中叶的南方复兴自发意识与地方意识时，北方士人因与南方理学家有更多的互动，已经更熟悉南方式的社会建制。明朝全国性的社会政策本诸南方理学家的惯例。而这些全国性的社会政策也让北方人熟悉那些惯例背后的理念。在这个意义上，当朝廷将这些政策制度化时，北方社会也开始转型。但一直要到16世纪中叶，当北方河东理学家若吕柟者，开始在书院讲学、参与公共讲学活动且有弟子出版《语录》时，北方社会的转型才宣告完成。北方并未在成祖皇帝从南方的都城南京迁至北方的都城北京时转为"明代"，北方当南方社会组织的方式为北方重要士人所接受时，才转为"明代"。当北方式的社会组织方式被逐渐取代时，北方才成为"明代"。从这个角度看来，我们可以当明代的"征服"为南方之北征。最后，当其他三位同辈加入北方重要理学家薛瑄从祀孔庙之列时，理学世界中的南北两方于是合二为一。

后　记

区域研究与思想史

拙著是在博士论文的基础上修改写成的，在美国求学以及修改过程中无不受到许多师友的启发和帮助。由于原著的鸣谢内容也同时翻译了，在此就不再赘述。但我还是要借此机会感谢浙江大学哲学系的彭国翔教授主持了此英著中译的系列，并将拙著加入其中。此外也感谢出版社的赵波编辑的专业投入，以及译者叶诗诗同学的辛勤付出。要感谢的还包括前辈学者和同行的错爱与关注。原著出版之后，迄今总共有七篇书评。其中英文书评四篇，中文三篇。我想就趁此次译著完成之便，对书评进行一些简单的回应。也许如此就更可以达到交流的效果。

按照书评的撰写语言以及书评刊登先后排列，七篇书评的作者和相应期刊是：

1，钟彩钧 教授，“中研院”文哲所，《中国文哲研究集刊》40（2012年3月），页231–40。

2，吕妙芬 教授，“中研院”近史所，《中国文化研究所学报》55（2012年7月），页332–334。

3，洪国强 教授，中山大学历史系，《历史人类学学刊》11.2（2013年10月），页108–111。

4，约翰·达德斯（John W. Dardess）教授，堪萨斯大学，《通报》（*T'oung Pao*）98（2012），页285–287。

5，John B. Henderson 教授，路易斯安那州立大学，《美国历史评论》（*American Historical Review*）117.5（2012 年 12 月），页 1561。

6，Michael C. Brose 教授，怀俄明大学，《中国历史学前沿》（*Frontiers of History in China*）8.1（2013 年 3 月），页 142–145。

7，张德伟 博士，麦克马斯特大学，《加拿大历史学报》（*Canadian Journal of History*）48.2（2013 年秋），页 384–385。

钟彩钧教授同意“迄今为止，研究中国哲学思想史的学者，多半把理学家的政治社会规划作为背景来简单叙述”。而将“理学与社会活动相结合的方法”是值得参考的（页 232）。钟教授从事中国思想研究多年，见解精辟，在理学思想精微处的分析更是细致。在处理薛瑄和朱熹在理气、道器一致或合一的讨论之异同上，他认为薛瑄的“补充，实因朱熹‘理先气后’的用词不当”，是“重点的补充而非内容的修正”。此外，钟教授亦认为，对于薛瑄晚年以“复性”为宗旨的讨论，也“应更清楚指出，复性的概念的重点是从本体论转到实践论”（页 232–4）。钟教授的上述讨论很精彩，所有对理学思想感兴趣的读者都能从中得到启发。

钟教授也正确地指出“将哲学与实践主张相联系，是本书重要的企图”。虽然他“乐见其成”，但觉得“此事大为不易”。钟教授认为“哲学思想与政治社会有关，但亦有自主性，不能简单地作为政治社会的反映”。而且“哲学思想如何作为政治社会的反映，还是要依据哲学家自身的说法，旁人所作的联系每每是推测多于必然”。虽然“本书对薛瑄追求理气一致在实务意涵上的说明，是可以成立的。然而必须提醒的是，这是综合各种要素所作的推论，单从‘追求理气一致’的前提，未必推得出这结果”。钟教授还提醒我们，“明代哲学以一元论为基本倾向，朱学、王学皆是如此。”与此同时，“理学派强调政治社会既有秩序，心学派活泼而重个人价值，有创造新秩序的企图”是“学术界对明代哲学思想与政治社会主张的关联已有”的“成说”（页 235）。

钟教授的提醒很重要。确实，哲学思想和政治、社会主张，以及哲学思想与具体的政治行为之间是否能够建立联系，甚至是否存在联系，都是需要认真考虑的问题。我认为如果我们要找到“口是心非”、“知行不合一”之徒，无论是在当代或古代，应该可以说俯拾即是。在这种情况之下，所宣称的哲学主张、意识形态，和其在政治、社会、家庭等领域的具体认识和举措，都可能是毫不相干，甚或南辕北辙的。在处理研究对象的哲学思想和各类主张与举止之间的关系时，我是做了一个假设：有知行不合一之徒，应该也有里外一致的人。而要建立这个联系，就是要将研究对象的许多不同领域的主张和不同场域的举止放在一起考察。如果在各个面向上都能找得到一个贯穿的线索，即不同场域之思想与行为均指向同一个方向；那么在分析这个研究对象时，我们就可以试图结合思想与实践。换言之，仅仅锁定哲学思想之讨论，推展不出对言行的解释。但在不同面向之间找到“一以贯之”的线索，那就有可能完成思想与实践的结合。但是有两个问题，这样的内外互证的方法不具备普遍性。毕竟，如前所述，里外不合一者比比皆是。所有在一定的意义上，能否如此操作就有了强烈的偶然因素。另一方面，这样的结合是否能够成立，要看研究者的“史才”和“史德”。才力不足则证据无法有效呈现其一致性，我们也更不可以为了呈现一致性而扭曲证据。史才不足，无法说服读者，那就还要努力。而方法本身是否可行，应该还是可以进一步讨论的。

在明代，随着阳明学的兴起，心学和程朱理学的相互竞争日趋激烈，从哲学辩论延烧到官场斗争。但相对于心学而言，程朱理学始终是长期以来为官方所认准的学术传统。因此程朱理学家呈现出对政治社会既有秩序的强调，是顺理成章的。只是我的比较对象，并不是仅仅横向地以河东学派对比心学。而是既纵向地以南宋程朱理学为参照，也横向地以明初南方程朱理学为比较。由于明代南方程朱理学和南宋程朱理学的继承关系，因此在很大程度上，拙著的比较研究，首先是程朱理学内部的南北差异论述。再来才是和阳明心学的南北差异分析。

此外，钟教授还指出了两条证据，说明薛瑄拒绝收李贤为徒，“其原因可能是自始对李贤有戒心”（页 238）。此判断很有道理。钟教授的最后一点指正是有关“跨地域”的理解问题。他认为“所谓跨地域，应该指其学说不自限于地域问题，而企图讨论更根本与普遍的议题，因而具有全国性的眼光与发展潜力。否则即使占地再广，也是地域性的学派。”（页 238–9）。我同意在钟教授所提出的那种定义下，是有具备全国性议题与影响力的跨地域学派，以及视野和影响力只局限于一方的地域性学派的差异。只不过我将河东学派视为跨地域学派的原因有二。首先是针对黄宗羲在《明儒学案》中，策略性地以地名标示学派所造成的某些学派的地方性和阳明学派的分布全国之势态之印象。在这个关注点之下，就有必要说明河东学派不是晋南的地方性学派之历史事实。因此我的定义确实是从地域分布的角度来说的。而在此基础之上，我才有可能进一步展示河东学派为什么可以说是一个重要的北方式的理学形态。

钟教授同时表示“河东学派作为跨地域学派，不仅在其内容是明代形态的程朱之学，也因其教学风格”（页 239）。我非常同意钟教授的说法。这一风格的差异确实就是河东学派的重要全国性影响。这不只是相对于阳明学派而言是一个迥异的风格，其影响已经远远超越了黄河小北干流区域。至少陆世仪应该是这样理解的。

第二篇书评出自吕妙芬教授之手。吕教授对我而言是亦师亦友，她既是学界的前辈，其著作每每对我都有许多启发。另一方面，这几年因为明清理学研究的关系而接触比较多，我也秉承北美学界的习惯，平时私下也就直呼其名。吕教授正确地指出“薛瑄本人的著作与相关史料并不多”，拙著是通过“将问题延伸到不同领域，并广泛搜集史料，又与其他学者的著作进行比较与对话”来完成的。她也留意到拙著是“结合社会史与思想史的研究”（页 333）。

吕教授的第一个主要批评是针对拙著的方法。她认为学界目前之所以关注许多议题，“主要因为这些历史活动在更广大的社会和历史中，具有某种创新的意涵，而且目前保留了相当的史料”。因此“具创新性、有活动型塑力的历史，是我们比较熟悉的选题。”相比较之下，拙著的“许多论述都建立在‘没有’之上，例如薛瑄没有明显师承、没有建构学派”等等。而“这些‘没有’的意义”，“是透过与南方更显著成功的活动对比之后，才能反衬出来。”她怀疑拙著“所描述的薛瑄及河东学派的现象，真的是北方学者的选择吗？它足以说明南北的差异吗？”吕教授认为“如果我们把与南方比较的视野暂时遮蔽，薛瑄与河东学派似乎失色不少”（页 334）。

我的老师韩明士当年通过江西抚州的地方研究去论述一个两宋之间的转变，即地方意识的兴起。对于他的研究成果，赞同者有之，反对者有之。反对者中常出现的其中一个意见便是不能以一个地方代表中国全境。老师在上课时表示自己并没有以之作为全中国的历史事实来描述，他也希望看到以不同地方为研究焦点的成果。如此呈现出来的多样性对于我们的理解更有意义。老师认为对北方的长期忽略是一个很大的遗漏，希望有同学有胆量尝试。为什么北方研究须要胆量呢？主要还是因为直至二十一世纪初，相较于南方而言，北方的资料非常的稀少。

所以面对薛瑄的相关史料，要如何进行一项有意义的研究是需要认真思考的。如果只是平铺直叙，堆砌材料，以水济水似地将内容整理和介绍，那似乎无法将讨论提升到高一点的水平。而如果想将讨论放置在北美学界相关的社会史和地方史的丰硕成果中讨论的话，则薛瑄和河东学派的“没有”立即就突显出来了。主流的历史著作是对过去发生过的事情之研究，是对“有”的书写。通过书写“没有”来阐述我的理解，确实正是拙著用心所在。而这是通过和以南方为分析对象的成果之比较研究来完成的。因此吕教授的批评是一矢中的的。

薛瑄和河东学派的现象，到底是不是北方学者的选择？“有”和“没有”其实是相对的。相对于金华学派、阳明学派，河东学派有许多“没有”；但他们不是完全毫无活动，他们在官学中推动学术，在师从薛瑄时避开组织化，在建构宗族时将之视为族内之事而不去试图影响社会；这些都是有为的“有”。在我看来，这些就是他们的选择，虽然看起来像什么都“没有”做。这也恰恰关系到我关注的另一个问题，即我们习惯以创新来衡量哲学成就，以影响来说明社会贡献。保守地守成者，我们往往会认为没有研究的意义，哪怕他们人数不少，地域跨度也不小。由于对创新的重视，我认为我们往往漠视了同样重要，有时候甚至在某些历史时段更为重要的保守者。他们是否比较失色并不重要，对我而言，重要的是他们也都是历史上的曾经存在。

那到底是不是南北的差异呢？南方或许也有默默无为者，或是同样保守的理学群体。这个问题比较棘手，毕竟目前学界的研究还是喜欢将焦点锁定在热门的群体。然而，即使南方也有这样的保守群体，那我想我们还是可以从一个代表性的层面上去思考。如果说明代北方最成功的理学群体，河东学派，是保守守成形态；而明代南方最成功的理学群体是那些具备哲学创新力和社会参与感的创发发明形态；那南北差异之说似乎还是可以成立的。

吕教授的第二个批评意见还是和代表性问题有关。她不认为不强调师承的道统观足以说明北学的特色。此外“类似的复性论、万物一体观，相当普遍存在理学家的论述中，许多南方学者也都有此看法”。因此吕教授认为“就薛瑄个人层次去强调是没有问题的，但若要进一步从薛瑄的个案推衍到南北学术文化差异，则有所保留”（页 334）。我想南方学者在一些议题上和薛瑄一致并不是问题，毕竟他们都是理学家，所以在一些哲学课题上自有遥相呼应的现象。我觉得可以从两个方面思考吕教授的批评。一，拙著在很大程度上是通过薛瑄和河东学派在学术组织和态度，以及宗族组织等实践层面上的分析去说明他们和南方一般现象的不同。对他们的哲学思想的整理是为了试图进行一次思想与实践的综合研究。南方学者在个别哲学课题上纵然和薛瑄一致，并不表示在综合考虑思想与实践之后，他们也会别无二致。二，在受到老师启发去进行北方的研究之后，我觉得这个明代北方理学群体，无论是从创始者的地位与评价，还是群体的影响范围来说，薛瑄与河东学派无疑是最引人注目的。但是诚如拙著英文书名所示，他们是“一个”北方的替代形态 (A Northern Alternative)，而不是北方（唯一）的形态 (The Northern Alternative)。吕教授在方法上质疑以“没有”立论，也怀疑拙著选题的代表性问题，这些都有其道理。但也有进一步讨论的空间。

第三篇书评出自中山大学历史系洪国强教授之手。我和洪教授素未谋面，感谢他的不吝赐教。此篇书评因为在网络上转载，也许注意到的人会多一些。我想拙著的写作动机还是很明显的，洪教授也指出拙著“是一本典型的借鉴社会文化史研究方法研究思想史的专著”（页 110）。他还指出“南北儒学的比较虽有利于凸显差异，但同时也易于导致南北儒学对立化，过度拔高薛瑄的思想及其地位，并赋以典型意义”（页 110）。拙著无疑是在比较研究中完成主要论述，至于比较是不是会导致对立化，那的确是一个值得注意的问题。在这个问题上，作者和读者其实都有责任小心。拙著要呈现的是一个不同于南方主流的北方形态，并不是要为任何形态建立其正统地位；而读者在阅读时，也请留意拙著的基本动机。如此我们就可以开始想像一个多元形态的明代理学世界。至于是否过度拔高了薛瑄的思想及其地位，我猜想传统上未将其放置在历史语境中而单独深入阐发其思想的方法，也许更容易造成这样的现象？

洪教授的下一个意见并不仅仅是针对拙著，而是北美学界几位老师们对于地方精英的角色之重视。拙著深受韩明士和包弼德的影响，这是事实。洪教授指出带着这种地方主义的认知理解薛瑄的思想与实践，就会发现他“重视朝廷、支持官学的独特表征”，进而“忽略了‘外王’和朝廷从不曾远离士人的头脑，即使热衷地方实践和书院创建的阳明学者，亦不曾放弃朝廷政治”（页 110）。忽略士大夫的外王关注，是针对韩明士和包弼德的常见批评。如果只是单单就此而言，这恐怕是一个误解。在国史论述的传统作法下，我们长期只看到士大夫们的各种政治主张。而对地方精英的关注，是希望在这庙堂关怀之外，能够呈现士大夫的另一个生活层面。理学家从事书院建设、乡约活动、社仓管理、宗族建构等地方事务，和他们心系天下的诉求并不矛盾。是我们之前长期忽略这个层面，而不是说这个层面是士大夫或理学家们的唯一生活内容。

阳明学者“不曾放弃朝廷政治”是自然的。因为一来他们是明代制度下的士大夫，二来朝廷政治和他们的学术正名意图息息相关。可是在拙著中，和创建书院等活动对应的，并不是薛瑄对朝廷政治的热衷。薛瑄重视国家机器，在其学术网络与宗族认知中都不欲另造一个社会空间。薛瑄在意识到复辟后的明英宗无法接纳自己时，他就毅然急流勇退，告老还乡。而在家居之后，从他当时为各个官学所撰写的记文内容来看，他是越加重视官学教育与理学传播的结合。所以薛瑄没有地方意识，外王事业绑在国家机器上，主张理想与政体结合。反观阳明学派，他们心系天下，对外王的参与始终没有放弃；但他们有呈现地方意识，也有建立国家机器以外的社会空间之举动。两者的差异正在这里，而不是外王之有无问题。

洪教授的另一个批评意见与前述问题是相承的。他指出“宋濂、方孝孺等大半生处于朝廷而非地方，且没有积极从事书院教育”（页110）。拙著在师承、官学、宗族等方面讨论南北差异，但必须承认南方诸学派因为具体历史时代不同，他们只是大的特质相似，而不是在每一个方面都会完全一致的。毕竟明初的金华学派，和明中晚期的阳明学派，处在非常不同的环境中。拙著在讨论宗族时还涉及杨士奇，他恐怕甚至不是严格意义的理学家。宋濂和方孝孺等人长期身处朝廷，但是学派意识是存在的，对于宗族的社会功能是赞成的，基本上支持国家机器以外的社会空间之存在。这样的态度和后来的阳明学者相比较，虽有程度的差异，但本质还是一致的。

洪教授接着以广东为例，说明拙著南北宗族发展的比较尚有推敲的地方。基本上，从科大卫等学者的一系列研究中，我们都知道广东，具体地说，在珠江三角洲地域的宗族发展史中，嘉靖朝的大礼议是一个重要的转捩点。支持明世宗的霍韬等人之后在乡里推动了家庙的建设。我承认拙著在南北这样的一组比较概念下展开论述，如果处理或者阅读不慎，确实有许多问题反而会失焦。拙著以跨越晋、秦、豫三省的河东学派为中心，但是这样的形态虽然因其影响力而具备一定之代表性，他们却不一定代表整个北方。例如薛瑄虽然曾经提学山东，但是对齐鲁的影响力就相对有限。山东地区的理学生态如何，是拙著无法涵盖的。我已经一再强调，薛瑄和河东学派是一个北方的替代形态。南方也是一样复杂，虽然偶尔会谈及一些闽、粤理学家，但不是比较的主要对象。拙著所能够处理的南方，主要还是针对金华学派和阳明学派比较活跃的吴越之地，甚至赣省。

最后，洪教授不同意“在明代前期，金华学派式宗谱结构型比薛瑄独立兴起型在孔庙从祀中更具优势”。他指出“薛瑄与金华四先生虽在成化年间同时被题请从祀，但金华四先生晚至雍正二年（1724）方获准从祀孔庙，比薛瑄迟了一百五十多年”（页 110–111）。若是要重构金华四先生的从祀历程，我相信应该要在另一组思想与政治史的因素下才可以整理清楚。就拙著的内容而言，其本意不是在说金华四先生是否更具优势的问题。明人在第一次于朝廷上讨论薛瑄从祀孔庙的题请时，大学士刘定之是以黄幹和辅广的“亲承微言”，以及金履祥和许谦的“推衍诸说”为更高的成就否定了薛瑄的从祀。据载，对于刘定之的意见，当时是“公论谓所议允当”的。到了明孝宗时期，当礼部再次否决薛瑄的从祀时，又再次引述了刘定之的意见，并进一步将之简化为“明道著书”的不足。因此，成化、弘治年间，朝廷对于薛瑄未够从祀资格的参照点是以金华式的传承为更重要。对当时的人来说，若金华四先生尚且还没有从祀，就自然轮不到薛瑄。但这是否就意味着当时被较为重视的金华四先生就必然会立刻被从祀，或是比薛瑄更早从祀呢？显然未必，毕竟他们的从祀过程会有不同的因素发挥作用。而薛瑄之后之所以“超越”金华四先生而先从祀孔庙的背景，正是拙著第五章不厌细琐地进行整理，以图重构其多元面向的原因。金华四先生在从祀时间点的落后，恰恰从侧面点出了薛瑄从祀历程的复杂变化。感谢洪教授从几个精细处提出指正，这正好给我以进一步和大家解释、交流的机会。

薛瑄从祀孔庙的课题对一些学者而言是比较有趣的。约翰·达德斯教授的书评就是以之作为始终。达德斯是北美学界明史研究的老前辈，著作非常丰富。他的书评跳过了按章简介的惯例，而且亦评亦述，融汇了他自己的不少想法。他以讨论孔庙从祀为始，点出有明从祀第一明儒是北方人薛瑄，而不是明显的选择，南方人王阳明。他通篇的讨论就是在“薛瑄与王阳明”这样的框架中展开。他认为薛瑄正是王阳明及其庞大而且复杂的学派所代表的几乎所有事情的替代。感谢达德斯教授在书评的字里行间有一些褒语，于此就无须赘述。

下一篇书评出自 John Henderson 教授之手。Henderson 是北美学界资深的中国思想史和文化史学者。感谢他的书评提出了一些十分有趣的观察。首先他认为南北二元的框架在中国文化史中经常出现，拙著则是将明代理学研究重新调整在南北方位中进行。具体的方式就是重新发现或恢复一个被遗忘或者已经隐晦的北方模式。他指出，像美国南部地区，意大利南部地区，以及南美洲巴塔哥尼亚地区的那种败局命定现象，在中国是发生在北方。他肯定了南北轴上的重新定位挑战了我们所熟悉的，多少与南方形态画上等号的明代理学。除了指引更多学者去思考《明儒学案》强烈的门户之见外，Henderson 还提出了对全球北方学的可能影响。由于北方的社会经济条件不同，所以促进了南北两种理学传统的形成。这就为比较史学打开了门户。例如为普鲁士的国家主义，沙俄的专制制度，瑞典的社会民主主义，或秦代的法家思想提供了分析的框架。

Michael Brose 教授年纪比我稍长，是元史和中国回民研究的专家，也算是学界的前辈。感谢他在书评中细致地介绍了各章要点，同时在两处，即河东学派的分布情况，以及支持薛瑄从祀的士大夫之网络问题上，提出如果有更多地图将会更好的意见。此外，他也提及既然就理学形态而言，中国北方要到明朝后期才和南方形态融合，则定都北京的重要性，在思想史上也值得反思。

同样感谢张德伟博士对拙著的介绍。他在书评的最后提出了两点观察。一，拙著的跨学科研究方法可能也适用在其他领域，例如对佛教的研究。二，薛瑄的胜利除了两个学派或区域的竞争问题以外，也许还有其他的意义。例如这显示了国家重实践多于抽象思考，因此十七世纪的实学兴起在清初打击了阳明学派。他认为在一个更宽广的视野下，薛瑄的胜利或许是这个时代来临的先兆。对于第一点，我乐见其成，也希望多多益善。至于实学的问题，因为其兴起的原因不是单一的，前辈学者立论也不少，我就不加以评论了。

在这几篇书评中，无论作者是褒是贬，思想史的研究方法是其中一个共同的议题。书评一般也会提到拙著试图结合思想史与社会史研究的尝试。拙著所采用的方法和结合两个史学学科的尝试是互为表里的。而另一个重要面向就是地方史视野在拙著中所占据的重要位置。北方案例的资料，不如南方案例一样丰富，所以在处理上需要另想方法解答心中的问题。思想史和社会史原是两门非常不同的史学学科，各有各的传统与范式。基本上，希望试图结合而又以思想史为本位，则哲学的抽象讨论就自然会退居第二层。而如前所述，研究对象的哲学思想，和他的各种其他思想主张，以及具体实践，是否可以统一，相互验证；有着研究者选题时的运气因素。如果没有这份运气，那还是要诚实地按照文献和史料的多样性，另行思考。此外地方史的视野不是建立在否定士大夫的外王诉求之前提下提出的。选择某个地点或者区域为研究对象，也不是要宣称所得形态可放诸九州。区域的多样性，以及时间的动态，这是我个人觉得应该时刻提醒自己的要素。拙著还有许多不成熟的地方，希望随着中译本的刊行，能够得到更多前辈学者和同好的不吝赐教。

又：拙著在 2011 年岁末付梓。次年初，犬子呱呱落地了。为取名一事，我们斟酌了很久。最终决定以薛瑄的号命名之。敬轩先生一生耿直，不畏权贵，也不眷恋权势。他坦然追求性天之通，视威权如敝屣，急流勇退，表里如一。我当时便凑了一首打油诗。抄录在此，以资纪念。

涵养须用敬，轩窗无俗韵。

有明三百年，首重薛文清。

许齐雄

2015 年春

肯特岗 · 三乐书室

附录一

有关《薛氏族谱》的统计

表1　薛氏第5至17世的士人身份

功名 / 世代	5	6	7	8	9	10	11	12	13	14	15	16	17	共计
进士		1		1		1				1				4
举人	1							1		1				3
岁贡						2	1	1			1	1		6
选贡							1		1					2
恩贡					1								1	2
官生						1								1
监生								1	1					2
廪贡								1			1			2
廪生						1		2	1[i]	2[ii]	2			8
生员						1	9	10	6	9	5	11	2	53
庠生			1				3	10	13[iii]	5	3	4	1	40
增生								1		1				2
儒生							1							1
天文生													1	1
佾礼生													1	1
散官						2								2
奉祀生									1	1		1	1	4
耆宾					3		2				1		2	8
共计	1	1	1	1	4	8	17	27	23	20	13	17	9	142

表 1 的注释： 206

i. 他是运学的廪生。运学是转运盐使司的官学，层次相当于府学。位于运城的河东运学，是唯一为转运盐使司而设的专门学校。运学原该是专为盐商之子而设之学。有关运城的学校，见刘棨，《平阳府志》，卷 9，页 55—61。可是，实际上有些盐商到为民而设的学校为其子登记入学，而有些持民籍者也到运学里为他们的儿子登记入学。有时，他们两边皆挂籍。迨至清代，这已被视为是个严重的问题。在特定的情况下，也准许盐丁之子入运学。见觉罗石麟，《初修河东盐法志》，页 715—718；鄂尔泰等编，《世宗宪皇帝朱批谕旨》，卷 204，页 21—23。

ii. 其中一人是运学的廪生。

iii. 其中一人是运学的学生。《薛氏世谱》和《河东盐法志》中的资料有若干出入。《河东盐法志》中的列表列举薛士吉（生卒年不详）为明代“岁贡”，而薛天宠（生卒年不详）为清代“廪贡”。在《薛氏世谱》中，薛士吉（第十三世）的记载诚如该列表所记，但是其中没有提及薛天宠（第十六世）有生员身份。此外，《薛氏世谱》的记载中，入运学者共有三人。第十三世的薛士昂（生卒年不详）和第十四世的薛继载（生卒年不详）均不见于《河东盐法志》中。见《薛瑄全集》，页 1751，1766，1773，1799；《初修河东盐法志》，页 751，762。

表 2 薛氏宗族每世代拥有士绅身份者的百分比 207

世代	百分比
5	100
6	50
7	25
8	50
9	67
10	62
11	65
12	55
13	37
14	27
15	11
16	8
17	3

表 3 薛氏第 5 到 8 世子孙姻亲的姓氏

人名	贞			瑄			
世代	5			6	7	8	
妻室	配	继	共计	配	配	配	共计
畅					1		1

续表

人名	贞			瑄			
高						1	1
孔（曲阜县）					1		1
宁				1			1
齐（平定州）	1		1				
王					1		1
解						1	1
许		1	1				
张					1		1
共计	1	1	2	1	4	2	7

208 **表 4　韶一系的姻亲姓氏**

世代	9-11				12-14				15-17			
妻室	配	继	共计	百分比	配	继	共计	百分比	配	继	共计	百分比
曹					1		1	6.25				
畅	2	1	3	17.647					1		1	5.556
丁	2		2	11.765	1		1	6.25	2		2	11.111
董	1		1	5.882								
杜	1	1	2	11.765	1		1	6.25				
高	1		1	5.882	2		2	12.5				
郝									1		1	5.556
何									1		1	5.556
胡						1	1	6.25				
贾										1	1	5.556
李		1	1	5.882	3	1	4	25				
任	1		1	5.882								
孙									1		1	5.556
王	1	1	2	11.765	1		1	6.25	2	1	3	16.667
卫									1		1	5.556
解									1		1	5.556
谢					1	1	2	12.5				
许		1	1	5.882					1		1	5.556
杨		1	1	5.882	1		1	6.25	2	1	3	16.667
岳									1		1	5.556
张		1	1	5.882	1	1	2	12.5				
赵		1	1	5.882								

续表

世代	9-11				12-14				15-17			
周									1		1	5.556
共计	9	8	17	99.998	12	4	16	100	15	3	18	100.005

表 5　鸾一系的姻亲姓氏 210

世代	9-11				12-14				15-17			
妻室	配	继	共计	百分比	配	继	共计	百分比	配	继	共计	百分比
畅	3		3	14.286	2		2	6.897				
陈	2		2	9.524								
程									1		1	2.381
丁	1		1	4.762					1		1	2.381
董					1		1	3.448				
杜					1		1	3.448	5		5	11.905
傅						1	1	3.448	2		2	4.762
高	1	2	3	14.286	3		3	10.345	3		3	7.143
何									1		1	2.381
黄	2	1	3	14.286	1	1	2	6.897	2		2	4.762
贾									1		1	2.381
李		1	1	4.762					2		2	4.762
刘	1		1	4.762					1		1	2.381
宁		1	1	4.762	4	1	5	17.241	3		3	7.143
任	1	1	2	9.524								
师									1		1	2.381
王					1		1	3.448	4	1	5	11.905
卫	1		1	4.762	2		2	6.897	1		1	2.381
武									1		1	2.381
解					1		1	3.448	1		1	2.381
许									1		1	2.381
严	1	1	2	9.524	2		2	6.897	2		2	4.762
杨					2		2	6.897	4		4	9.524
原									2		2	4.762
岳		1	1	4.762								
张					3	1	4	13.793	1		1	2.381
赵					2		2	6.897				
郑									1		1	2.381
共计	13	8	21	100.002	25	4	29	100.001	41	1	42	100.002

表 6　讷一系的姻亲姓氏

世代	9-11				12-14				15-17			
妻室	配	继	共计	百分比	配	继	共计	百分比	配	继	共计	百分比
蔡					1		1	0.645				
曹									2		2	0.331
柴					1		1	0.645	3	1	4	0.662
畅	1	1	2	6.25	10	3	13	8.387	12	5	17	2.815
陈	2		2	6.25	2		2	1.29	6	1	7	1.159
崔						1	1	0.645				
丁					1		1	0.645	4		4	0.662
董		1	1	3.125	4	2	6	3.871	10	3	13	2.152
杜					6	2	8	5.161	46	6	52	8.609
段						1	1	0.645	1		1	0.166
樊									1		1	0.166
范		1	1	3.125					1		1	0.166
冯					1		1	0.645		1	1	0.166
傅					2	2	4	2.581	4	3	7	1.159
高	2		2	6.25	6	2	8	5.161	28	8	36	5.96
郭					3	1	4	2.581	6	4	10	1.656
郝						1	1	0.645	9	3	12	1.987
何					1		1	0.645	2	1	3	0.497
胡									4		4	0.662
淮									3	1	4	0.662
黄		1	1	3.125	4	1	5	3.226	15	7	22	3.642
贾	1		1	3.125	1	2	3	1.935	9		9	1.49
李		1	1	3.125	9	4	13	8.387	46	10	56	9.272
李（曲沃县）	1		1	3.125								
梁										1	1	0.166
刘	2		2	6.25						1	1	0.166
柳				3.125					2		2	0.331
孟									1		1	0.166
南									1		1	0.166
宁	1		1		5	2	7	4.516	24	3	27	4.47
牛					1		1	0.645				
庞									1		1	0.166
乔										1	1	0.166

续表

世代	9-11				12-14				15-17			
妻室	配	继	共计	百分比	配	继	共计	百分比	配	继	共计	百分比
秦									1		1	0.166
任					2		2	1.29	2		2	0.331
沈										1	1	0.166
师					5		5	3.226	2	2	4	0.662
石				21.875					1		1	0.166
苏				9.375	2		2	1.29	2		2	0.331
孙					2		2	1.29	7	4	11	1.821
王	2	5	7		15	2	17	10.968	54	13	67	11.093
卫	2	1	3		1		1	0.645	2	1	3	0.497
吴					2	1	3	1.935				
武					1		1	0.645	4	2	6	0.993
解					1	2	3	1.935	3		3	0.497
谢					1	1	2	1.29	3	2	5	0.828
许				9.375	1		1	0.645	5	4	9	1.49
严					1	1	2	1.29	25	5	30	4.967
阎										1	1	0.166
杨		3	3		7	5	12	7.742	44	8	52	8.609
姚									1	1	2	0.331
原									7	7	14	2.318
袁					1		1	0.645		1	1	0.166
岳						2	2	1.29	19	5	24	3.974
张					9	5	14	9.032	44	8	52	8.609
赵	2	1	3	9.375	3		3	1.935	7	3	10	1.656
郑	1		1	3.125					1		1	0.166
朱									1		1	0.166
共计	17	15	32	100	112	43	155	99.994	476	128	604	100.007

表7　诚一系和谧一系的姻亲姓氏 215

人名	诚	谧						
世代	9	9–11				12–14	15–17	
妻室	配	配	继	共计		配	配	共计
畅		2		2				
高		2		2			1	1

续表

人名	诚	谧						
黄		1	1	2			2	2
贾			1	1				
李	1			1				
任			1	1				
孙						1	1	2
王						1	1	2
严						1		1
阎								
杨							1	1
姚								
原						1		1
张							1	1
共计	1	5	3	9		4	7	11

216 **表 8　薛惟正后嗣的命名规律**

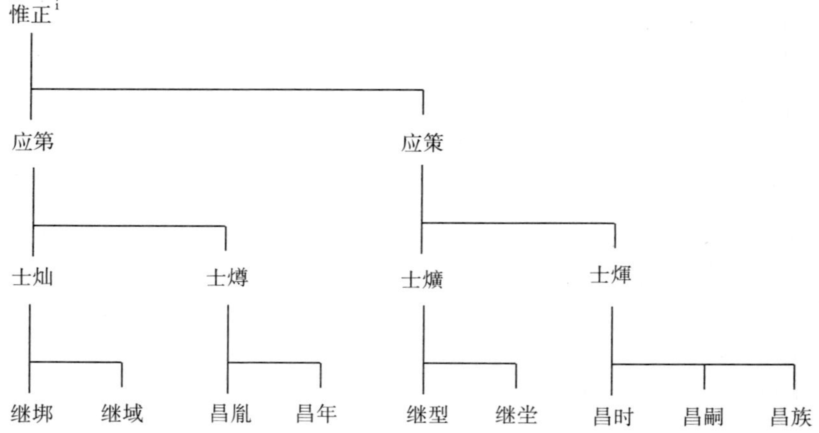

i　薛惟正有另外三个儿子，八个孙子和十一个曾孙。他们的名讳中，都各有其世次行字应、士和继。《薛瑄全集》，页 1762，1808-14。

表 9　世次指标（第十五世） 217

世次指标规律	共用同一个世次指标的人数
永 ×	60
× 侯	16
廷 ×	5
人部首	5
言部首	4
月部首	3
立部首	2
木部首	2
日部首	2
艸部首	2
文部首	2
无部首规律[i]	10
无规律的名讳[ii]	1
总人数	114

表 10　世次指标（第十六世） 218

世次指标规律	共用同个世次指标的人数
秉 ×	60
天 ×	46
必 ×	34
玉 ×	22
锡 ×	9
帝 ×	7
尔 ×	6
文 ×	6
敦 ×	5
钧 ×	4
长 ×	3
田部首	4
无规律名讳	3
总人数	209

i “无部首规律”指该部首仅出现一次，因此没有反映任何规律。

ii “无规律的名讳”指双名中没有任何一字是我们所知的世次指标。

219 **表 11　世次指标（第十七世）**

世次指标	共用同一个世次指标的人数
汝 ×	61
承 ×	53
大 ×	45
君 ×	29
谨 ×	18
乃 ×	18
鲁 ×	10
慎 ×	8
书 ×	8
如 ×	8
成 ×	8
肯 ×	7
× 才	4
× 先	3
忠 ×	2
超 ×	2
淩 ×	2
三 ×	2
木部首	3
玉部首	3
无部首规律	3
无规律名讳	3
总人数	300

220 **表 12　薛氏一族过继情况——案例数量**

世代	为维持各支派的长房继承而过继	为其他原因而过继	整体数量
10	0	3	3
11	0	0	0
12	1	1	2
13	1	1	2
14	3	2	5
15	2	4	6
16	9	9	18
17	21	14	35
共计	37	34	71

表 13　薛氏一族过继情况——每世代案例百分比

世代	为维持各支派的长房继承而过继	为其他原因而过继	整体百分比
10	0	8.8	4.2
11	0	0	0
12	2.7	2.9	2.8
13	2.7	2.9	2.8
14	8.1	5.9	7.0
15	5.4	11.8	8.5
16	24.3	26.5	25.4
17	56.8	41.2	49.3
共计	100	100	100

附录二

有关薛瑄弟子及支持者的统计

222 **表 14 薛瑄撰写的族谱序或后序**[i]

题目	地方	求文者	共名或官职	更早的版本
胡氏族谱后	山东	胡珽	1435 年举人	有
书嘉瓜集后	南直	张谏	1439 年进士	有
陈氏族谱后序	福建	陈渠	1418 年进士	无
李氏族谱序	河南	李畅	1390 年举人	无
跋李氏族谱后	江西	李茂	1439 年进士	不明
周氏族谱序	江西	周秉忠	教谕	有
揭氏族谱序	江西	揭稽	1421 或 1424 进士[ii]	有
廖氏族谱序	江西	廖庄	1430 年进士	无
杨氏族谱序	?	?	山东佥宪	不明

i 《薛瑄全集》，页 626–27，632–33，638–39，678–79，703，714–15，735–38，777–78。

ii 《明一统志》将他列为 1421 年的进士，而《江西通志》则列为 1424 年进士。见李贤，《明一统志》，卷 53，页 22；以及高其倬，（雍正）《江西通志》，卷 52，页 56。

表 15 薛瑄为地方庙学所撰写的记文[i] 224

编码		地方					年份[ii]
		省	府	州	县		
01		山西	平阳	绛州			1421
02		山西	平阳	蒲州	河津		1429–1435
03		湖广	宝庆		邵阳		1429–1432
04		山西	平阳	蒲州			1447
05		山西	平阳	绛州			1436–1449
06		陕西	庆阳	宁州			1458
07		山西	平阳	蒲州	河津		1458
08		陕西	西安	华州			1457
09		山西		泽州	陵川		1457
10		山西	平阳	隰州	大宁		1457
11		陕西	西安	乾州	永寿		1457
12		山西	平阳				1461
13		陕西	西安	同州	韩城		1461
14		山西	平阳	蒲州			1460
15		山西	平阳	解州	安邑		1463

---

i 分别见于《薛瑄全集》，页 810–11，812–13，815–16，836–37，884–85，848–49；《嘉庆河津县志》，9.29–30；《薛瑄全集》，页 850–51，854–56，856–57，886–87，852–54，892–93，894–96，896–97。

ii 这些记文不是严格遵循时间先后顺序排列。这是因为一开始其日期就不明确。再者，这里的“年份”不一定是记文撰写的那一年。有时候，这个年份只是提示修整工程什么时候开始，而非相关人士什么时候前来向薛瑄求文。因此，更遑论透露那些工程实际上什么时候竣工。各个修整工程持续的时间长短不一样。从这里所考察的工程看来，各个庙学修整的时期介于五到十三个月之间。由于这些记文很可能是修整工程竣工不久后所撰写的，因此可以视这些年份为记文大略的撰写时间以及各记文之间相对的排列顺序。当然，我们有时候甚至不知道某些修整工程的年份。第 2 篇记文正是如此，而在这样的情况下，就只好以县令（工程的主导者）在职的年代替代之。第 3 篇记文的年份，是薛瑄处邵阳县一带的年份，而且我们知道他是到访该县的时候，受邀请撰写该记文的。这些不同的记文显然属于不同的“组别”，而这些“组别”中的文章则是在不同“时间段”所作的。而这些“组别”（各组内容上的差异）和“时间段”，才是我的分析重点。

225 **表 16　薛瑄弟子的科第功名**

科第功名	弟子总数的百分比
进士	12.50
举人	27.27
贡生	27.27
可能获某级科第功名[i]	23.86
无科第功名	9.09

226 **表 17　薛瑄弟子担任的官职**

类别	弟子总数的百分比
中央朝廷[ii]	6.82
省级[iii]	4.55
监察御史	1.14
府和州两级[iv]	14.77
县级[v]	20.45
教职[vi]	23.86
行政职位[vii]	11.36
未仕之举人、贡生	5.68
荣衔[viii]	1.14
冠带[ix]	1.14
未知	9.09

i　我们没有以下这些人的科第功名资料：一名太仆寺卿、一名知州、一名推官、三名知县、一名县丞、五名主簿、一名教谕、六名训导、一名检校，以及一名儒士。

ii　包括大学士、六部尚书和九卿。

iii　包括任布政司和提督学道主要职位的官员。

iv　包括知府、知州、同知和推官。

v　包括知县、县丞和主簿。

vi　包括国子监丞、王府教授、官学教谕和训导。

vii　包括经历、照磨、知事、吏目、鸿胪寺序班、中府都事和都院检校。

viii　儒士。

ix　冠带。

表 18　河东学派第二代成员[i]　228

A. 山西省

府	州	县	姓名	官职 / 科第功名
太原			王永亨	知州 /1459 举人
平阳		翼城	杜骏	
			杜聪	训导
	蒲州		卫述	知府 /1450 举人
			孟琳	知州 /1450 举人
			辛英	训导 /1459 举人
			谢琚	监察御史 /1423 举人
			谢庭桂	知府 /1453 举人
			杨谌	儒士
			田润	县丞
			韩赟	贡生[ii]
		河津	薛璘	知府 / 1457 进士
			袁辉	教谕 /1459 举人
			杨润	国子监丞 /1453 举人
			邵瑾	教谕 /1459 举人
			高堂	知州 / 贡生
			任磬	知县 / 贡生
			郜昌	县丞 / 贡生
			袁宝	贡生
			马从道	训导
			赵让	冠带 / 贡生
			田胜	照磨 / 贡生
			台春	知事 / 贡生
			张璟	主簿
			高绘	主簿 / 贡生

i　除了王盛的名单以外，这里所参考的资料包括：《薛瑄全集》；觉罗石麟，《（雍正）山西通志》；王士俊，《（雍正）河南通志》；许容，《（雍正）甘肃通志》；刘棨，《平阳府志》；沈千鉴，《（嘉庆）河津县志》；乔光烈、周景柱，《蒲州府志》；潘钺、宋之树，《猗氏县志》；王正茂，《临晋县志》；言如泗，《解州安邑志》；朱樟、田嘉穀，《泽州府志》；赵凤诏，《沁水县志》；毕沅、傅应奎，《韩城县志》；杨端本，《潼关县志》；张金城，《宁夏府志》；潘庭楠，《邓州志》；田金祺，《汜水县志》；王增，《汝宁府志》；觉罗普尔泰，《单县志》；程芳、李镜心，《金溪县志》；万斯同，《儒林宗派》。参考书目中有本研究所参考的方志名单。

ii　许多方志里，没有这些生员获得贡生身份的年份。而这个个案，我们知道韩赟是成化年间的岁贡生。

续表

府	州	县	姓名	官职 / 科第功名
			张选	主簿
			杜俊	知事 / 贡生
			周胜	吏目 / 贡生
			黄英	主簿 / 贡生
			黄杰	主簿 / 贡生
		猗氏	荊诩	同知 /1447 举人
			赵锡	知县
			宋钧	知县 /1468 举人
			王璋	主簿
			何清	训导 /1432 举人
			何济	鸿胪寺序班 /1452 贡生
		临晋	李鉴	王府教授 / 贡生[i]
	解州	安邑	王复	知县
			李祖	教谕 /1456 举人
			王瑛	推官
	泽州		张泽	知府 /1478 进士
			高举	训导
		沁水	尚友	训导 /1450 举人

231 B．陕西省

府	州	县	姓名	官职 / 科第功名
西安		长安	张鼎	户部侍郎 /1466 进士
			赵寿	知州
	同州	韩城	王盛	布政司参政 /1475 进士
			孙钠	同知 /1447 举人
			郭震	训导 /1453 举人
			张聪	1450 举人
			高辅	中府都事 /1462 举人
			贾琰	知县 /1468 举人
			段盛	县丞 /1462 贡生
			史华	主簿 /1464 贡生
			刘琛	经历 /1462 贡生

i 许多方志里，没有这些生员获得贡生身份的年份。在这个个案中，我们知道韩赟是成化年间的岁贡生。

续表

府	州	县	姓名	官职 / 科第功名
			冯眈	主簿 /1464 贡生
			梁博	1486 贡生
			贾刚	鸿胪寺序班 /1462 贡生
			吉节	1478 贡生
			张敏	
		潼关	江湖	知州 /1450 举人
			张泽	知县
凤翔			张杰	训导 /1441 举人
宁夏			常泰	教谕 /1453 举人

C．河南省 232

府	州	县	姓名	官职 / 科第功名
开封		鄢陵	张睿	户部尚书 /1442 进士
	郑州	汜水	陈铨	知府 /1442 进士
河南		洛阳	白良辅	太仆寺卿 /1451 进士
			阎禹锡	提学 /1444 举人
			乔缙	布政司参议 /1472 进士
汝宁		上蔡	许佐	训导 / 贡生
南阳	邓州		李贤	大学士 /1433 进士
怀庆		河内	杨进道	
			贾昭	教谕
			杨志学	教谕 /1444 举人
卫辉		新乡	邵深	太仆寺卿

D．山东省 233

府	州	县	姓名	官职 / 科第功名
济南		长清	杜玄	
			张骥	
兖州		单县	秦竑	户部尚书 /1451 进士

E．湖广、浙江和江西省

府	州	县	姓名	官职 / 科第功名
襄阳（湖广）		襄阳	赵彬	都院检校
绍兴（浙江）		会稽	胡谧	布政司参政 /1457 进士

续表

府	州	县	姓名	官职 / 科第功名
抚州（江西）		金溪	王政	
			王佐	训导 / 贡生
?	?	?	郑俊	训导
?	?	?	李杰	主簿
?	?	?	李侃	主簿
?	?	?	李麟	训导
?	?	?	王藩	训导
?	?	?	田真	
?	?	?	明经士	

234 **表 19　薛瑄弟子的地理分布**

编码	省	府	州	县	百分比
01	山西				（48.87）[i]
02		太原			1.14
03		平阳			（44.32）[ii]
04				翼城	2.27
05			蒲州（38.64）[iii]		9.09
06				河津	21.59
07				猗氏	6.82
08				临晋	1.14
09			解州	安邑	3.41
10			泽州（3.41）[iv]		2.27
11				沁水	1.14
12	陕西				（22.73）[v]
13		西安			（20.45）[vi]
14				长安	2.27
15			同州	韩城	15.91
16				潼关	2.27

i　02、03、10 及 11 的总和。

ii　04、05、06、07、08 及 09 的总和。

iii　05、06、07 及 08 的总和。

iv　10 及 11 的总和。

v　13、17 及 18 的总和。

vi　14、15 及 16 的总和。

续表

编码	省	府	州	县	百分比
17		凤翔			1.14
18		宁夏			1.14
19	河南				（12.52）[i]
20		开封			（2.28）[ii]
21				鄢陵	1.14
22			郑州	汜水	1.14
23		河南		洛阳	3.41
24		汝宁		上蔡	1.14
25		南阳	邓州		1.14
26		怀庆		河内	3.41
27		卫辉		新乡	1.14
28	山东				（3.41）[iii]
29		济南		长清	2.27
30		兖州		单县	1.14
31	湖广	襄阳		襄阳	1.14
32	浙江	绍兴		会稽	1.14
33	江西	抚州		金溪	2.27
34	不详				7.95

表 20　回应礼部 1540 年之请的奏疏 236

论点		上疏者									
		霍韬	张邦奇	陆深	王教[iv]	龚用卿	屠应埈	徐阶	邹守益	赵时春	唐顺之

i　20、23、24、25、26 及 27 的总和。

ii　21 及 22 的总和。

iii　29 及 30 的总和。

iv　王教讨论薛瑄从祀问题的奏疏相对简短，而且现存版本不全。因此，我只能辨识他的三个论点。可是，王氏对从祀议题的立场，反映了 1540 年代的范式转移。这可以从其另一道请求后汉儒者卢植（生卒年不详）从祀孔庙的奏疏中窥见。尽管此疏无撰写日期，但其中所采用的论述和我所理解的 1540 年之议引发的新范式，如出一辙。王教，《中川遗稿》，卷 18，页 12–15。

续表

论点		上疏者									
1a	直接回应缺乏著述的批评[i]		X			X		X	X		X
1b	间接回应缺乏著述的批评	X		X	X		X				
2	称颂今上		X	X		X	X	X	X	X	X
3	从祀标准改变[ii]	X		X		X	X				X
4	直接回应“无功”的批评[iii]			X		X	X	X	X		X
5	强调薛瑄之“行”		X	X	X	X	X				X
6	品评其他明儒	X				X	X	X		X	
7	引述公论		X	X	X			X		X	

i　秦夏鸣亦提出此论点。

ii　秦夏鸣和王希旦，亦提出此论点。

iii　秦夏鸣亦提出此论点。

续表

论点		上疏者									
8	强调明代开国以来所历时日		X								X

表 21　请薛瑄从祀者的梓里 238

姓名	省	府	州	县
陈铨	河南	开封	郑州	汜水
樊得仁	陕西	西安	同州	朝邑
韩辑	山西	平阳	蒲州	—
李纯朴	四川	重庆	合州	定远
李伸	?	?	?	?
娄性	江西	广信	—	上饶
雒遵	陕西	西安	—	泾阳
马三乐	山东	济南	武定	阳信
尚维持	河南	汝宁	信阳	罗山
许赞	河南	河南	陕州	灵宝
杨瞻	山西	平阳	蒲州	—
姚镆	浙江	宁波	—	慈溪
张九功	河南	河南	陕州	—
赵軏	山西	大同	泽州	高平
周弘祖	湖广	黄州	—	麻城

表 22　1571 年以前薛瑄著作出版之序文撰写者的梓里 239

姓名	省	府	州	县
陈棐	河南	开封	—	鄢陵
谷中虚	直隶	河间	沧州	庆云
胡松	南直	—	滁州	—
胡缵宗	陕西	巩昌	秦州	秦安
王慎中	福建	泉州	—	晋江
谢庭桂	山西	平阳	蒲州	—
许赞	河南	河南	陕州	灵宝

续表

姓名	省	府	州	县
阎禹锡	河南	河南	—	洛阳
张鼎	陕西	西安	—	长安
张吉	江西	饶州	—	余干
郑维新	广东	惠州	—	归善

240 **表 23　1571 年以前与薛瑄有关的兴建或修整工程之记文撰写者的梓里**

姓名	省	府	州	县
樊得仁	陕西	西安	同州	朝邑
李承华	山西	平阳	—	曲沃
吕柟	陕西	西安	—	高陵
王盛	陕西	西安	同州	韩城
相世芳	山西	平阳	解州	安邑

注　释 243

绪论

[1]《薛瑄全集》，页 1646。另见《明穆宗实录》，另见“中央研究院”历史语言研究所，《明实录》，卷 61，页 5–6。

[2] 有关国家和孔庙从祀的关系，见 Wilson，*Genealogy of the Way*，页 2–3。

[3] 其他三位则是在大约十三年后，于 1584 年同日获准从祀。见《明神宗实录》，《明实录》，卷 155，页 4–5。薛瑄是山西人，而王阳明、胡居仁和陈献章分别是浙江、江西和广东人。见张廷玉《明史》，卷 282，页 7228；卷 195，页 5159；卷 283，页 7261。

[4] 近代学者在其有关薛瑄与河东学派的讨论中，将河东学派的存在视为理所当然。私意以为薛氏不相信严格意义的师承关系及学派的建立。倘若诚如斯论，何来河东学派？其实明朝不存在一个明确定义的“河东学派”。明末清初学者通过一种表示他们清楚知晓薛瑄的学术传统的方式，来指称与薛瑄有学术关联的士人，但将之标签为学派又没有想象中的理想。譬如吕柟的传记撰写者明确宣称：“在我朝可继薛文清者，亦泾野一人而已。”整篇传记只字未提“河东学派”。同样，四库馆臣以薛瑄的梓里河津县作为参照点，把吕柟之学理解为源自河津。四库馆臣没有提及一个“河东学派”的存在。以“河东”一词标签薛瑄的学派，首见于《明儒学案》中。基于《明儒学案》对现代学者的深刻影响，“河东学派”也因而成为指称薛瑄的学派的标准方式。事实上，现代学者一般没有意识到薛瑄对学术传统问题的理解异于吾人所熟习的南方学派，也没发现“河东学派”是一个不同类型的网络。因此， 244

他们继续沿用这个词。薛瑄确实有一群从其学的弟子，而且他们的交情也有迹可寻。这群北方人继承了薛瑄的学说，但是他们没有有意识地组织一个有明确定义的南方式学派；这正是他们异于其南方同辈的地方。本书为了简便而称一群共有某些将之与其南方同辈区分开来的预设的北方理学士人为"河东学派"。见杨九式，《吕泾野先生续传》，载吕柟，《高陵县志》，《西北稀见方志文献》，册 12，《续传》，页 1；纪昀，《四库全书总目》，卷 93，页 20。

[5] 高攀龙：《高子遗书》，卷 4，页 36；纪昀，《四库全书总目》，卷 93，页 20。

[6] 见刘宗周（1578—1645）的评论，载黄宗羲：《明儒学案》，《师说》，页 6b。

[7] De Bary，*Neo-Confucian Orthodoxy*；de Bary , *The Message of the Mind in Neo-Confucianism*；de Bary，*Learning for One's Self*。

[8] 有关 de Bary 对方法论的讨论，见傅伟勋等，《西方汉学家论中国》，页 125–26。

[9] 有关这个议题的辩论，见 de Bary, *The Liberal Tradition in China*; de Bary, "Reply to Frederich Mote's 'The Limits of Intellectual History'" ; Mote, "The Limits of Intellectual History"; Mote, "Surrejoinder to Professor William Theodore De Bary"; Ch'ien, *Chiao Hung and the Restructuring of Neo-Confucianism in the Late Ming*; Ch'ien, "Neither Structuralism Nor Lovejoy's History of Ideas"; Yu Yingshi, "The Intellectual World of Chiao Hung Revisited"。

[10] 有关关注个人思想的研究之例，见 Peterson, *Bitter Gourd*; Ng, *Cheng-Zhu Confucianism in the Early Qing*; Birdwhistell, *Li Yong (1627-1705) and Epistemological Dimensions of Confucian Philosophy*。

[11] Peterson, *Bitter Gourd*, 页 13–14。

[12] 同上，页 17。

[13] Ng, *Cheng-Zhu Confucianism in the Early Qing*, 11。

[14] 同上，页 12。

[15] Birdwhistell, *Li Yong (1627-1705) and Epistemological Dimensions of Confucian Philosophy*, 2–5。

[16] 同上，页 106–33。

[17] 余英时，《朱熹的历史世界》。

[18] 余英时，《朱熹的历史世界》，上册，页 31–32；另见页 79 和 115。

[19] 同上，上册，页 156。当代新儒家是一群与牟中三及唐君毅的学术有着紧密关系的学者。他们的研究兴趣注重儒家思想中的抽象概念。而其辨别特征之 245
一是其研究采用了以西方哲学来强调儒家学说之意义的比较方法。

[20] 同上，上册，页 300。

[21] 同上，上册，页 300−301。

[22] 余英时，《宋明理学与政治文化》，页 334−35。

[23] Hymes and Schirokauer, *Ordering the World*, 12−31。

[24] Hymes, *Statesmen and Gentlemen,* 82−135。

[25] Bol, *Neo-Confucianism in History*, 128−38。

[26] 商业印刷也发挥了重要的作用。见 de Weerdt, *Competition over Content*, 375−87。

[27] Bol, *Neo-Confucianism in Hisotry*, 92−93。

[28] 同上，页 17。另外一位考察思想与社会经济及政治条件之间的密切关系的著名学者是 Benjamin Elman。其常州宗族与儒家今文学派之复兴的研究，显示了高度商业化的中国长江下游区域的经济和社会条件对士人考证学活动的重要性，以及宗族对学派发展和流传的意义。见 Elman, *From Philosophy to philology*；Elman, *Classicism, Politics, and Kinship*。

[29] Peter Bol, "Neo-confucianism and Local Society"。

[30] Ong, *Men of Letters Within the Passes*, 15−18。

[31] Bol, "Seeking Common Ground"。

[32] 关于北方理学家争取元朝支持的努力，见 de Bary, *Neo-Confucian Orthodoxy*, 1−65。

[33] Ditmanson, "Contesting Authority", 83−100。

[34] Chen Wenyi, "Networks, Communities, and Identities," 427−29。

[35] 同上，页 267−73，292−302，395−403。

[36] Ebrey and Watson, "Introduction," in Ebrey and Watson, *Kinship Organization*, 1−15。

[37] Watson, "Antropological Overview," in Ebrey and Watson, Kinship Organization, 274−92 。

[38] 南宋和元代读书人试图建立和巩固他们在地方上的关系。Robert Hymes 把他

们这种即是地方性策略之一，又呼应了新兴婚姻规律的“宗族转向”理解为中国宗族发展的一个重要元素。他主张当时的精英家庭策略，促使姻亲关系和亲属关系成为一个获得地方地位的基础。其首要手段是通过建立、定
246 义和颂扬宗族来宣扬一个共同的身份。见 Hymes, “Marriage, Descent Group, and the Localist Strategy in Sung and Yuan Fu-Chou,” in Ebrey and Watson, *Kinship Organization*, 95–136. 有关地方性策略和新婚姻规律，参考 Hymes, Statesmen and Gentlemen, esp. 82–123。对 Linda Walton 而言，南宋宗族与其义庄是私人、地方和公益努力的产物。她主张“创立者和颂扬者明确地将他们的动机与社会管理及社会秩序的理念联系起来”。那些动机反映了理想化的上古时代的公共经济及社会和谐之原则。见 Walton, “Charitable Estates,” in Hymes and Schirokauer, *Ordering the World*, 255–79。

[39] Naquin, “Two Descent Groups in North China,” in Ebrey and Watson, *Kinship Organization*, 210–44。

[40] Hymes and Schirokauer, “Introduction,” in Hymes and Schirokauer, *Ordering the World*, 22–23。

[41] Wing-tsit Chan, “Chu Hsi and the Academies,” in de Bary and Chaffee, *Neo-Confucian Education*, 389–413; Chaffee, “Chu Hsi in Nan-K’ang,” in de Bary and Chaffee, *Neo-Confucian Education*, 414–31; Thomas H. C. Lee, “Chu Hsi, Academies and Private Chiang-hsueh”; 李弘祺,《精舍与书院》; Walton, “Southern Sung Academies as Sacred Places,” in Ebrey and Gregory, *Religion and Society in T’ang and Sung China*, 335–63。

[42] 陈雯怡,《由官学到书院》, 155–95 ; Chaffee, *TheThorny Gates*, 93–94; 徐梓,《元代书院研究》, 126–45 ; *Meskill, Academies in Ming China*。

[43] 士人利用书院作为传播理学的另一个平台。一般而言，南宋是士人此举的首个高峰期。尽管书院之后在各个不同的时段遭到干扰，可是，书院一般仍然继续在中国南方发展。

[44] 有关从一开始，理学家为何要建立个人师承的讨论，见 Bol, *Neo-Confucianism in History*, 82–88。

[45] 有关学派的讨论以及方孝孺的研究，见 Ditmanson, “Contesting Authority”, 12–18, 193–233。

[46] 有关成祖皇帝的传记，见 Goodrich, *Dictionary of Ming Biography, 1368–1644*, 355–65；另见 Elman, "Where is King Ch'eng？"

[47] Ditmanson, "Contesting Authority," 239–82。

[48] 黄宗羲的《明儒学案》依旧是关于明代儒学最重要的资料之一。秦家懿赞《明儒学案》为"其中最为人知的一本，并且在某个程度上是同类著述中最 247
好的中国思想史著"。Ching, *The Records of Ming Scholars*, 3。

[49] 钱穆,《宋明理学概述》, 页 254；容肇祖,《明代思想史》, 页 13–18。

[50] 李元庆,《明代理学大师》, 页 6–7, 128–220。一些呈现如是取向的文章——谷方,《论薛瑄哲学的基本特征》; 郭润伟,《薛瑄和程朱道学的总结》; 郭润伟,《薛瑄理学的宗旨》; 姜国柱,《薛瑄的理学思想》; 李元庆,《薛瑄决非仅仅"恪守宋人矩矱"的理学家》; 蒙培元,《薛瑄哲学思想与程朱理学的演变》; 宁志荣,《略论薛瑄的理气观》; 魏宗禹,《薛瑄思想特点三论》; 杨宗礼,《薛瑄对朱熹哲学最高范畴"理"的改造》; 赵北耀,《薛瑄是一位具有唯物主义倾向的理学家》; 周庆义,《薛瑄对朱熹理学的发展》。

[51] 常裕,《河汾道统》, 页 2–10。

[52] 本书为使简便将通篇简称《读书录》和《读书续录》为《读书录》。必要时，才将之区分为《读书录》和《读书录续录》。

第一章

本章标题：引自薛瑄的诗作。此诗可能是他离世前所作。见《薛瑄全集》, 页 1729。

[1] 见 Langlois, *China under Mongol Rule* 所录诸文。另外，我们也应该注意，那些定义中国帝国晚期的主要转型，早自南北宋过渡之际已经开始出现。见 Robert Hymes, *Statesmen and Gentlemen*。有关采用"宋—元—明"过渡的框架进行研究的著述，见 Smith and von Glahn, *The Song-Yuan-Ming Transition in Chinese History* 所录诸文。

[2] Birge, *Women, Property, and Confucian Reaction in Sung and Yuan China*。

[3] 见 de Bary "Introduction," *Yuan Thought*, 2。

[4] Shryock, *The Origin and Development of the State Cult of Confucius*, 168, 178, n.

16。然而，他所指的断代史是明儒宋濂主编的《元史》。因此，虽然用以重构该记录的材料很可能源自元朝，但《元史》其实是服务于新朝代的士人所编纂整理的。

[5] 胡务，“元代庙学”，页 22–69。

[6] 赵复是宋朝的皇室族人。女真人灭北宋后，赵复自裁不遂，被俘虏他的人说服去了北方。他被视为是将朱熹的学说传到中国北方的学者。Chan Wing-tsit,
248 “Chu-Hsi and Yuan Neo-Confucianism,” *Yuan Thought*, 197–99。

[7] Chan Wing-tsit, “Chu Hsi and Yuan Neo-Confucianism”,199–201。其他竞争者也声称是朱熹直接的继承者。但就金华传统而言，到了 1348 年，人们已经以“何—王—金—许”之系为标准。见 Bol, “Neo-Confucianism and Local Society,” esp. 262–64。

[8] 有关学术宗派的讨论，见 Ditmanson, “Contesting Authority,” 12–18。金华传统主要成员名单，见 Bol, “Neo-Confucianism and Local Society,” 265。

[9] Ditmanson, “Contesting Authority,” 85。

[10] Chan Wing-tsit, “Chu Hsi and Yuan Neo-Confucianism,” 203。

[11] 虽然薛瑄与他的学派后来将他们的传承上溯自许衡，但是这有异于金华的模式，因为薛瑄他们没有一个直接和许衡接连起来的学脉。

[12] Chan Wing-tsit, “Chu Hsi and Yuan Neo-confucianism,” 210–17。

[13]《师说》,《明儒学案》，页 1b；Ching, *The Records of Ming Scholars*, 51。

[14] 其他杰出的金华程朱追随者如章懋（1437—1522）亦没有跟任何学派有关系。但是章氏生于方孝孺逝世三十五年后，而且他的事迹是一个过渡期的故事。见 Koh Khee Heong, “Jinhua’s Leading Neo-Confucian in a Period of Transition”。

[15] 例子见吕妙芬的《阳明学士人社群》，页 5–7。

[16] Ching, “Introduction”, *The Records of Ming Scholars*, 9。

[17] 李焯然，“回顾与反思。”李氏以浙东学派的作品为个案，引导我们注意坚持将思想史中的人物分入不同学派这个做法所导致的研究方法上的问题。另一方面，就我的研究而言，河东学派不是现代学者新创的近世分类。更重要的是，河东学派研究的问题不是其定义过于死板或过于任意，亦非其成员和外人之间界限模糊。反之，最明显的问题是学界缺乏针对薛瑄及河东学派传统

系统化的研究。

[18] 黄宗羲,《师说》,《明儒学案》, 页 7b ;卷 32, 页 1a–4b。另见 Ching, *The Records of Ming Scholars*, 67–68, 160, 165–72。Weisfogel 在 "Confucians, the Shih Class, and the Ming Imperium" 页 1–6 中有力地挑战黄氏将管志道(1536–1608)归类为泰州成员一举。

[19] 运城师专中文系,《河东史话》, 页 27–30。

[20] 黄宗羲,《目录》,《明儒学案》, 页 1b–2a ;卷 9, 页 1a。另见 Ching, *The* 249
Records of Ming Scholars, 96.

[21] Ching, The Records of Ming Scholars, 46 ;黄宗羲,《凡例》,《明儒学案》, 页 1a。

[22] 同上。

[23] 黄宗羲,《明儒学案》, 卷 10, 页 1a ;Ching, *The Records of Ming Scholars*, 100。

[24] 钱穆,《宋明理学概述》, 页 254。

[25] 同上, 页 264 ;Ching, The Records of Ming Scholars, 90 ;黄宗羲,《明儒学案》, 卷 7, 页 1a。

[26] 钱穆,《宋明理学概述》, 页 264。

[27] 黄宗羲,《明儒学案》, 卷 10, 页 1a ;Ching, The Records of Ming Scholars, 100。

[28] 见 Dictionary of Ming Biography, 701–10。

[29] 黄宗羲,《明儒学案》, 卷 58, 页 35b。沈佳的《明儒言行录》(卷 4, 页 29)完整地摘引了这段文字。另见李元庆,《明代理学大师——薛瑄》, 页 278。

[30] 容肇祖,《明代思想史》, 页 13–18。平心而论, 容氏把明代的程朱学者分成两组, 有其价值, 但这不是本书关注的焦点。

[31] 陈祖武,《中国学案史》, 页 59 ;王健,《中国明代思想史》, 页 26。

[32] 陈荣捷,《宋明理学之概念与历史》, 页 364。

[33] 全祖望,《鲒埼亭集外编》, 卷 44, 页 14。明代的思想史可能比笼统地划分北方传统和南方的阳明传统更加复杂。例如, 有人主张福建省的程朱学者自成一个学派。他们认为以蔡清(1453—1508)作为核心人物, 福建学派是明代理学三个主要的学派之一(另外两个是北方学派和南方源自吴与弼的学派)。见李清馥,《闽中理学渊源考》, 卷 59, 页 4。事实上, 如第四章所讨

论的那样，我们将看到16世纪有三个学派鼎立的竞争，即便福建学派不是当中的第三方。可是，本书的范围将只限于重构北方学派，毕竟北方学派与阳明传统之争，是明代学术史上最重要的分裂。

[34] 其他清初士人，譬如汤斌，视河东（薛瑄）和姚江（王阳明）为两位明代道学的硕儒。汤斌，《汤子遗书》，卷7，页29–30。

[35] Ching, "Introduction," in *The Records of Ming Scholars*, 7–8。

[36] 纪昀，《四库全书总目提要》，卷58，页36。

[37] 同上。另见万斯大撰写的序文，载《明儒言行录》，页1–3。

250 [38] 有关薛瑄生平的简要记录，参考 *Dictionary of Ming Biography*, 616–19。

[39] Watters, *A Guide to the Tablets in a Temple of Confucius*, 197。Watters 当玉田县是薛瑄的出生之地。他可能是被自己所用的资料所误导。而薛瑄的弟子阎禹锡最有可能给读者如此之印象。为其师所作的《行状》中，阎禹锡在提及薛瑄的出生前，宣称薛贞"为真定元氏教谕……调玉田县教谕"。这给读者一种薛瑄生于玉田的印象。见阎禹锡，《礼部左侍郎兼翰林院学士薛先生行状》，载《薛瑄全集》，页1611。可是，薛瑄其实生于元氏县，这是毫无疑问的。薛瑄在为其父撰写的阡表中提及其父于1385年始任官赴元氏县，并且在那里任职九年。（《薛瑄全集》，页913）另一方面，玉田县也想成为薛瑄的出生地。薛贞入祀玉田县"名宦祠"，以身为杰出的玉田教谕为人所记得。见夏子鎏、李昌时，《玉田县志》，卷16，页3a。此外，薛瑄在玉田生活那段期间，是其学术的重要形成期。我们看到在薛瑄从祀孔庙以后，那些曾经与他有密切关系的地方，都试图在其地方史中强调薛瑄曾经与之有过密切关系。晚明一位名为钱通（生卒年不详）的学官。他在玉田县任职时，为薛瑄作碑记。在钱通为县学的整修撰写的记文中，他宣称薛瑄是在薛贞任玉田县学教谕时，生于学署，并且将薛瑄得以从祀孔庙归因玉田县"地灵"。后来，在清代重修的《玉田县志》中，撰写薛瑄传记的新作者又重复了薛瑄出生的"事实"，并且谓钱通也是明代的县学教谕，因此其所闻见者一定是真实的。《玉田县志》，卷10，页3a，11a；卷27，页16a–17a。

[40] 我见过至少三则有关建文朝（1399–1402）废除中国北方官学的资料。只有《薛文清公年谱》明确地指出废除官学的年份。见杨鹤，《薛文清公年谱》，载《薛瑄全集》，页1698。另见黄佐，《翰林记》，卷19，页10；崔铣，《士

翼》，卷 2，页 4。正史没有提及官学遭罢一事，而且由于建文皇帝没有《实录》，且有关建文朝的历史记载又被蓄意扭曲，以免篡位者永乐皇帝的合法性受到威胁，因此，我不知道废除官学的详细情况。可是，北方官学的废除显然曾经发生过，因为永乐皇帝登基的诏书昭告大臣“北方学校依旧开设， 251
毋致废弛”。《明太宗实录》，载“中央研究院”历史语言所，《明实录》，卷 10，页 147。有关永乐朝扭曲历史记载一事，见 Hok-lam Chan, “Legitimating Usurpation,” in Leung Yuen-sang, *The Legitimation of New Orders*, 75−158。

[41] 杨鹤，《薛文清公年谱》，载《薛瑄全集》，页 1697−99。

[42] 薛瑄，《读书录》，载《薛瑄全集》，页 1025−27。

[43]《薛瑄全集》，页 1701。

[44] 同上。

[45] 阎禹锡也误认范汝舟和李大亨皆海宁籍。见《薛瑄全集》，页 1611。由于这些史料提及的所有人名都是他们的字，要正确地辨识他们，并非一件容易的事。阎禹锡的失误引发了至今仍无法解决的混乱。李贤在为薛瑄撰写的墓志铭中，把他们列为“魏、范二老先生”。见李贤，《薛文清公神道碑铭》，载于焦竑，《国朝献征录》，卷 13，页 40。《明史》（卷 282，页 7228）则谓这两位长者为高密（隶属莱州的一个县）魏希文和海宁范汝舟。黄宗羲在薛瑄简短的传记中提及这两位长者，但是黄氏只辨识出魏希文一人，没能认出范氏。见黄宗羲，《明儒学案》，卷 7，页 2a。连海宁的方志也引述了一则哀叹：“文清为一代大儒，亦吾宁有以启之。第不知范汝舟者果何人也，贤者声名不传，诚可深惜。”许三礼，（康熙）《海宁县志》，页 1204。而事实是我们知道有关范汝舟的事情。范汝舟实际名叫范济（生卒年不详）。可是，问题是他并非海宁人，是开封祥符人。全祖望以纯与范二字相似的观点，指黄宗羲误以魏纯一人为魏姓和范姓的两个人。全祖望的责难，显然是不正确的。见全祖望，《鲒埼亭集外编》，卷 44，页 12。

[46] 见薛瑄为他们所作的各种诗句、书信、祭文和传记的例子，尤其是收录于《薛瑄全集》中的那些。《薛瑄全集》，页 123，316，386，388，421，427，431，444，529，536，547，550，585，641−43，656−59，681，878−79。

[47]《薛瑄全集》，页 1701。

[48] 我无法辨识王素亨。我也无法确定范仲仁是那位安阳籍的范恕。通常，要辨识这六人，要采用“配对”姓氏以及“配对”方志中“名”与“字”两者意义关联的方法。例如，我通过运用这种方法，辨认出范汝舟即范济。我们从名单中只知道那位范汝舟来自大梁（即开封府）。可是，在开封的方志中没
252 有“范汝舟”相关的记录，但是功名列表中有一个“范济”，并且是被认作是祥符县人。在祥符县的方志的寻找范济的传记就能确认这个“配对”。至于王素亨，济南府的方志中完全没有相关的配对或提示。而范仲仁的话，无论是县志或是彰德的府志，都没有范恕的传记可以用来证实我的猜测。成瓘，《济南府志》；武穆淳，《安阳县志》；王幼侨，《续安阳县志》；庐崧，《彰德府志》。

[49] 帝制中国的科举制度中，考生可以获得的最高功名是进士。科举考试的最后一试是在京城进行的。

[50] 黄舒昺，《祥符县志》，卷 4，页 3a；秦尧曦，《开封府志》，卷 23 页 7a；《明史》，卷 164，页 4443–47。洪武年间，朝廷置兴州屯卫。后来左屯卫在 1403 年间迁治于玉田县。《明史》，卷 40，页 907。

[51] 薛瑄，《魏纯传》，载《薛瑄全集》，页 641–43；傅赉予，《高密县志》，卷 8a，页 46a，卷 10，页 12a。唐枢，《国琛集》，页 74。《国琛集》谓魏纯在景泰年间（1450–1457）受推荐的。我认为薛瑄撰写的传记以及方志中的记录较为可信，而两者皆谓该事件发生于 1426 年。

[52] 举人这个功名，只颁给通过乡试的考生。

[53] 黄淮，《黄文简公介庵集》，卷 7，页 24–25；张宝琳、王棻，《永嘉县志》，卷 16，页 7b–8a。

[54] 许湝祥，《海宁乡贤录》，页 42a；许三礼，《（康熙）海宁县志》，页 543；金鳌，《（乾隆）海宁县志》，页 390，1121，1203–4，1720；嵇曾筠，《（乾隆）浙江通志》，卷 167，页 5–6。

[55]《薛瑄全集》，页 1701–2。

[56] 同上，页 1704–7。薛氏一家也在荥阳生活过数年。薛瑄的继母卒于荥阳。1433 年间，当薛瑄扶其继母之柩归葬河津时，薛瑄举家归返河津，从此在那里定居。《薛瑄全集》，页 1703，1707–8。

[57]《薛瑄全集》，页 1708。

[58] 同上，页 1709–10。

[59] *Dictionary of Ming Biography*, 1348。

[60] 本书所提及的所有岁数，都是根据中国的虚岁计算。根据这个算法，婴儿出生就一岁了，然后每过一个新年就增加一岁。因此，根据西方的算法，一个 50 岁的人可能只有 49 岁，甚至是 48 岁。

[61] Schorr, "The Trap of Words," 49. Schorr 把薛瑄标签为杨士奇的“门生”。

[62] 兵部侍郎王伟（生卒年不详）为薛瑄求情。见《明史》，卷 282，页 7228– 253
29；《薛瑄全集》，页 1714–15。

[63]《薛瑄全集》，页 1717。

[64] 同上，页 1718–22。

[65] 同上，页 1724–26。

[66] 同上，页 1726–29。《读书录》和《读书续录》有一个明显的不同，即后者完全没有提及任何地点，而《读书录》中则有几则记录提及薛瑄在沅州任官时所走访的几个湖南地点。其中还有三则有关山东的记录，其中一则甚至记有确切的年份，即 1439 年。我们不清楚那些年代较后的记录是如何出现在《读书录》中的。然而，由于《读书录》和《读书续录》后来又被重编和重刊，那可能是后来的编者或出版者所犯下的失误。整体而言，我觉得把两部文献理解为两段不同时期的产物是正当的。薛瑄在退休后，可能大部分时间都居家授徒、读书和著述。而这一事实与《读书续录》完全没有提及任何地方一事，相互呼应。有关湖南的纪录，见《读书录》，载《薛瑄全集》多处。有关山东的记载，见《薛瑄全集》，页 1210，1224，1232。

第二章

本章标题：薛氏哲学思想的核心立场。见《薛瑄全集》，页 1428。

[1] 关于不同版本《读书录》在中国、韩国和日本的流传与接受的研究，见白井順，《東アジアにおける薛瑄讀書錄の刊行と變容》。

[2] 沈千鉴，《（嘉庆）河津县志》，载《稀见中国地方志汇刊》，卷 7，页 35；胡缵宗，《鸟鼠山人小集》，页 185–86，188，310–11，325。

[3] 奎昌、袁通，《河内县志》，卷 26，页 16b–17b；孙奇逢，《中州人物考》，卷

1，页 11；张钫、李希白，《新安县志》，见《中国方志丛书》，页 753–54；沈凤翔，《稷山县志》，卷 5 页 26b–27a；卷 9，页 7b–10b；杨国泰，《太原县志》，卷 10，页 32b；毕沅、傅应奎，《韩城县志》，见《中国方志丛书》，页 337。

[4] 李绍文，《皇明世说新语》，卷 2，页 16。

[5] 汪禔也是吴与弼的崇拜者。见马步蟾，《徽州府志》，卷 11 之 4，页 22a；卷 12 之 6，页 15b。

[6] 承霈，《新建县志》，见《中国方志丛书》，卷 47，页 17b–18b。我感谢张艺曦让我注意到这个人物以及其他相关的资料。

254 [7] 纪昀，《四库全书总目》，卷 176，页 57；李清馥，《闽中理学渊源考》，卷 71，页 1–7；卷 77，页 11–12，28–29。

[8] 关于高攀龙，见第一章。至于顾宪成，参考邹元标为其撰写的墓志铭，见《愿学集》，卷 6，页 22–27。

[9] 邹元标，《愿学集》，卷 6，页 50。另见曹养恒、萧韵，《南城县志》，《中国方志丛书》，页 683。关于罗汝芳转向王阳明传统一事，见王汎森，《明代心学家的社会角色》，载《晚明清初思想十论》，尤其见页 11–23。王氏称年轻的罗汝芳受薛瑄所启发的诗句，出自薛瑄的《理学粹言》。可是，其资料实际上并未指出罗氏所阅诗句的本源。事实上，《理学粹言》是薛瑄《读书录》的改编版，而该诗句也能在《读书录》中找到（尽管文字上有些出入，但不影响整体意思）。再者，从我所见的各序文看来，我相信王氏所谓的《理学粹言》没有那么广泛地流传。因此，罗汝芳很可能是在阅读薛瑄的《读书录》时，见到且受其启发。

[10] 邹元标，《愿学集》，卷 1，页 49。

[11] 同上，卷 2，页 11。

[12] 同上，卷 4，页 18–20。

[13] 同上，卷 4，页 17。

[14] 同上，卷 5b，页 7。

[15] Handlin, *Action in Late Ming Thought*, 194–95, 209–10。

[16] Seizan Yanagida, "The 'Recorded Sayings' Texts," 185–205。

[17] Gardner, "Modes of Thinking and Modes of Discourse in the Sung", esp. 593。

[18] 同上。

[19] 除了注释和语录以外，另一个理学传统重要的体裁是文选，其中以朱熹和吕祖谦编辑的《近思录》最具影响力。见 Wing-tsit Chan, *Reflections on things at Hand* 中，有关朱熹和吕祖谦的介绍。

[20] 16 世纪，阳明传统最重要的哲学出版物是《传习录》，即王阳明与其弟子的语录。反之，另一个与阳明学说截然不同的对手罗钦顺，他主要的著作是《知困记》，"书斋里的著作，明显是独自创作"。见 Bloom, *Knowledge Painfully Acquired*, 7。

[21]《明史》，卷 282，页 7229。

[22]《薛瑄全集》，页 1123，1178，1222，1237，1329，1416。

[23] 汤汉，《序》，见真德秀，《西山读书记》（四库全书）。其他在标题上有"读 255
书"一词的是特指对《尚书》的分析，例如，元儒王充耘（1334 进士）的《读书管见》，以及元代理学家许谦的《读书丛说》。

[24]《薛瑄全集》，页 669。

[25] 薛瑄，《读书录》，载《薛瑄全集》，页 1017。

[26] 薛瑄，《读书续录》，载《薛瑄全集》，页 1283。

[27] 张载，《张载集》，页 286。

[28] 正如我将在第四章进一步讨论的那样，河东学派事实上是涵盖山西、陕西和河南省主要部分的跨区域传统。王昌伟在其关于关中地方史的著作中，具有说服力地主张明代关中士人于 15 世纪末，通过在张载的盛名遗产上，建构地方传统，来逐渐走出薛氏的影子。冯从吾编撰《关学编》一举，完善了这个地方传统的建构。见 Ong Chang Woei, *Men of Letters Within the Passes*, 135–78。

[29] Handlin, *Action in Late Ming Thought*, 193–94；另见 Khee Heong Koh, "Anger Management: The Case of Xue Xuan (1389-1464)"。

[30] Handlin, *Action in Late Ming Thought*, 186。

[31] 关于具体什么是理学家个人修身的程序这个问题没有一个简单的答案。不同的理学家基于各自的哲学思想取向，有不同的侧重点。De Bary, "Neo-confucian Cultivation and Enlightenment," in *Unfolding of Neo-Confucianism*, esp. 170–76。"静坐"或者冥想是常见的形式，但是控制心性的练习，至少可以从两个角度来看，即"主静"或"居敬"。Handlin Smith, *Action in Late*

Ming Thought, 186–212。记录作为一种个人修身的形式在晚明期间逐渐流行起来，而且 Smith 讨论各种个人修身的记录类型如何反映截然不同的世界观。王汎森，《晚明清初思想十论》，页 117–85。王氏主张儒士的日记不只是个人反思的工具，也是教学的文本。

[32]《薛文清公年谱》，载《薛瑄全集》，页 1708。

[33] 薛瑄，《读书录》，载《薛瑄全集》，页 1028，1194。

[34] Ditmanson, "Contesting Authority" , 274–78。

[35] 薛瑄，《读书录》，载《薛瑄全集》，页 1117。

[36] 薛瑄，《读书录》和《读书续录》，载《薛瑄全集》各处。关于现代中国学者的研究，参考"绪论"的第 50 则注释。平心而论，这个"前后矛盾"也为
256 Irene Bloom 所指出。在她的罗钦顺研究中，她形容薛瑄对理无改变的辩护，是一种理学家对佛教回应和应对。见 Bloom, "On the 'Abstraction' of Ming Thought," in de Bary and Bloom, *Principle and Practicality*, 87–88。Bloom 是因其研究和翻译罗钦顺的著作而得知这样的"前后矛盾"。由于她的研究关注的是罗钦顺，因此，要求彻底深入阅读薛瑄的两部《读书录》不一定是她的目的。见 Bloom, *Knowledge Painfully Acquired*, 147–49。

[37] 李元庆，《明代理学大师——薛瑄》，页 141–44。

[38] 同上，153–55。

[39] 同上，155–56。

[40] de Bary, "The Synthesis of Song Neo-Confucianism in Zhu Xi," in de Baru and Bloom, *Sources of Chinese Tradition*, 1.697–99。尽管朱熹的杰出确实部分在于他有调整且将北宋前辈们个人的贡献集为一个思想体系的能力，但是，无可避免地，朱氏会偏爱一个理学家胜于另一个，并且朱熹对理学的综合也不是完美的。

[41] 薛瑄，《读书录》，载《薛瑄全集》，页 1026–27。

[42] 朱熹在其《中庸章句》的序文中建构传承的历史。英文翻译，见 de Bary and Bloom, Sources of Chinese Tradition, 1.732–34。

[43] 薛瑄，《读书录》，载《薛瑄全集》，页 1027。

[44] 朱熹，《伊洛渊源录》；另见 Bol, Neo-Confucianism in History, 86–87；陈荣捷，《朱子新探索》，页 87–91。

[45] 朱熹，《朱子全书》，卷 52，页 1。

[46] 关于以排他法和包容法作为一种学派建立的策略，见 Bol, "Neo-Confucianism and Local Society," esp. 254－56。

[47] 一般来说，理学家会主张像他们那样的士人，而非统治者，拥有继承道统的合法性。可是，Jaret Weisfogel 主张晚明的管志道试图重新诠释这个议题，并且把道统的继承限制在皇帝身上。见 Weisfogel, "Confucians, the Shih Class, and the Ming Imperium," 171－208。另见 Li Cho-ying and Charles Hartman, "A Newly Discovered Inscription by Qin Gui"。

[48] 薛瑄，《读书录》，载《薛瑄全集》，页 1143。

[49] 同上，页 1186。

[50] 同上，页 1250－51。

[51] 同上，页 1027。

[52] 关于理学在元代的发展，见 de Bary, *Neo-Confucian Orthodoxy*, esp. 20－24。

[53] 薛瑄，《读书录》，载《薛瑄全集》，页 1222。

[54] 同上，页 1066。 257

[55] 薛瑄，《读书续录》，载《薛瑄全集》，页 1342，1483。

[56] 同上，页 1412。

[57] 同上，页 1377。

[58] 同上，页 1377－78。

[59] 同上，页 1429。

[60] 同上，页 1334，1342。

[61] 同上，页 1410，1423，1464，1472。

[62] 同上，页 1447－48，1474－75。

[63] 同上，页 1342。

[64] 同上，页 1445。

[65] 同上，页 1465。

[66] 同上，页 1480－81。

[67] 同上，页 1378。

[68] Julia Ching, *The Records of Ming Scholars*, 51；黄宗羲，《师说》，载《明儒学案》，页 1b。

[69] Bol, "The 'Localist Turn' and 'Local Identity' in Later Imperial China," 1-50, esp. p.11。

[70] 薛瑄,《读书续录》, 载《薛瑄全集》, 页 1397。

[71] Bol 引用了吕妙芬有关王阳明学派江右（江西）成员和那些江南支派之间竞争的研究。Lu Miaw-Fen, "Local Identity and Learning in the Late Ming Yangming School of Jiangyou," cited in Bol, " The 'Localist Turn'," 41, n. 110。

[72] 薛瑄,《读书录》, 载《薛瑄全集》, 页 1145。

[73] 同上。

[74] 同上，页 1121。

[75] 同上，页 1162。

[76] De Bary, "The Synthesis of Song Neo-Confucianism in Zhu Xi," 701。

[77] 黄宗羲,《明儒学案》, 卷 7，页 3a；Julia Ching, *The Records of Ming Scholars*, 93–94。

[78] Julia Ching, *The Records of Ming Scholars*, 95, n. 23。

[79] Bloom, Knowledge Painfully Acquired, 147–48。

[80] 同上，页 147。

[81] Peter Bol 遵循 Willard Peterson 的翻译，采用译文 "coherence"，而非 "principle"。虽然 Bol 有之所以如此的好理由，我依旧采用传统翻译 "理" 惯用的 "principle"。关于 Bol 采用 "coherence" 一词的原因，见 Bol, Neo-Confucianism in History, 162-63。

258 [82] 关于这个理学的根本和核心特征，见 Neo-Confucianism in History 中，Bol 有关理学家对合一的信念之讨论，页 194–217。

[83] De Bary, "The Synthesis of Song Neo-Confucianism in Zhu Xi," 699。

[84] 原文出自朱熹,《朱子全书》, 卷 49，页 3a–b。

[85] 薛瑄,《读书录》, 载《薛瑄全集》, 页 1074。

[86] 同上，页 1070；另见 1119–20。

[87] 同上，页 1019–20。

[88] 同上，页 1100，1164，1227。

[89] 薛瑄,《读书续录》, 载《薛瑄全集》, 页 1325。

[90] 同上，页 1329。

[91] 同上，页 1315。

[92] 同上，页 1375。

[93] 阎禹锡，《行状》，载《薛瑄全集》，页 1614。

[94] 同上，1617。

[95] 李贤，《薛公瑄神道碑铭》，录于焦竑，《国朝献征录》，卷 13，页 42。

[96] 黄宗羲，《明儒学案》，卷 7，页 3a；《明史》，卷 282，页 7229。

[97] 薛瑄在《读书录》中数次论及“性”。可是，往往是以性、气二元对立来进行讨论，其中“性”等同于太极和理，所以是善。“气”则是恶之所由出。“复”和“性”同时出现在一个句子当中的例子，仅有一个，即薛氏谓“圣贤垂世立教之意，大要欲人复其性而已。而后之学者读圣贤书，但资以为词章之用，利禄之阶，而不知一言之切于身心。圣贤垂世立教之意果何在哉？”。综观《读书录》全书，这则引文是边缘且孤立的。就算是独立来看，尽管这则引文确实提及“复性”，也只是作为对视学习儒家典籍为取得世俗利禄的关注。如是批评士人这种可议的态度在理学家中属老生常谈，并且薛瑄其他论著中，也确实比比皆是。这里要指出的一点是，在薛瑄编写《读书录》的时候，其学说的宗旨“复性”，显然尚未成熟，也未占据核心位置。薛瑄，《读书录》，载《薛瑄全集》各处，尤其是页 1202。

[98] 薛瑄，《读书续录》，载《薛瑄全集》，页 1469。

[99] 同上，页 1370，1406，1436，1449。 259

[100] 同上，页 1306，1309。

[101] 同上，页 1426。

[102] 同上，页 1334。

[103] 同上，页 1423。

[104] 同上，页 1460。

[105]《薛瑄全集》，页 1725–26。

[106] De Bary and Bloom, Sources of Chinese Tradition, 1.114-16。

[107] 薛瑄，《读书录》，载《薛瑄全集》，页 1151。

[108] 薛瑄，《读书录》，载《薛瑄全集》，页 1208–9，1241；薛瑄，《读书续录》，载《薛瑄全集》，页 1313。

[109] 薛瑄，《读书续录》，载《薛瑄全集》，页 1491。薛瑄所用的引文，皆源自程

题；见朱熹和吕祖谦，《近思录》，页 54。

[110] 薛瑄，《读书续录》，载《薛瑄全集》，页 1399。

[111] 对薛瑄而言，一个好的官员必须强调国家的重要性。例如，薛氏除了称赞蒲州知州刘九成例行职责时的表现以外，也表扬他于闲暇集聚下属和地方耆老，告以国家的典章制度和恩泽。《薛瑄全集》，页 688。

[112] 薛瑄，《读书续录》，载《薛瑄全集》，页 1480。

[113] 同上，页 1427。

[114]Ong，"We are One Family,"esp. 45-46。

[115] 同上，页 51。

[116]Hymes and Schirokauer, *Ordering the World*, 22-31; Bol, *Neo-Confucianism in History*, 246-56。

[117] 薛瑄，《读书续录》，见薛瑄，《薛瑄全集》，页 1428。

[118] 朱熹，《近思录》，卷 2，页 77。

第三章

本章标题：薛氏有关族谱作用的主要立场。例子，见《薛瑄全集》，页 633，679。

[1] Bol, "Local History and Family in Past and Present," in Thomas Lee, *The New and the Multiple*, 319。

[2] *Szonyi, Practicing Kinship*, 27。

[3] 见赵用光的序文，《薛瑄全集》，页 1738–39。另见周国义、周瑾编，《薛氏家族人物志》，页 96。这里要注意的是，薛士灿在序文中，被误认为薛士杰，见《薛瑄全集》，页 1738，1762。

[4] 见《薛瑄全集》里的其他序文，页 1740–41，1742。

[5] 有关《薛氏族谱》，见《薛瑄全集》，页 1737-1973。由欧阳修和苏洵各自倡导的新谱法，在他们还活着的时候，就开始二合为一了，因为"他们的谱法
260 基本上是一样的。"见 James Liu, *Ou-Yang Hsiu*, 112。当然，欧阳修和苏洵编修族谱的鹄的不完全和南宋以及后来常见的目的相同。这两人都是属于仍然以全国性精英为主的北宋传统，而且族谱是为了划清宗族的界限。见 Hymes, "Marriage, Descent Groups, and the Localist Strategy in Sung and Yuan Fu-chou,"

in *Kinship Organisation in Late Imperial China,1000—1940*, 93-136。

[6] 有关宋元两朝编写族谱和创立新宗法的详细研究，见盛清沂，《试论宋元族谱学与新宗法之创立》，页 97-159。另外，有关妾的姓氏得以入谱的例子，见《薛瑄全集》，页 1765，1771，1768，1786，1795，1820，1829，1835，1838。除了薛瑄的妾以外，这些姓氏得以入谱的妾，都有为薛氏一族生下儿子。见《薛瑄全集》，页 1748。薛瑄的妾虽然没有生下儿子，但很可能因为敬重薛瑄的缘故得以入谱。薛瑄是薛氏这一系中，最受崇敬的祖先。

[7]《薛瑄全集》，页 651，1703，1707-8。

[8]《薛瑄全集》，页 655。

[9] 周国义和周瑾注意到另有修村薛氏的《薛氏族谱》，其中有篇作于 1790 年的序文。该序文提及其中一个祖先在明代从祀孔庙后，东、西两支的薛氏族人就出现了分裂。迄今为止，河津人似乎还分“平原薛”和“修村薛”。见周国义、周瑾编《薛氏家族人物志》，页 105。不幸的是，无论是我或是周国义和周瑾都没有修村薛氏一族的族谱。不同宗族在限定族谱范围时，有不同策略，这是有意思的。例如，中国南方的薛氏族谱宣称祖先源自河东，而江阴和苏州的两族薛氏以承认同一个始迁祖来合谱。可是，不同的序文中出卖了其中所多少隐含着的伪装，并且暗示这样的联系是高度可疑的。见《河东薛氏世谱》，尤其是 1:1a，和 2:1a-2b。

[10]《薛瑄全集》，页 1740。

[11] Szonyi, Practicing kinship, 140。

[12] 同上，页 96-127。

[13] 除了后来整修工程以外，我们没有有关薛瑄的村子里，兴建祠堂的任何证据。因此，原来兴建该祠堂的资助者不详。从后来的工程记录判断，薛氏一
族的资源可能有限，因为他们时常向官员寻求经济上的支持。因此，该祠堂 261
最初的资助者，可能是其他的地方官员，或者兴建该祠堂，是一个地方官员与薛氏一族合作的工程。现有资料中，没有证据显示他们有任何为整修和维修该祠堂而预留的族田产业。

[14] 宋怡明的案例显示，自明中叶以来，随着精英分子对他们的社会角色和责任的理解有所改变，他们“对于宗祠该有的功能的看法也逐一地转移”。社会的商业化、土地所有权的改变、暴力抗租，以及海寇的抵御，精英分子需

要寻找途径以领导民众。因此，“宗祠逐渐成为通过亲属礼仪规范社会的工具。” Szonyi, *Practicing Kinship*, 110–13。在其他的案例中，特别是如今那些安徽省徽州的宗族，在其族谱的编修过程中，经济因素扮演了重要的角色。见翟屯建，《略论家谱内容与体例的演变》，见王鹤鸣等编，《中国谱牒研究》，页 131–38；陈瑞，《明代徽州家谱的编修及其内容与体例的发展》；和较为间接的例子，Zurndofer, *Change and Continuity in Chinese Local History*, 133–53。

[15] 有关编修族谱，可以作为改变一个人的族群标签的工具之研究，见 Micheal Szonyi, *Practicing Kinship*, 47–52。

[16] 薛华，《重妆东岳岱山圣像记》，见冯文瑞，《万泉县志》，卷 7，页 9a–10b。

[17] Freedman, *Lineage Organization in Southeastern China*, 128–33。学者也指出，早期人类学家的研究是根据广东、福建和台湾的宗族组织实践为样板的，所以可能不具普遍性。见 Zurndofer, Change and Continuity in Chinese Local History, 67, n. 3。另一方面，广东一带不同宗族组织的实践，也有不少变异。见 L. Eve Armentrout Ma, “Genealogy and History”。

[18] 见 Cohen, *Kinship, Contract, Community, and State*, 165–94, esp. 166。另见该章节更早的一个版本，*The Journal of Asian Studies*, 49.3(1990):509–34。

[19] Cohen, *Kinship, Contract, Community, and State,* 165–66。

[20] 同上，页 166。

[21] 同上，页 319，注释 2。

[22] 有关宗法制和族谱，见钱杭，《血缘与地缘之间》，页 185–224。亦见盛清沂，《试论宋元族谱学与新宗法之创立》，页 97–159；以及龚鹏程，《宋代的族谱与理学》，页 49–95。有关晚唐和宋代士人组织族人的努力，见 Patricia Ebrey, “The Early Stages in the Development of Descent Group Organization,” in Ebrey and Watson, *Kinship Organization in Late Imperial China*, 1000-1940,
262 16–61。在 *Kinship Organization* 一书中，许多学者提出辨别中国南方那类完全成熟的宗族之重要。由于北方没有那类完全成熟的宗族，因此，我在本书中，没有谨重区分使用“lineage”和“clan”二词。此外，Hugh Clark 提出一个对十和十一世纪族谱的再造的“修正的解读”。Clark 挑战他认为过于关注全国性对话的学者们所呈现的画面，尤其是 Robert Hymes 的“地方策略”

范式。见 Clark, “Reinventing the Genealogy,” in Thomas Lee, *The New and the Multiple*, 237–85。族谱再造过程的“缘起”仍待进一步的研究。而薛氏一族的案例中，其族谱更多的是，限定和限制宗族组织。另一方面，到了十六世纪，在已经开始再造族谱很久以后，一个“全国性的对话”显然是刺激和影响了许多知识分子对族谱编写的想法和观念。

[23] 张艺曦，《社群、家族与王学的乡里实践》。

[24] 同上，页 123–33。

[25] 同上，页 159–66。

[26] 同上，189–255。

[27] Freedman, Lineage Organization in Southeastern China, 7。

[28] 尽管这个特征的渊源，或许可以回溯至经典里，我们也不应该将之理解成自古已普遍。在中国中古时期，这似乎存在于某些强大的氏族中，但是即使是这些氏族的内部也没有贯彻或有系统地实行之。这个命名制度可能是随着宗族组织的发展而臻于成熟的。有关中古中国这个命名习惯的研究，见 Grafflin, “The Onomastics of Medieval South China,” 383–98。明代最复杂且很好地实施这个世次指标规律的，无疑是明代的皇室。见《明史》，卷 100，页 2503–05。

[29]《薛瑄全集》，页 1743，1749。

[30] 同上，页 1749。

[31] 薛淳两个儿子的名讳是“礼”和“祜”。《薛瑄全集》，页 1749。

[32] 薛祐两个儿子的名讳是“谨”和“謜”。《薛瑄全集》，页 1749。

[33] 分别自《薛瑄全集》，页 1747，1747–49，1749–69，1770–1843。

[34] 沈千鉴，《(嘉庆)河津县志》，卷 6，页 3；《薛瑄全集》，页 1808。

[35] 有关薛氏一族各世代（从第五世至第十七世）持有“士绅”身份的男丁之百分比，参见附录一表 2。

[36] 杨氏一族四代人中，出了六名进士和两名举人，张氏一族则两代出三名进士，而王氏一族四代出四名进士和一名举人，以及韩氏一族四代人中出了三
名进士和四名举人。更何况，有八名杨氏成员、八名张氏成员、八名王氏成 263
员和三名韩氏成员，通过荫补入仕。乔光烈、周景柱，《蒲州府志》，卷 8，页 8a–38a，卷 9，页 40a–53a，卷 13，页 30b–31a。

[37] 有关外地来的新妇的例子，见附录一表 3 和表 6。至于以婚姻规律，来研究社会变迁和家族地位的例子，见 Hymes, *Statesmen and Gentlemen*, 82–124; Clark, *Portraits of a Community*, 125–67。

[38] 表 4、5、6 和 7（见附录一）。

[39]《薛瑄全集》，页 1747–69。

[40] 同上，页 1770–1843。

[41] 同上，页 1762，1808–14。确切地说，应第的长子是从其幼弟那里过继的，而应第的幼子是从应策那里过继的。可是，这也不能解释脱离“继”字这个世次指标的规律。

[42]《薛瑄全集》，页 1770–1843。有趣的是，这个孤例是薛之锦（生卒年不详），即长房幸存下来最年长的男性后嗣。他是处于任何一个潜在的系统性规律之外的那位薛氏，这的确不寻常。见《薛瑄全集》，页 1770。

[43]《薛瑄全集》，页 1770–1843。

[44] 同上。

[45] 相关例子，见《薛瑄全集》，页 1770–71。

[46] 相关例子，见《薛瑄全集》，页 1823–24，1831，1834。

[47] 相比较而言，薛氏一族呈现一个异于浙江宗族的规律。浙江省内的宗族，其同县的诸支派，一般保留共同世次指标的统一制度。见 Ueda Makoto, “Lineage and Local Society,” 115–60；亦见钱杭，《血缘与地缘之间》，页 226。关于世次命名或世次字符，见 Naquin, “Two Descent Groups in North China,” in *Kinship Organization*, 221–23, 234；Evelyn Rawski, “The Ma Landlords of Yang-chia-kou,” in *Kinship Organization*, 253-54；William Rowe, “Success Stories: Lineage and Elite Status in Hanyang County, Hubei, c.1368-1949,” in *Chinese Local Elites*, 72–73。

[48] 有关中国帝国晚期过继的研究，见 Waltner, Getting an Heir，尤其是页 90-96 关于新安程氏族谱的过继个案研究。

[49]《薛瑄全集》，1744。

[50] 同上，1743。

[51] 列表以第十世开端，因为我们到了此世代，才首次看到有关过继的讯息。

[52]《薛瑄全集》，页 1747–1843。

[53] 同上，页 1757–68。

[54] 同上，页 1770–1843。 264

[55] 当然，人类学家不一定主张宗族为了维系固定的宗法式组织就普遍进行过继的行为。他们所提示的是，在中国北方较为普遍的这个模式中，长房一支扮演了关键的角色。这不符合薛氏一族在明代大部分时间里的情况，因为薛氏一族中许多长房支系都无嗣而断绝，并且以过继来解决这个问题是后来才开始进行的。

[56]《薛瑄全集》，页 1661–62。

[57] 许多外人撰写的序文和记录以及方志的资料在提及薛氏成员时，都是以薛瑄作为参照点（第一世）来指称他们。这和《薛氏族谱》是不一样的，因为薛瑄在《薛氏族谱》中属于第六世。这不难解释，因为《薛氏族谱》中的世次是一个私人家族记录的内容，因此，不容易看到族谱的外人，想必只能参照薛氏一族最受敬仰的祖先。我尽量避免使用这类公共记录的世次参照，以避免不必要的混乱。这个段落是我如实引述公共记录中的世次的唯一一个地方。我在其他的地方，将遵循《薛氏族谱》来分辨薛氏族人的世次。相关例子，见《薛瑄全集》，页 1659–62；以及沈千鉴，《(嘉庆）河津县志》，页 629–33，657，666-67。如此章开篇引述的薛华一例，薛华也以薛瑄作为参照来指称自己，即薛瑄的五世孙，而不是作为薛氏一族的第十世成员，从薛瑄为第一世来计算世次的情况，偶尔在族中也会出现。在尚未编修族谱以前，这很可能在薛氏一族中，也是普遍的惯例。

[58]《薛瑄全集》，页 1659–61。

[59] 同上，页 1658–59。

[60] 赵用光，《苍雪轩全集》，卷 11，页 1–2。

[61]《薛瑄全集》，页 1765。

[62] 同上，页 1599。

[63] 同上，页 15–16。

[64] 同上，页 1599。

[65] 同上，页 1529–30。

[66] 有些证据确实暗示了薛氏宗族内部存在着有组织的小支派。我们看到数世代的直系亲属当中，其同世次成员之间，使用的世次指标呈现一致的状态。可

是，基于该支系少数且平庸的成就，这个一致性也许是一种印象而已。以谧一系为例子：谧有三子，但只有长子有超过三个世代的后嗣。连这支系也不
265 是很强大。从第十一到十七世，其仅有十六名男性后嗣。谧本人只是乡饮耆宾，而且其后嗣（直到第十七世）中，只有四人有生员身份。再者，谧一系的成员，也没有积极参与那些整修或出版合作工程。尽管在记叙两项1530年代的工程（即我们视之为为了展示集体杰作的“伪装”）的记录中提及谧的一个儿子，但其一系后嗣中再没有任何人发起或参与后来的工程。这样的一个案例也许暗示着内部较强的结合，但如已述，这是可能由于其成员数量稀少。谧一系不是一个强大的小支派。(《薛瑄全集》，页1769–1843。)

即使当他们的世次指标呈现组织良好到足以暗示薛氏一族存在着某些较强的小支系，其一致性也只延续次数有限的几个世代而已。在大多的案例中，这样的内部统一其实反映某些“大家庭”的紧密性而非指示存在着有组织的小支派。例如，薛士宏（晚明期间薛氏一族最重要的成员之一）个案中，以其父（应祥）为参照点，应祥一系世次指标的统一只维持至第十六世。到了第十七世，其世次指标再次变得杂乱无章。(《薛瑄全集》，页1765–66，1826–28。)

简而言之，薛氏宗族中也许有一些有组织的小支派，但都相对薄弱。在大多的案例中，有关一个有组织的小支派的证据并不确凿，而且这些案例可能都是宗族中，结构较为紧密的“大家庭”而已。

[67]《薛瑄全集》，页912。

[68] 没有证据表明薛氏一族有任何祖产资助维系一个共同的墓地。

[69]《薛瑄全集》，页626–27，632–33，638–39，678–79，703，714–15，735–38，777–78。

[70] 同上，页626–27。

[71] 同上，页714。

[72] 同上，页627。

[73] 同上，页633。

[74] 同上，页777。

[75] 同上，页737。

[76] 同上。

[77] 同上，页 627。

[78] 同上，页 703。

[79] 同上，页 735。

[80] 同上，页 714。

[81] 同上，页 627。

[82] 同上，页 738。

[83] 同上，页 632–33。

[84] 同上，页 912–15。 266

[85]《薛瑄全集》，页 678–79。

[86]《薛瑄全集》，页 678–79。有关儒医作为一份职业，见 Hymes, "Not Quite Gentlemen ? Doctors in Sung and Yuan," 9–76。

[87] Bol, "The 'Localist Turn' and 'Local Identity' in Later Imperial China," 9。

[88] Bol, "Local History abd Family in Past and Present," 321。这是始自南宋和元代的重要变化。根据 Hymes 的研究，在这个时期编修族谱"本身就是一个具策略性的举动。"对 Hymes 而言，这在很大的程度上，既是南宋的创新，也是地方策略的一环。他指出绝大多数的元代谱序都出自外人之手，这和南宋时期的族人创作不同。见 Hymes, "Marriages, Descent Groups, and the Localist Strategy in Sung and Yuan Fu-Zhou," in *Kinship Organisation in Late Imperial China, 1000–1940*, esp 117–34。

[89] Bol, "Local History and Family in Past and Present," 338。

[90] 同上，页 340。另一方面，尤其是在理学大家的讨论中，"伦理道德"早自宋代就开始出现在宗族的讨论里。见龚鹏程，《宋代的族谱与理学》，页 49–95。自南宋以降，特定的产业形式如义田和义学，也揭示了宗族组织与更广泛的社会秩序之间的关系。Linda Walton 指出一所宗族的义学（通常由义田资助）可能是为地方社会所开办。更重要的是宗族的"义举意识"，超越宗族而施于地方社会。Walton 进一步指出这些动机和义庄主人与支持者负责治理与维持社会秩序的概念，是明确联系在一起。宣称义庄本诸经典和历史的他们，主张在已更易的历史情况下，义庄代表了古代理想社会，尤其是井田制的公有经济与社会和谐。Walton, "Charitable Estates," in Hymes and Schirokauer, *Ordering the World*, 255–79, esp. 275。这个自南宋以来对于宗族

福利的关注及其向更广大的地方社会的延伸，合乎同时期从强调全国性的取
267 向，转向对地方建制的创建更为积极的整体趋势。见 Hymes and Schirokauer, "Introduction," in *Ordering the World*, esp. 19–31。

[91] 盛清沂，《论方孝孺先生之谱学》，页 249。

[92] 见盛清沂，《论方孝孺先生之谱学》，页 250；以及 Bol, "Local History and Family in Past and Present," 341–42。另见常建华，《明代宗族研究》，页 347–59。

[93] 见盛清沂，《论方孝孺先生之谱学》，页 253。

[94] Ditmanson, "Contesting Authority," 240, 252–65。

[95] 常建华，《明代宗族研究》，页 376。

[96] 同上，页 380。

[97] Dardess, *A Ming Society*, 117–18。

[98] Faure, *Emperor and Ancestor*, 6。

[99] 曹端，《曹端集》，页 271–302。

[100] 曹端，《曹端集》，页 286–87；《薛瑄文集》，页 1703–4。

[101] 曹端，《曹端集》，页 216，249–59，292；《薛瑄全集》，页 1026，1033，1040–41，1145。

[102] 曹端，《曹端集》，页 286–87。

[103] 同上，页 308。

[104] 曹端，《曹端集》，页 128–80。尤其见其《夜行烛》之序。有关郑氏家族的研究，见 Dardess, "The Cheng Communal Family," 7–52。

[105] 在序文中，曹端宣称自己摘引了 94 则郑氏家规。可是，现存版本中的具体数字不详。该书分成 14 个部分；各部分先列举摘引自郑氏家规的引文，然后继以自己的家规。现存的版本总共有 166 则家规。可是，尽管曹端标明第九部分有十六则家规，而现存版本却只有 15 则。另外，尽管他也标明第五个部分引用了 14 则郑氏家规，但现存只剩四则。因此，现存的家规共计有 155 则。而这些家规当中，有 68 则是曹端自己加入的家规。曹端，《曹端集》，页 182–208。

[106] 曹端，《曹端集》，页 206–7。亦见《夜行烛》中对该问题的讨论，《曹端集》，页 161–63。

第四章

本章标题：这是后来的士人官员用以形容薛瑄的学术活动的词。见《薛瑄全集》，页 1654。

[1] 潘庭楠，《邓州志》，页 840。

[2] 李贤，《古穰集》，卷 28，页 2。

[3] 李贤，《薛文清公神道碑》，载《薛瑄全集》，页 1619–23。然而，《薛瑄文集》 268
和李贤《古穰集》分别收录的文字中有些出入。根据前者所载，作者仅谓其学始明于“我朝”，而后则所录则说是成祖表章之。另见李贤《古穰集》，卷 13，页 1–6。《古穰集》所收的李贤现存书信中，没有其他李氏向薛氏以外其他儒者求学的例子；在那些现存的李贤著写的墓志铭中，他只有将薛瑄视为传承理学的重要一环。李氏对薛氏的赞许是独特的，而且他想成为其弟子的愿望是诚恳的。

[4]《薛瑄全集》，页 1622。

[5] 这些数字号码可能是《古穰集》的编者或出版者标上的。

[6] 李贤，《古穰集》，卷 3，页 1。

[7] 同上，卷 3，页 2。

[8] 同上。

[9] 同上。

[10]《薛瑄全集》，页 659。

[11] 同上，页 659-60。

[12] 同上，页 660。

[13] 李贤，《古穰集》，卷 3，页 2–3。

[14] 同上，卷 3，页 3–4。

[15] 同上，卷 3，页 4。

[16] 同上，卷 3，页 4–5。

[17]《薛瑄全集》，页 662-64。

[18] 李贤，《古穰集》，卷 22，页 7。

[19] 见薛瑄年谱的叙述，载于《薛瑄全集》，页 1726–27。此亦录于其他材料中；如见李绍文（活跃于 1596–1610），《皇明世说新语》，卷 7，页 1；沈佳，

《明儒言行录》，卷 2，页 20；邓元锡，《皇明书》，卷 35，页 5；焦竑，《玉堂丛语》，卷 5，页 158；耿定向，《硕辅宝鉴》，页 1168。

[20] 关于"三杨"让李贤劝说一事，见朱睦㮮，《皇朝中州人物志》，页 119。在其关于明代方志的论文中，Joseph Dennis 称朱睦㮮为周王。尽管朱睦㮮属周藩，但他却不曾继承王爵。实际上，他是周定王的第六世旁支子孙。他生前封"镇国中尉"，死后追封"辅国将军"。见 Dennis, "Writing, Publishing, and Reading Local Histories in Ming China," 页 117；《明史》，卷 116，页 3565–70。

269 [21] 何乔远（1558–1632），《名山藏》，卷 76，页 6a。

[22] 王世贞，《弇山堂别集》，卷 3，页 8。另见《皇明书》，卷 35，页 3。

[23]《薛瑄全集》，页 1611–18，1619–23；《明史》，卷 282，页 7228–30。

[24]《薛瑄全集》，页 1715。

[25] 沈佳，《明儒言行录》，卷 2，页 16；孙奇逢，《中州人物考》，卷 1，页 4。

[26]《薛瑄全集》，页 1655。

[27] 见 Hymes and Schirokauer, "Introduction", *Ordering the World*, 1–58。另见 Hymes, "Lu Chiu-yuan, Academies, and the Problem of the Local Community," in de Bary and Chaffee, *Neo-Confucian Education: The Formative Stage*, 432–56。

[28] 关于张居正思想的讨论，见 Robert Crawford, "Chang Chu-cheng's Confucian Legalism," in *Self and Society in Ming Thought*, 367–413。

[29] 关于明初书院的简要讨论，见 Meskill, *Academies in Ming China*, esp. 28–40。

[30]《薛瑄全集》，页 806–7。

[31] 同上，页 1726。

[32] 为求简便，以下一律称这些机构为官学。

[33]《薛瑄全集》，页 1705–8。

[34] 同上，页 1702，1707–8，1715–17，1726。

[35] 蒋廷锡，《大清一统志》，卷 118，页 2–3。

[36]《薛瑄全集》，页 810。

[37] 同上，页 837。另见页 811。

[38] 同上，页 811，813。

[39] 同上，页 836。

[40] 同上，页 849。

[41] 同上，页 851。

[42] 沈千鉴，《(嘉庆)河津县志》，卷 9，页 29–30。

[43]《薛瑄全集》，页 854。

[44] 同上。

[45] 见《薛瑄全集》中的《读书录》例子，页 1033，1040，1049，1069，1075，1122 和 1222。另见《薛瑄全集》中的《读书续录》，页 1299–1300，1327，1397，1466 和 1475。

[46] 这些是表 15 中第 13 到 15 项（见附录二）。这三篇必定是在 1460 年代间撰写。

[47]《薛瑄全集》，页 892。

[48] 同上，页 897。

[49] 同上，页 894-95。

[50] Bol, "Neo-Confucianism and Local Society," 270。

[51] 薛瑄，《会试录序》，载《薛瑄全集》，页 796–97。 270

[52] 同上。

[53]《薛瑄全集》，页 1725。

[54] 同上。

[55] 白新良，《中国古代书院发展史》，页 56–65。

[56] 李才栋，《江西古代书院研究》，页 279；白新良，《中国古代书院发展史》，页 68。

[57] Kelleher, "Personal Reflections on the Pursuit of Sagehood," 243。

[58] Kelleher, "Personal Reflections," 245。吴与弼的《学规》，见吴与弼《康斋集》，卷 8，页 43。

[59] 李才栋，《江西古代书院研究》，页 279–80；白新良，《中国古代书院发展史》，页 68；*Dictionary of Ming Biography*, 625–27。另见胡居仁《胡文敬集》，卷 2，页 10–14，18–20，38–57；卷 3，页 1，4–5，16。

[60] 白新良，《中国古代书院发展史》，页 68。亦见陈献章，《陈白沙集》，卷 1，页 23–24，31–41，44–49；卷 2，页 18–20，65；卷 6，页 61–62；卷 7，页 44。

[61] 例如，见 Robert Hymes 在 "Some Thoughts on Plague, Population, and the Sung-

Yuan-Ming Transition”中的论点。他视缺乏书院为人口剧减的证明。尤其见页 15–16。

[62] 入官学者，称作生员。而成绩优异的生员，则会受荐举入学京师的国子监，成为贡生。这组生员有资格授任品秩较低的官职或如教谕之类无品秩的职位。

[63] 另一方面，Des Forges 则把同知、通判、推官、县丞和主簿，一同与无品秩的巡检、典史、（有或无品秩）提塘、驿吏、走卒、照磨、书吏和差役，归为次要属吏。对我而言，Des Forges 的理解把品秩较高的同知归为次要属吏，而视其下属知县为精英官员，这是令人费解的，而且第一组官员也都是正式的官僚系统中由朝廷任命的官员。因此，我选择视第一组官员为任行政职位的官员，其中包括了知府、知州、同知、通判、知县、县丞、主簿、经历、照磨和其他行政官员。我把书吏和差役归入另一组。见 Des Forges, *Cultural Centrality and Political Change in Chinese History*, 144。

[64] 觉罗石麟，《（雍正）山西通志》，卷 136，页 49。

[65] Kelleher, “Personal Reflections,” 243–44。

[66] 同上，页 261–62。

[67] 同上，页 245。

[68] 同上，页 262。

271 [69] 同上，页 262-63；另见 Peterson, *Bitter Gourd*, 5。

[70] 王元林，《明代黄河小北干流河道变迁》，页 187–99。

[71] 图 1：明代三府一带（原图出处：China Historical GIS, Harvard）。

[72]（嘉庆）《河津县志》，卷 2，页 6–7。另见顾祖禹，《读史方舆纪要》，页 1752–53。

[73] 图 2：河津县城与平原村［原图出处：王轩，《（光绪）山西通志》，页 324–25。］

[74] 王盛，《薛文清公书院记》，载《薛瑄全集》，页 1655。

[75] 明代陕西涵盖今宁夏和甘肃省的地区。我根据明代的资料把他们当成属陕西境内。此外，上述河津县和平原村的地理描述是依据明代的情境而作。今天，平原是在万荣县内，一个在明代不存在的县。见现代万荣和河津方志：山西省万荣县志编撰委员会，《万荣县志》，页 629，632–33，709–10；河津

县志编撰委员会，《河津县志》，页 356，501–2。

[76] 阎禹锡，《礼部左侍郎兼翰林院学士薛先生行状》，载《薛瑄全集》，页 1611–18。

[77]《薛瑄全集》，页 1717。

[78] 同上，页 1617，1726。

[79] 王盛，《薛文清公书院记》，载《薛瑄全集》，页 1656。名单见《薛瑄全集》，页 1656–58。

[80] *Dictionary of Ming Biography*, 820。

[81] 在王盛的文清书院记文中，他提及几名在山西任官的整修参与者。其中有山东益都县的陈清（1464 进士）。除了以其职衔称之，王盛直接在他的字前加了“同门”一词。但是，我们不清楚王盛是否曾从其他名师学，或陈清是否是薛瑄的弟子。陈清不在后附的名单中，而我也没有在方志里找到他从薛瑄学的任何提示。王盛的文章，见《薛瑄全集》，页 1655；至于陈清在府志和县志中的传记，见刘应时、冯惟纳，《青州府志》，页 343；陈食花、钟鄂，《益都县志》，页 419–20。

[82] 万斯同（1638-1702）《儒林宗派》中列举为薛瑄弟子的有朱钦（1472 进士）以及畅亨（1478 进士）。见万斯同，《儒林宗派》（四库全书版），卷 14，页 2–3。前者来自福建邵武，后者与薛瑄同县。可是，这些人均不见于王盛的 272
名单中，而且朱钦在他处被视为是吴与弼的弟子。事实上，他是其中最有名的官员。见《明史》，卷 186，页 4944–45。至于畅亨，他在河津县志及正史中的传记，都没有提及他是薛瑄弟子。见沈千鉴，《（嘉庆）河津县志》，卷 7，页 33；《明史》，卷 180，页 4791。若与另一位河津人杨润个案相较的话，这个省略的原因将显得更清楚。杨润的名字见于王盛名单中，而且我们可以确定他曾是薛瑄的弟子。畅亨当过泾阳知县，而杨润则曾任泾阳县学教谕。两人后来都入祀该县的名宦祠。可是，方志中明确记载杨润为一时掌教最厉，不忝薛文清之门，而畅亨的传记中未提及薛瑄。见刘懋官，《重修泾阳县志》，卷 10，页 6b–7a；卷 12，页 7a–7b，9b。因此，表 18 不收录陈清（前文提及）、朱钦和畅亨。

[83] 李孝聪，《中国区域历史地理》，页 180。

[84] 乔全生，《论晋方言的形成》，页 17–21。

[85] 李孝聪，《中国区域历史地理》，页 225–26。

[86]《薛瑄全集》，页 1611–18，1667–69。

[87] 白良辅，《监察御史阎禹锡墓志》，见魏襄同，《清嘉庆洛阳县志》，卷 92，页 1a–2b。

[88] 沈佳，《明儒言行录》，卷 2，页 76。

[89] 陶宗奇、张鹏翱，《昌黎县志》，卷 6，页 22b。

[90] 刘盛藻、陈兆麟，《开州志》，卷 4，页 102b。亦见马中锡（1446–1512）为阎禹锡所撰写的墓志铭，见焦竑，《国朝献征录》，卷 65，页 21–23。

[91] 刘盛藻、陈兆麟，《开州志》，卷 6，页 23a–23b。

[92] 马中锡，《墓志铭》，见焦竑《国朝献征录》，卷 65，页 22；沈佳，《明儒言行录》，卷 2，页 76；孙奇逢，《中州人物考》，卷 1，页 7。

[93] 马步蟾，《徽州府志》，卷 8 之 2，页 38b。

[94] 虽然有人谓其卒于八月十七日，另一处则记成十一月十一日，但两者均同意当年是 1476 年。阎禹锡，生于 1426，享年 51 岁。见马中锡和白良辅各所撰写的《墓志铭》。前一个日期是马氏所提供，后者则出自白氏。马中锡，《墓志铭》，白良辅，《监察御史阎禹锡墓志》。

[95] 孙奇逢，《中州人物考》，卷 1，页 8。

[96] 朱睦㮮的哀叹似乎是指阎禹锡和白良辅两人。可是，除了其卒于家中以外，我们实在对白良辅的死，所知不多。即便是他去世的大致日期，也存有问
273 题。朱睦㮮宣称白良辅卒于天顺年间（1457–1464），但这是不可能的。因为白良辅为其 1476 年逝世的友人兼同门撰写墓志铭和祭文。因此，至少在我们对白良辅之死知道得更多以前，或许最好假定朱睦㮮仅指阎禹锡。见朱睦㮮，《皇朝中州人物志》，页 128–29。

[97] 在其众多著作中，现存只有《司马法集解》（录于续修四库全书中）。那可能是他在京卫武学时所准备的文字。《司马法集结》并未揭示阎禹锡的个人交往或社交圈子。

[98] 见金鉷，《（雍正）广西通志》，卷 84，页 7–9；汪森，《粤西文载》，卷 70，页 9–10；李清馥，《闽中理学渊源考》，卷 49，页 11；吴森，《仙游县志》，页 220–21。

[99] 李清馥，《闽中理学渊源考》，卷 49，页 11。

[100] 在阎禹锡的弟子当中，我们只知道周琦作文。其《东溪日谈录》被理解为与薛瑄学说一致。若不是和他同府的一个人，在湛若水的藏书中发现其手稿而重刊之，《东溪日谈录》可能无法保存至今。学者相信所有其他周琦的著作已佚。见周琦，《东溪日谈录》，尤其是编辑的介绍与重刊赞助者撰写的序文。另见卷 15，特别是阎禹锡有关薛瑄的评论的记叙（卷 15，页 18–19）。

[101] 朱睦㮮，《皇朝中州人物志》，页 128–29。亦见孙奇逢，《中州人物考》，卷 1，页 8–9。白良辅的著作如今全佚。

[102] 毕亨，《白太仆墓碑》，见汪坚，《洛阳县志》，卷 89，页 17b。

[103] 汪坚，《洛阳县志》，卷 92，页 2b。

[104] 同上，卷 52，页 8a。

[105] 许容，《（雍正）甘肃通志》，卷 34，页 23；柴升，《段太守祠》，见朱睦㮮、李濂，《（嘉靖）河南通志》，卷 18，页 58b–59b；《明史》，卷 282，页 7230；*Dictionary of Ming Biography*，很可能根据《明史》的记载，亦将段坚列为薛瑄的“弟子”。见 *Dictionary of Ming Biography*,618。

[106]《明儒学案》，卷 7，页 9b；沈佳，《明儒言行录》，卷 2，页 80。另见《明外史》，转引自《古今图书集成》（内联网版），册 304，页 46a；册 584，页 26a。另一方面，收录在《国朝献征录》的传记对此指谓不明。见何景明（1483—1521），《莱州府知府段公坚传》，录于焦竑，《国朝献征录》，卷 96，页 12。

[107]《明儒学案》，卷 7，页 9a；沈佳，《明儒言行录》，卷 2，页 79。

[108] 彭泽，《段容思年谱纪略》，页 120。根据《明儒学案》的记录，李元庆把段 274
坚视为第三代，因为其从阎禹锡与白良辅二人学。见李元庆，《明代理学大师》，页 120–21。

[109]《明儒学案》，卷 7，页 9a；沈佳，《明儒言行录》，卷 2，页 80。

[110] 彭泽，《段容思年谱纪略》，页 116。

[111] 同上，148–49。

[112] 在年谱传记中存有很多空白的情况实非罕见。见 Pei-Yi Wu, *The Confucian's Progress*, 33。可是，在此个案中，段氏《年谱》阙失未言的年份，可能是文献历年既久，脱落散佚的结果。

[113] 朱睦㮮、李濂，《（嘉靖）河南通志》，卷 18，页 59b。

[114] 沈佳，《明儒言行录》，卷 2，页 78–79。亦见正史中的本传，《明史》，卷 281，页 7209–10；以及彭泽，《段容思年谱纪略》，页 120，125–26。

[115] 焦竑，《国朝献征录》，卷 96，页 12。

[116] 彭泽，《段容思年谱纪略》，页 127–28。

[117] 同上，页 137–38。至于李贤所撰序文，见《古穰集》，卷 8，页 15–16。

[118] 彭泽，《段容思年谱纪略》，页 138–39。

[119] 同上，页 133，136，142。

[120]Sarah Schneewind 的近著论及了社学在明代期间不断改变的命运，是讨论中国帝国晚期国家与社会之间关系的重要示范。在 Schneewind 的构思里，段坚的努力可能是与明中叶的“复兴精神”是一致的。由于重点不同，Schneewind 以顺着时间发展的框架重构社学的历史，而因此看到了社学在时间上的发展变化。关于明中叶官员为复兴而作出的努力及积极态度，见 Schneewind, *Community Schools and the State in Ming China*, 33–57。

[121] 彭泽，《段容思年谱纪略》，页 126–28。官学是给已经对儒家经典及理学著作有一定程度掌握的生员上的；官学是为了让他们参与更高级别科举考试的培训场所。社学则是为了向百姓推广御制大诰和普及明代典制律令。

[122] 同上，页 132。

[123] 同上，页 136。

[124] 关于明帝国中不同成员如何理解与利用社学，见 Schneewind, *Community Schools and the State in Ming China*, 89–90,131–33。在其研究中我们可知地方
275 官员如何夺取宗教机构的资产以兴建社学的许多案例。同样，建立书院的情形，亦无须赘述。此处的关键不是宗教场所被夺占以修建书院或社学，而是地方官员如何利用他们的权力，反映其对于自己身为入仕儒士的责任的理解。

[125] 见朱睦㮮，《皇朝中州人物志》，页 359–60，364–67；陈如稷，《兰州志》，页 466–67，477，和 499；以及彭泽，《段容思年谱纪略》，页 115，120–21。

[126] 焦竑，《国朝献征录》，卷 96，页 12；《明史》，卷 281，页 7209。

[127]Ong Chang Woei, *Men of Letters Within the Passes*,155–56。

[128] 见《明儒学案》，卷 9，页 2a–5b。

[129] 沈佳，《明儒言行录》，卷 2，页 78；觉罗石麟，《（雍正）山西通志》，卷 139，页 37–38；费廷珍，《直隶秦州新志》，页 938。

[130] 沈佳，《明儒言行录》，卷 2，页 84；冯从吾（1556-1627），《周廷芳蕙传》，见焦竑，《国朝献征录》，卷 114，页 40。

[131] 陈如稷，《兰州志》，页 479；焦竑，《国朝献征录》，卷 114，页 41。

[132] 蒋廷锡，《大清一统志》，卷 178，页 7-8。

[133] 关于他科举不第的次数，我们有几个不同的记载。有些资料指其总共不第十二次。这些文献包括南大吉（1511 进士）《思菴先生传》、冯从吾《思菴先生传》及吕柟《思菴先生墓铭》，见焦联甲、曹季凤，《新续渭南县志》，卷 10b，页 13a，14a，16b。另外，马理《思菴先生入陕西渭城乡贤祠记》则指其九次不第。见《新续渭南县志》，卷 10b，页 5b。无论如何，两者数字皆不可靠。即便我们以较少的次数为准，九次不第也需要 27 年的时间。而鉴于他 32 岁以岁贡生身份（在多次不第以后）入国子监，那他得在 3 岁就首赴科举考试了。

[134] 焦联甲、曹季凤，《新续渭南县志》，卷 10b，页 6a，13a，14a，16b。

[135] 同上，卷 10b，页 6a，16b。

[136] 同上，卷 10b，页 14a。亦见另一个由吕柟所撰写，王云凤（1484 进士）也认同此说的墓志铭版本。朱大韶，《皇明名臣墓铭》，页 1636-37。

[137] 王鏊（1450—1524）《应守薛君德政碑记》，见焦联甲、曹季凤，《新续渭南县志》，卷 10b，页 10b-12b，以及上述传记和墓志铭。

[138] 焦联甲、曹季凤，《新续渭南县志》，卷 10b，页 15a。

[139] 同上，卷 10b 页 7b，17b。

[140] 同上，卷 10b，页 18a。 276

[141] 同上，卷 10b，页 13b。

[142]《明史》，卷 282，页 7244；觉罗石麟，《(雍正）山西通志》，卷 99，页 30。张承熊，《解州志》，卷 5，页 42b。

[143]《四库全书总目》，卷 36，页 15-16；卷 93，页 17-18；卷 176，页 29。

[144] 吕柟，《泾野子内篇》，卷 5，页 1；《薛瑄全集》，页 1650-53。由于河东学派理解薛瑄为明代的"许衡"，并且当他是许氏之后继而兴起的大家，吕楠将之并提当然不出奇。因此，可以把许衡、薛瑄放在一起并提，可是不太可能有任何人会宣称薛氏更胜于许氏。同时也要注意的是，薛氏被评定为胜于吴澄，甚至可能还远胜许衡以外的所有元儒。

[145] 吕柟，《泾野子内篇》，卷 2，页 14–15，卷 6，页 7。

[146] 参考马汝骥为吕柟撰写的《行状》，见焦竑，《国朝献征录》，卷 37，页 21。亦参考杨九式，《吕泾野先生续传》，见吕柟，《高陵县志》，1。

[147] 焦竑，《国朝献征录》，卷 65，页 21。

[148] 张承熊，《解州志》，卷 5，页 42a–42b，卷 14，页 8b；焦竑，《国朝献征录》，卷 37，页 24–27；吕柟，《续传》，《高陵县志》，页 256–57；马理，《溪田文集》，卷 5，页 165–66，168。

[149] 张承熊，《解州志》，卷 14 页 9a–9b。

[150] 沈佳，《明儒言行录》，卷 4，页 28。

[151]《明儒学案》，卷 8，页 1b - 2a。

[152]《师说》，《明儒学案》，6b。

[153] 沈佳，《明儒言行录》，卷 4，页 32；《明儒学案》卷 8，页 1b；吕柟，《续传》，《高陵县志》，页 258。

[154]《明史》，卷 282，页 7244；沈佳，《明儒言行录》，卷 4，页 31；《明儒学案》，卷 8，页 1b；焦竑，《国朝献征录》，卷 37，页 25；《续传》，载《高陵县志》，页 257。

[155] 湛若水的英文传记，见 *Dictionary of Ming Biography*，页 36–41，以及 Julia Ching, "A Contribution on Chan's Thought"，见 *Dictionary of Ming Biography*，页 41–42。邹守益的传记，见 *Dictionary of Ming Biography*，页 1310–12。

[156] 沈佳，《明儒言行录》，卷 4，页 24–25；焦竑，《国朝献征录》，卷 37，页 25–27；吕柟，《续传》，《高陵县志》，页 257。

[157] 吕柟，《续传》，《高陵县志》，页 255。

[158] 马理，《溪田文集》，卷 5，页 170–71。虽然沈佳所引用马理的文字有异，但是其基本的意思相似：吕柟的著作比许衡多，且知识比薛瑄广泛。沈佳，《明儒言行录》卷 4，页 27–28

[159] 虽然这个县不是由解州管辖，但还是地处于平阳府境内。邬汉章、仇汝功，《曲沃县志》，卷 17 页 18a，25a。

[160]《明儒学案》，卷 8，页 10b–12b；张承熊，《解州志》，卷 8，页 44b–45b。
277 冯从吾的《关学编》中把段坚、周蕙、张鼎（1466 进士）、李锦、薛敬之、吕柟、吕潜、张节、李挺和郭郛列为关学传统的成员。见冯从吾，《少

墟集》，卷 19，页 2–3。关于冯氏重构一个地方学术传统的尝试，见 Ong Chang Woei, *Men of Letters Within the Passes*。

[161]《明儒学案》，卷 8，页 11a。

[162] 同上，卷 8，页 11a–11b。

[163] 见李元庆，《明代理学大师》，页 126–27。李氏是在回应陈俊民。陈俊民，《张载哲学思想及关学学派》（北京：人民出版社，1986）。

[164] 觉罗石麟，《（雍正）山西通志》，卷 167，页 39；《（嘉庆）河津县志》，卷 3 页 9–10。

[165] 沈千鉴，《（嘉庆）河津县志》，卷 9，页 51。

[166] 杨廉和张九功不是薛氏的弟子；阎禹锡、白良辅和陈铨来自河南；张鼎和王盛来自陕西。关于其他平阳人的简述，见 Khee Heong Koh, "East of the River and Beyond,"193–227。

[167] 潘钺、宋之树，《猗氏县志》，见《中国方志丛书》，页 404；傅淑训、曹树声《（万历）平阳府志》，卷 8a，页 66b；觉罗石麟，《（雍正）山西通志》，卷 138，页 53。

[168] 潘钺、宋之树，《猗氏县志》，页 404；傅淑训、曹树声《（万历）平阳府志》，卷 8a，页 66b。姑且当这些人可能是来自三府一带，那么他们其中三个可能是陕西凤翔的冯徽（生卒年不详）、陕西河州的朱绅（1454 进士）和山西浑源的孙逢吉。可是，这不是完全确定的。我无法找到任何关于第四位，樊世杰（生卒年不详）的资料。觉罗石麟，《（雍正）山西通志》，卷 66，页 57；卷 78，页 28；《（雍正）甘肃通志》，卷 33，页 8。

[169] 蒋廷锡，《大清一统志》，卷 102，页 29。觉罗石麟，《（雍正）山西通志》，卷 67，页 20，37；卷 125，页 11。潘钺、宋之树，《猗氏县志》，页 412。傅淑训、曹树声《（万历）平阳府志》，卷 8a，页 66b。

[170] 陆世仪，《思辨录辑要》，卷 31，页 8。亦参见 *Dictionary of Ming Biography*, 619。

[171] 陆世仪，《思辨录辑要》，卷 31，页 9。

[172] 同上，卷 31，页 11。

[173] 同上，卷 31，页 30。

[174] 关于薛氏和吕氏弟子网络的初步比较研究，见 Khee Heong Koh, "The Hedong School," 117–56。

278 第五章

本章标题：薛氏的支持者在奏请薛瑄从祀孔庙的尝试中，把薛瑄刻画成是当时的真儒。例子见《薛瑄全集》，页 1630–31，1634。

[1] 尽管不是所有明代参与祭祀典礼的人（包括拥有国家代理人和儒生双重身份的官员，以及立志当官的生员）都认同朱熹所想象，自孔子而下的谱系，孔庙依然是祭祀孔子和儒士进行学术性活动的中心。孔庙也是唯一由国家批准、具全国性，且被认为是永恒不朽的场所。至于朱熹有关祭祀孔子与祭祀其他硕儒的理念，见 Hoyt Cleveland Tillman, "Zhu Xi's Prayers to the Spirit of Confucius." 有关欲从祀孔庙的明儒，见黄进兴，《优入圣域》，页 221。

[2] 例如元儒吴澄，他在明初获准从祀孔庙后，于明中叶遭罢祀，后来又在清朝获准复祀孔庙。见朱鸿林，《元儒吴澄从祀孔庙的历程与时代意涵》。

[3] 有关孔庙祭祀的历史，以及祭孔与政治权力的关系，见黄进兴，《优入圣域》，页 125–63，217–311；彭珍凤，《先贤先儒从祀孔庙东西两庑之探讨》。有关祭孔礼仪以及用以重构之的经典资料，见 Wilson, "Sacrifice and the Imperial Cult of Confucius"。

[4] Wilson, "Sacrifice and the Imperial Cult of Confucius," 266。

[5] Schneewind, *Community Schools and the State in Ming China*, 167–69。

[6]《明英宗实录》，卷 10，页 208–10。有关刘氏参与编纂《明英宗实录》，见 *Dictionary of Ming Biography*, 963。

[7]《明宪宗实录》，卷 24，页 747；田金祺，《汜水县志》，卷 3，页 8b；成瓘，《济南府志》，卷 27，页 2a。

[8] 阎禹锡提及李绅（伸）、陈铨和张表各自上奏请求增祀薛瑄。我无法在《实录》或是其他资料中找到任何有关张表的讯息。见阎禹锡，《礼部左侍郎兼翰林院学士薛先生行状》，载《薛瑄全集》，页 1617。在薛瑄的《行实录》中，有个题为"奏请先生从祀人姓名"的列表。但是，这个名单不是完整的名单，也非正确的名单。例如，列于名单之首的刘定之，不是奏请，而是
279 反对薛瑄从祀孔庙的人。见王鸿（生卒年不详），《薛文清公行实录》，卷 5，页 9。郑晓（1499–1566）同样地也误认刘定之为请求增祀薛瑄者。见氏著，《皇明名臣记》，载《吾学编》，卷 9，页 4。焦竑在编辑有关薛瑄的资料时，

也援引了《名臣记》。见焦竑,《国朝献征录》，卷 13，页 43。

[9]《明宪宗实录》，卷 24，页 474。

[10] 同上。

[11]《明宪宗实录》，卷 24，页 475。

[12] 同上，页 478。另见刘定之,《论刘静修薛文清从祀》，录于程敏政（1445–99）,《明文衡》，卷 8，页 11–14。

[13] 刘定之,《论刘静修薛文清从祀》，卷 8，页 11–14。

[14] Ditmanson, "Contesting Authority," 234–80。

[15] 朱鸿林指出明中叶以前，最高甚至是唯一的从祀条件，是要有广行于世的释经之作。他还指出成化初年，有些士人在推荐从祀人选时强调候选人的师承及其在道学传统中的重要性。见其《中国近世儒家实质的思辨与习学》，页 61–62。

[16]《明孝宗实录》，卷 13，页 293–94。礼部可能是因为娄性是吴与弼其中一名重要的弟子娄谅（1422–1491）之子，而怀疑其奏请的动机。见《明儒学案》，卷 2，页 8a–9a。

[17] 张九功,《裨补名教疏》，载《薛瑄全集》，页 1628–30。张九功的奏疏写着该请求是于弘治二年提出的，可是，有关该请求的纪录却载于《孝宗实录》中弘治元年八月一则下。亦见《明孝宗实录》，卷 17，页 413。

[18]《明孝宗实录》，卷 17，页 413–15。更确切地说，程敏政没有建议增祀任何硕儒，其奏章亦未提及薛瑄之名。其奏章收录于程敏政,《篁墩文集》，卷 10，页 2–12。有关张九功和程敏政的奏疏之简要讨论，见 Wilson, *Genealogy of the Way*, 55–56。可是，Wilson 没有讨论有关薛瑄从祀孔庙的奏请。

[19]《明孝宗实录》，卷 17，页 414–15。主要负责上奏该报告的官员是礼部尚书周洪谟（1420–91）。

[20]《薛文清公事实》，载《薛瑄全集》，页 1623–25。有关杨廉的出仕与哲学思想，见 *Dictionary of Ming Biography*, 1522–23。

[21]《薛瑄全集》，页 1623–25。

[22] 同上，页 1625–26。

[23] 同上，页 1626–27。

[24] 薛瑄的国家专祠是建在县城中；薛瑄的家庙则是在其村里。见沈千鉴,《(嘉 280
庆）河津县志》，卷 3，页 9。《山西通志》误以为该祭祀典礼是在文清书院

中进行。见觉罗石麟，《（雍正）山西通志》，卷 167，页 39。

[25] 见黄进行，《优入圣域》，页 125–63；彭珍凤，《先贤先儒从祀孔庙东西两庑之探讨》，页 59–63。有关黄氏文章的英文版，见 "The Cultural Politics of Autocrary, 1368–1530," in *On Sacred Grounds*, 267–96。另见秦蕙田，《五礼通考》（四库全书版），卷 120，页 38–46；Wilson, *Genealogy of the Way*, 57–58; Shryrock, *The Origin and Development*, 187–90。即使万历年间增祀数人，但 Shryrock 视 1530 年的改革为明代最后一个有关孔庙的重要事件。就孔庙作为一个制度而言，他的观点可能是正确的。可是，对于许多明儒而言，首位明儒获准从祀孔庙一事，如同万历年间增祀三位明儒，尤其是增祀王阳明一事，一样重要。

[26] 许赞，《崇真儒以隆圣治疏》，见《薛瑄全集》，页 1630–31。

[27] 许赞没有注意到皇帝是为了回应张九功和程敏政的奏疏而命令诸衙门讨论入祀和罢祀的问题。薛瑄不是被讨论的核心人物。

[28]《薛瑄全集》，页 1631–32。许赞再次忽略礼部的报告只是对杨廉请求兴建国家专祠的回应。而不涉及增祀薛瑄的问题。

[29]《薛瑄全集》，页 1629。

[30]《明史》，卷 17，页 215–219。

[31]《薛瑄全集》，页 1630–32。

[32] 同上，页 1632。

[33] 同上。

[34] 同上，页 1632–33。

[35] 有关大礼议事件，见 *Dictionary of Ming Biography*, 315–22；亦见谷应泰，《明史纪事本末》，卷 50，页 1–44。Adam Schorr 把该争议分析为大学士与居边缘位置的官员之间的政治斗争；见氏著 "The Trap of Words," 263–87。另见 Fisher, *The Chosen One*.

281 [36] 著名儒士王祎（1323–1374）在其 1371 年的奏疏中，提出了类似的方案。可是，由于无论是姚镆或是参与 1540 年之议的官员，均没有引用王祎，因此，没有证据显示后儒直接受到他的影响。见王祎，《王忠文集》，卷 15，页 1–6。亦见朱鸿林，《中国近世儒家实质的思辨与习学》，页 70–119，尤其是页 99–102。

[37] 姚镆，《东泉文集》，卷 3，页 534–36。虽然姚镆在奏疏中提及杨廉之前的请求，但是他提出设立地方祠堂是不够的，并建议应该在全国的范围祭祀薛瑄。

[38] 我们不知道两人是否一起上呈一份奏疏。薛瑄《行实录》所收录的杨瞻的奏疏中没有提及第二位奏请者。见杨瞻，《从祀真儒以光圣治疏》，载《薛瑄全集》，页 1633–34。《实录》中相应的记录是含糊不清的，其中没有反映其回应是针对一道联署的奏章，还是针对两道独立的奏疏。见《明世宗实录》，卷 235，页 4806。后来有关明代祀典发展简短（且不完备）的概述中也出现同样的模棱记录。见嵇璜编，《钦定续文献通考》，卷 48，页 65。徐阶（1503–1583）的回应似乎意味着分别有两份请求。见徐阶，《世经堂集》，卷 6 页 43。倘若确实有两道奏章，那我一直都没有找到樊得仁的那道奏章。

[39] 杨谌是薛瑄的得意学生之一。见觉罗石麟，《（雍正）山西通志》，卷 138，页 53。他后来入祀专祀薛瑄的国家专祠。见《（雍正）山西通志》，卷 167，页 39。

[40] 见樊得仁，《重修薛文清公先生茔宇记》，载《薛瑄文集》，页 1661–62。

[41]《薛瑄全集》，页 1633–34。另外，与杨氏的说法相反，有宋一朝持续了超过三百年。

[42] 在《实录》与此相关的一则 1540 年资料中，世宗皇帝在杨瞻上疏六个月后，才决定结果。见《明世宗实录》，卷 235，页 4806–7。

[43] 他们是：霍韬（1487—1540）、张邦奇（1484—1544）、陆深（1477—1544）、孙承恩（1481—1561）、王教（1479—1541）、张治（1488—1550）、胡世忠（生卒年不详）、杨维杰（生卒年不详）、龚用卿（1500—1563）、屠应埈（1502—46）、徐阶、邹守益、李学诗（1503—41）、秦夏鸣（1508—1557）、闵如霖（1503—59）、阎朴（1532 进士）、谢少南（1532 年进士）、吕怀（1532 进士）、王同祖（1497—1551）、赵时春（1509—67）、唐顺之（1507—60）、黄佐（1490—1566）以及胡经（1529 进士）。

[44] 童承叙（1521 进士）和浦应麟（生卒年不详）。

[45] 郭希颜（生卒年不详）。 282

[46] 记录中只提及丁湛的名字。见《明世宗实录》，卷 235，页 4806。

[47] 这些奏疏可以在下列文献中找到：霍韬，《渭崖文集》，卷 4，页 101a–103b；

张邦奇，《张文定公觐光楼集》，卷 3，页 8–10；陆深，《俨山集》卷 34，页 1–3；王教，《中川遗稿》，卷 17，页 7–9（页 8 部分残缺）；龚用卿，《云岗选稿》，卷 8，页 11–15；屠应埈，《屠渐山兰晖堂集》，卷 7，页 14–16；徐阶，《世经堂集》，卷 6，页 43–46；邹守益，《东廓邹先生文集》，卷 3，页 26–29；赵时春，《浚谷先生集》，卷 3，页 8–9；唐顺之，《荆川集》，卷 1，页 8–13。张夏引用了部分秦夏鸣的奏章，见张夏，《雒闽源流录》，卷 3，页 25。礼部郎中王希旦（1513 进士）对郭希颜的反对作出一些评论。王氏有无上疏则不详；有关记录很可能是反映王氏口头上的评论。见李清馥，《闽中理学渊源考》，卷 46，页 5；卢焯，《（乾隆）福建通志》，卷 43，页 66–67。

[48] 唐顺之，《荆川集》，卷 1，页 12。

[49] 1a 和 1b 的本质是相似的。

[50] 例如龚用卿，《云岗选稿》，卷 8，页 15。

[51] 陆深，《俨山集》，卷 34，页 2。当然，陆深所指，即是薛瑄。

[52] 屠应埈，《屠渐山兰晖堂集》，卷 7，页 15。要注意的是，这是薛瑄首次被批评为“无功”。

[53] 例如龚用卿，《云岗选稿》，卷 8，页 14–15。

[54] 赵时春，《浚谷先生集》，卷 3，页 9。

[55] 例如霍韬，《渭崖文集》，卷 4，页 102a；龚用卿，《云岗选稿》，卷 8，页 15；屠应埈，《屠渐山兰晖堂集》，卷 7，页 16。

[56] 例如陆深，《俨山集》，卷 34，页 3；张邦奇，《张文定公觐光楼集》，卷 3，页 10。

[57] 唐顺之，《荆川集》，卷 1，页 11；张邦奇，《张文定公觐光楼集》，卷 3，页 10。

[58]《明世宗实录》，卷 235，页 4806。由于郭氏的奏疏已佚，我是从《实录》中的概述截取他的意见。

[59] 尽管少有著述是反对者批评薛瑄的主要论点，但是到了 16 世纪中叶，这个意见的源头已经产生混乱了。黄进兴指出杨士奇在 1488 年引述这个意见，以拒绝薛瑄的从祀。黄佐是其中一位支持 1540 年之请的官员。他编纂的《南雍志》进一步指出 1488 年周洪谟也引述杨士奇的“无著述”之批评，阻碍薛瑄的从祀。这在时间顺序上是不可能的。这是因为黄佐的同辈，郑晓指

出杨士奇卒于1444年而薛瑄殁于1464年。杨士奇不可能对薛瑄去世以后才出现的议题提供意见。见黄佐,《南雍志》,卷4,页29;郑晓,《今言》,卷 283
1,页35–36;亦见黄进兴,《优入圣域》,页280。《五礼通考》又进一步混淆杨士奇和杨廷和(1459—1529)。见《五礼通考》,卷120,页33。

[60] 黄进兴,《优入圣域》,页279–81。亦见氏著,《圣贤与圣徒》,页98。

[61] 徐阶,《世经堂集》,卷6,页45。

[62] 虽然明代后来的士人将刘定之对薛氏的看法概述为批评薛氏对"明道"和"著作"少有贡献,刘氏其实没有提及薛瑄有功与否。当刘氏把少有著述者和无"汗马功"的官员作比较时,他其实指的是刘因。许赞是首位以"功绩"的议题来捍卫薛瑄的人,而到了1540年,此议题已经成为一个核心议题。

[63] 龚用卿,《云岗选稿》,卷8,页12–14。

[64] 屠应埈,《屠渐山兰晖堂集》,卷7,页15。

[65] 唯一没有反映这个前提的奏疏,出自赵时春之手。

[66] Chu Hung-Lam, "The Debate over Recognition of Wang Yang-ming", 69。

[67] 黄进兴引述顾炎武之语,见《优入圣域》,页277。

[68] Thomas Wilson指出崇祯年间,道学学派采用了在孔庙中建构等级的策略,以之作为对王阳明与其支持者深入道学正统谱系的一种回应。而1530年陆象山(陆九渊)的从祀显示了他们渗入了道学的正统谱系。见 *Genealogy of the Way*, 58–59. 我认为更进一步地分析这个过程可能会更有意思。根据时间顺序来说,薛瑄从祀的奏请愈演愈烈一事,最能表明对王阳明学派广受欢迎,包括陆九渊的从祀的回应。Wilson提及的等级建构(如把朱熹和其他五位宋儒从先儒抬高为先贤,位居孔子弟子之后,前代经师之前),是针对王阳明学派更大,但更后来的威胁,即1548年王阳明从祀孔庙的回应。朱熹后来在1712年,其位阶进一步被提升至孔庙大成殿中。

有关王阳明从祀的日期,也值得进一步讨论。朱鸿林("The Debate over Recognition of Wang Yang-ming," 68–69)指出"1573年十二月,在御史萧廪提出请求的半年后,皇帝御令王阳明从祀孔庙,"可是,要到1584年,张居 284
正去世且遭谴责后,才实行王阳明的从祀。朱氏所提供的这些日期后来被引述,见 Kandice Hauf "Goodness Unbound," 123。然而,朱氏从《实录》中,引用的1573年之相关资料是可疑的。异于一般的记录，该记录没有记叙相关的最初奏请、其他表示支持的奏疏、讨论或是致使最后决定的廷议，也没有记录任何后续的动作。该纪录是凭空突然出现的。另一方面，1584年有关王阳明、陈献章和胡居仁获准从祀的纪录则提供了产生最后决定的各种意见之详细历史。早至1567年的反对意见、各种先前的奏请及同辈支持者的意见，这些讯息全都表示这个事件，在很大的程度上是“正式”的记录。可是，这则记录也没有提及1573年的决定。见《明神宗实录》，卷26页659，卷32页758，卷155页2865–68。

再者，官方《明史》也表示王阳明的从祀发生在1584年，没有提及1573年的决定。见，《明史》，卷50，页1301，卷195，页5169。其他资料也没有提及1573年正面的决定。例如，沈德符（1577—1642）提到万历元年（1573）首次的请求宣告失败，因为官员们害怕张居正而无人敢提出异议。而王阳明从祀的议题一直到1584年才有人再次提起。见沈德符，《万历野获编》，卷14，页362–64。倘若真有1573年的决定，有些其他资料应该会记载此事。这些资料包括沈鲤（1531—1615）《亦玉堂集》，卷1，页5–10；叶春及（1522举人），《石洞集》，卷11，页24。可是，这些资料也无一提及之。简而言之，《实录》中1573年的纪录是一个不能从其他资料核实的孤例。除了欠缺有关1573年之决定的其他参考资料，以及明确表明1584年是王阳明首次获准从祀的资料之存在外，还有一个逻辑问题。张居正无疑不会允许王阳明从祀孔庙，那当他已位居内阁首辅的时候，又如何会出现这样的决定呢？另一方面，如果真的有一个1573年的决定，那么既然这些资料，包括神宗皇帝（1573—1620年在位）的《实录》都是在张居正去世之后才完成的，为什么这些人还要回避提到张居正拒绝实施皇帝1573年之令的欺君行为呢？我无法揣测这则纪录存在的原因，亦不准备提供任何阴谋论。因此，除非我们可以找到提及1573年之决定的可信资料，否则我们应该对《实录》中的那则纪录有所保留，并且视1584年为王阳明获准从祀孔庙的正确年份。亦
285 见朱氏澄清许多有关王阳明从祀的史料问题的最新文章。朱鸿林，《王阳明从祀孔庙的史料问题》。

[69] Elman, *A Cultural History of Civil Examinations*, 412–13。另见余英时，《朱熹的历史世界》，册上，页77–79；以及 *Dictionary of Ming Biography*, 1103。

[70] 霍韬，《渭崖文集》，卷 4，页 102a–3b。虽然他要求罢祀司马光一举与大礼议有关，因而有政治目的，但他是基于哲学思想方面的原因而不喜欢陆九渊。

[71] 张邦奇，《张文定公觐光楼集》，卷 3，页 9–10。

[72] 唐顺之，《荆川集》，卷 1，页 12。

[73] 徐阶，《世经堂集》，卷 6，页 45–46。

[74] 邹守益，《东廓邹先生文集》，卷 3，页 28。

[75] 唐顺之，《荆川集》，卷 1，页 10。

[76] 徐阶，《世经堂集》，卷 6，页 45。

[77] 霍韬，《渭崖文集》，卷 4，页 102a。

[78] 屠应埈指的是王阳明尝试要推翻朱熹的诠释而作的新版《大学》。见屠应埈，《屠渐山兰晖堂集》，7.15–16。有关理学中的各流派，以及各种《大学》的诠释，见 Kai-wing Chow, "Between Canonicity and Heterodoxy," in *Imagining Boundaries*, 147–63。

[79] 有关王阳明的支持者所采用的策略，见 Hung-Lam Chu, "Debate over Recognition," 47–70。

[80]《明世宗实录》，卷 235，页 4807。

[81] 有关王阳明在嘉靖朝受到的不公待遇，《明史》大致将之怪罪在位居高层的大臣与宦官身上，将王氏刻画成政治斗争的受害者。见《明史》，卷 198，页 5165–69。世宗皇帝对王阳明的厌恶，可以追溯至嘉靖元年（1522）。见《明世宗实录》，卷 195 页 568–69。韩明士曾经提及在权力的竞争中，明代皇帝与明代儒士试图通过只认可非同一时代的学术权威，来抑制彼此的地位。因此，明代皇帝承认前儒的学术权威，如朱熹，一个非明代的儒士。另一方面，自明中叶以降，明代儒士只承认两位开国皇帝（太祖皇帝和成祖皇帝），而非当朝在位皇帝的学术权威。韩明士进一步提出世宗皇帝可能以为允准一位明儒的从祀以承认其学术权威，就是下放自己的权威给另一位同代人。（这些意见得自我个人与韩明士的交流）

[82]《（光绪）山西通志》的编纂者认为尚维持的出生之地应该是光山而不是罗山
因为《明史》的"地理志"中没有罗山这个地方。见王轩，《（光绪）山西通 286
志》，页 1405–6。事实上，他们是不正确的；见《明史》，卷 42，页 987。

[83] 尚维持，《表彰真儒以励世风疏》，载《薛瑄全集》，页 1635–37。

[84] 同上，页 1636。

[85] 同上，页 1637。

[86] 见其本传，《明史》，卷 286，页 7360。

[87] “伯淳”，他指的是程颢（1031–1085），但是我不清楚其所谓“平仲”意指何人。有好几人字“平仲”，但都没有在孔庙祀典中。另一方面，他可能指的是字“仲平”的元儒许衡。李濂不是唯一犯此错误的人。Shyrock 也误认许衡的字为“平仲”，见 Shyrock, *The Origin and Development*, 258。

[88] 李濂，《薛文清公从祀答问》，载《嵩渚文集》，卷 45，页 14–16。我感谢张艺曦与我分享这份资料。

[89]《明史》，卷 286，页 7360。

[90]《明穆宗实录》，卷 9，页 261。这里要注意的是，徐阶任内阁首辅时，首次出现王阳明从祀孔庙之请。

[91] 另一方面，徐阶关系密切的盟友魏时亮（1559 进士）在其名单中加入了陈献章，并请求祀典加入薛瑄、陈献章和王阳明。见《明史》，卷 221，页 5819–21。

[92]《明穆宗实录》，卷 9，页 261–62。

[93] 马三乐曾经担任与蒲州相邻的解州闻喜县知县。他于 1561 年拜除这个官职，后来擢升为御史。见刘棨，《平阳府志》，卷 20，页 96。

[94] 有关他们的奏疏，见《薛瑄全集》，页 1638–42。

[95]《明穆宗实录》，卷 50，页 1243，卷 52，页 1295，卷 54，页 1344。

[96]《薛瑄全集》，页 1644。

[97] 可是，他们升迁的次序不一定反映他们上疏的顺序。我假定薛瑄《行实录》的编者是依照后者排列其顺序。我的讨论将遵循《行实录》中所呈现的顺序。

[98] 韩辑等，《崇祀真儒以成昭代旷典疏》，载《薛瑄全集》，页 1638。“言官”一词在明代概指御史和给事中。1567 年诸奏疏和 1571 年诸奏请的署名者，
287 均任相似的官职。

[99]《薛瑄全集》，页 1638–39。

[100] 同上，页 1639。

[101] 雒遵,《特录儒臣从祀孔庙以全圣美以端世风疏》,载《薛瑄全集》,页 1640。

[102] 同上。

[103] 王盛,《薛文清公书院记》,载《薛瑄全集》,页 1655-56。

[104] 乔宇(1457—1524)认为薛瑄和许衡在伯仲之间,不相上下。见其 1511 年为薛瑄《行实录》撰写的序文,录于《乔庄简公集》,卷 6,页 1a-2b。另见乔宇,《薛文清公行实录序》,载《薛瑄全集》,页 1606-7。

[105] 马三乐等,《崇祀真儒以昭圣化以振士风事》,载《薛瑄全集》,页 1641。

[106]《薛瑄全集》,页 1642。

[107] 同上。

[108]《薛瑄全集》,页 1642-43。

[109] 同上,页 1643。

[110] 同上。

[111] 同上,页 1644。

[112] 其实,针对皇帝之前的指令,有数人上疏回应。可是,当时只有刚通过殿试的新官员积极上疏表示支持。可是,他们的意见未能得到朝廷的正视,因为其官阶和地位过低,而且没有其他重臣回应。因此,他们的意见难以获得"公议"。再者,薛氏的支持者和礼部,皆志在通过一个理应是透明且公开的方式,即是廷议,来取得公论。如此一来,他们不但能一次性地解决这个问题,也能提高这个议题的声威和分量。我所看到的四道奏疏都是出自 1571 年进士之笔。他们是张元汴(1538—1588)(见《张阳和文选》,卷 3,页 42-43);邓以赞(1542—1599)(见《邓定宇先生文集》,卷 3,页 51-52);以及赵用贤(1535—1596),(见《松石斋集》,卷 6,页 17-19)。亦见吴中行(1540—?)的不完整奏疏,《赐余堂集》,"馆课"部分,页 6。

[113]《薛瑄全集》,页 1644。

[114] 潘晟等,《崇祀真儒以成昭代旷典事》,载《薛瑄全集》,页 1644-46。杨博的《年谱》将礼部要求召开廷议的奏请和皇帝的允准,都记录在戊辰(9 月 27 日)一日下,即皇帝允准召开廷议之日。见项德桢,《太师杨襄毅公年谱》,卷 48,页 701。此外,在 9 月 20 日与 9 月 25 日之间,即分别是皇帝 288
允准召开廷议和礼部上疏报告之日,另一位十三道御史李纯朴(1565 进士)上疏敦促朝廷早日对薛瑄从祀孔庙一事作出决定。皇帝再次将之转送至礼

部。我目前无法找到李氏的奏疏。见《薛瑄全集》，页 1644。

[115]《薛瑄全集》，页 1644–45。何乔远认定杨博是廷议的主导大臣。见《名山藏》，页 5206。

[116] 在内阁首辅高拱的推荐下，杨博于 1571 年初重返朝廷。他起初复退休前所任的吏部尚书一职。后来，又被命以吏部尚书的身份，掌管兵部事。他于七月抵达京城，赶上两个月后召开的廷议。见《明穆宗实录》，卷 55，页 1370–71，1371，1409，1452–55。

[117]《明穆宗实录》，3.84-88，91。亦见《明史》，卷 214，页 5658，卷 215，页 5675。

[118] 张四维，《条麓堂集》，卷 30，页 764。

[119] 杨博因北方边事，以杰出的军事策略家著称。

[120] 项德桢，《太师杨襄毅公年谱》，页 592–93。

[121]《薛瑄全集》，页 1645–46。亦见《明穆宗实录》，卷 61，页 1484–85。

[122]《薛瑄全集》，页 1646。

[123] 张居正，《新刻张太岳文集》，卷 13，页 8–9。

[124] 项德桢，《太师杨襄毅公年谱》，页 701。

[125] 同上，页 701–2。

[126] 同上，页 702。

[127] 同上。

[128]《明穆宗实录》，卷 62，页 1513。

[129] 张四维，《祭薛文清公》，载《薛瑄全集》，页 1664。

[130] 张四维，《薛文清公从祀孔庭记》，载《薛瑄全集》，页 1656。另见《条麓堂集》，24.660。

[131] 同上。

[132] 杨博、张四维、韩辑和另外一名蒲州籍的杰出大臣王崇古（1515—1588）是姻亲：杨博的四子是王氏长女之夫，而王氏是张四维的母舅。张四维为杨博撰写《行状》时，杨氏的某个孙女嫁给了张氏之子；杨氏另外一个孙女则许配给张氏的另外一个儿子。杨氏的另外两名孙女则与韩辑的两个儿子订亲，其中一位是后来成为内阁首辅的韩爌（1564—1644）。其他证据则显
289 示韩爌的元配是张四维之女。王世贞，《弇山堂别集》，卷 3，页 18。亦见

张四维为杨博撰写的《行状》，载《条麓堂集》，卷 30，页 759－65，尤其是页 765；李茂林、樊旺林《韩爌墓》中有关韩爌之墓茔的考察。这些显著的蒲州人的声望也无疑随着薛瑄而提高。这只因他们来自同一个地区。例如，王崇古诗集的其中一篇序文，开篇就提及薛瑄。见王崇古，《公余漫稿》，页 1a。

[133]《薛瑄全集》，页 1646。

[134]《薛瑄全集》，页 1646－49。另见《明穆宗实录》，卷 61，页 1494。马自强应该也以其官职的身份参与廷议；如果他参与了廷议，他可能也支持薛瑄的从祀。马氏来自邻近的陕西同州；他和张氏两人是在 1553 年同年进士，并且也是姻亲（马氏之子娶了张四维之女），也是超过 30 年的亲密朋友。张氏在为马氏撰写的墓志铭中谓自己是最适合为其撰写的人。见《条麓堂集》，卷 26，页 695－97。有关马氏的家族，见 Ong, *Men of Letters Within the Passes*, 253－59。

[135]*Dictionary of Ming Biography*, 1527。

[136] 见 Dictionary of Ming Biography, 120－21，570–76；《明史》，卷 213，页 5641；《明穆宗实录》，卷 51，页 1279－82。

[137] 这里的“里”异于里甲制度中的“里”。这个“里”指的是一种属于同一个地区的联系，其可指来自同一个乡村，乃至同一地区，例如来自同一府。同样，“乡人”可以指来自一个乡村之人，或者泛指来自同一个省份之人。

[138] 沈德符，《万历野获编》，卷 14，页 362－64。

[139] 同上。

[140] 有关阎禹锡为《读书录》撰写的序文，见《薛瑄全集》，页 1494－95；1667－68。

[141] 有关阎禹锡为《河汾诗集》撰写的序文，见《薛瑄全集》，页 955－57。

[142] 有关谢庭桂的序文，见《薛瑄全集》，页 957－58。有关谢庭桂与谢琚的关系，见边像，《（嘉靖）蒲州志》，卷 3，页 10a。

[143] 见张鼎撰写的序文，录于《薛瑄全集》，页 1669－71。

[144] 关于这篇序文作者的讯息，有些混乱。张吉（1451—1518）被记录为该序文的撰写者，见《薛瑄全集》，页 1672－74。但是，该序文却大量引述胡缵宗后来为《文清公从政名言》的序文。胡氏的序文大约是在 1528 年到 1531 年，其任布政司参政时撰写的。见胡缵宗，《鸟鼠山人小集》，卷 12，页

15–16；以及胡氏的墓志铭，《国朝献征录》，页 2618b–2619b。因此，该文
290 应该是在嘉靖年间或之后写成的。

[145] 见归善人郑维新（生卒年不详）所撰写的序文，载《薛瑄全集》，页 1671–72。《薛瑄全集》误写为邓维新。

[146] 胡缵宗，《鸟鼠山人小集》，卷 11，页 25–27，卷 12，页 15–16。

[147] 谷中虚，《序》，《薛文清公要言》，页 4–5。

[148] 同上，页 1–3。

[149] 王慎中，《遵岩集》，卷 9，页 12–15。

[150]《薛瑄全集》，页 6。

[151] 他没有提及是哪一代的赵王，只是提及赵王的字（枕易）。由于赵王的封地在河南彰德府，这个版本可能是在陈棐未去山西以前出版的。有关赵王封地，见《明史》，卷 103，页 2839–52，卷 118，页 3620–22。

[152] 陈棐的序文是为薛瑄《读书全录》的刊刻而作。他对赵王的版本和福建版本，都同样采用了"全录"一词。由于福建版本的序文，明确地指其为薛瑄的《文集》和《读书录》的合集，我在前文将标题译为《全集》。见陈棐，《陈文冈先生文集》，页 27a–29a。要求朝廷在鄢陵建立薛瑄祠的奏请，是在 1544 年上疏的。见靳蓉镜，《鄢陵县志》，页 745。

[153] 许赞宣称已故的皇帝有允准薛瑄从祀的想法。因此，许氏将之引申为已故皇帝遗愿的实现，《松皋集》（序于 1543 年。重印自内阁文库），卷 18，页 3a–4b。

[154]Hung-Lam Chu, "The Debate of Wang Yang-ming," 69。

[155] 见徐阶，《王文成公全文序》、《阳明先生文录续编序》；徐爱（1487—1517），《传习录序》；邹守益，《阳明先生文录序》；钱德洪（1497—1574），《阳明先生文录序》；王畿（1498—1583），《重刻阳明先生文录后语》，录于王守仁，《王阳明全书》，页 3–9。

[156] 他在为其师撰写《行状》时，捍卫之。见《薛瑄全集》，页 1617–18。

[157] 另有一篇徐学谟代某人为薛瑄《全集》撰写的序文。见徐学谟，《徐氏海隅集》，卷 6，页 8–9。除此以外，还有另一篇罗虞臣（1529 进士）所著后跋录于《罗司勋文集》，卷 1，页 29。我无法推断徐学谟作序的日期，但是就
291 从祀议题而言，他是丝毫也没有提及。上述后跋也对此完全保持沉默。由于其作者 35 岁就去世了，那篇跋是 1571 年前的文字。

[158] 王盛，《薛文清公书院记》，载《薛瑄全集》，页 1655–58。

[159] 吕柟，《重建薛文清公祠堂记》，载《薛瑄全集》，页 1650–53。吕柟在文中提及祠堂坐落于南街东面。

[160] 李承华，《重建文清薛敬轩先生祠记》，载《薛瑄全集》，页 1658–59。

[161] 樊得仁，《重修薛文清公先生茔宇记》，载《薛瑄全集》，页 1661–62。

[162] 相世芳，《重修薛文清公林墓飨堂记》，载《薛瑄文集》，页 1659–61。

[163] 参考表 23。而 1571 年以前出版的薛氏著作，其序文撰写者中有超过半数的人，显然来自三省一带。见表 22。

[164] 乔宇，《乔庄简公集》，卷 6，页 1a–2b；亦见《薛瑄全集》，页 1606–7。

[165] 乔宇，《乔庄简公集》，卷 6，页 2a。这版序文中，清楚显示乔氏是在讨论刘因和薛瑄两人的从祀问题。

[166]Hung-Lam Chu, "Debate over Wang Yang-ming," 69。

[167]Elman, *A Cultural History of Civil Examinations in Late Imperial China*, xxiv。

[168] 这个理想儒者的鉴别与理学家强调“自任”和“自得”是一致的。见 de Bary, The Liberal Tradition in China, 25–69, 99–118。

结语

[1] 考证学乃中国清代主要的学术潮流。这群士人的学术“以实证为取向，因为他们为了其知识的合法性，寻找外在的证明”，并且通常被视为是理学家的反对者。Elman, *From Philosophy to Philology*, xxiv。

[2] Hymes, *Statesmen and Gentlemen*。

[3] Bol, *Neo-confucianism in History*, 96。

293 参考书目

本书目共分为两个部分：1）方志，以及 2）其他一手和二手资料。

1）方志

毕沅、傅应奎，《韩城县志》，见《中国方志丛书》，台北：成文出版社，1976。

边像，（嘉靖）《蒲州志》，出版者不详，1559（？）。微缩胶卷：北平图书馆善本书。

陈如稷，《兰州志》，见《中国西北稀见方志续集》，北京：中华全国图书馆文献缩微复制中心，1997。

陈食花、钟鄂，《益都县志》，见《中国方志丛书》，台北：成文出版社，1976。

陈学富、李廷一，《续高平县志》，出版者不详，1880（？）。哥伦比亚大学东亚图书馆特藏。

陈张翼，《河源县志》，见《故宫珍本丛刊》册 172，海口：海南出版社，2001。

程芳、李镜心，《金溪县志》，出版者不详，1870（？）。哥伦比亚大学东亚图书馆特藏。

成瓘，《济南府志》，出版者不详，1841（？）。哥伦比亚大学东亚图书馆特藏。

294 承霈，《新建县志》，见《中国方志丛书》，台北：成文出版社，1983。

承天贵，《汝州志》，见《天一阁藏明代方志选刊》，台北：新文丰出版公司，1985。

崔澄寰、王嘉会，《续修隰州志》，见《中国方志丛书》，台北：成文出版社，1976。

崔铣，《漳德府志》，见《天一阁藏明代方志选刊》，台北：新文丰出版公司，

1985。

崔允昭，《霍州直隶州志》。出版者不详，1826（？）。哥伦比亚大学东亚图书馆特藏。

达灵阿，《重修凤翔府志》，见《故宫珍本丛刊》，册 80–81，海口：海南出版社，2001。

戴肇辰、史澄，《广州府志》，广州：富文斋，1879（？）。哥伦比亚大学东亚图书馆特藏。

邓长耀，《临潼县志》，出版者不详，1922。哥伦比亚大学东亚图书馆特藏。

丁灿，《故城县志》，出版者不详，1821。哥伦比亚大学东亚图书馆特藏。

杜棠、郭屏，《大宁县志》，见《稀见中国地方志汇刊》，江苏：中国书店，1992。

杜琮，《新修怀庆府志》，出版者不详，1789。哥伦比亚大学东亚图书馆特藏。

范启源，《洛南县志》，出版者不详，1746。哥伦比亚大学东亚图书馆特藏。

范绳祖、庞太朴，《（顺治）高平县志》，见《清代孤本方志选》，北京：线装书局，2001。

费廷珍，《直隶秦州新志》，见《中国方志丛书》，台北：成文出版社，1976。

冯文瑞，《万泉县志》，出版者不详，1918（？）。哥伦比亚大学东亚图书馆 295
特藏。

傅赉予，《高密县志》，出版者不详，1896。哥伦比亚大学东亚图书馆特藏。

傅淑训、曹树声，《（万历）平阳府志》，出版者不详，出版年不详。缩微胶卷：北平图书馆善本书。

高锦荣，《灵宝县志》，见《中国方志丛书》，台北：成文出版社，1976。

高其倬，《（雍正）江西通志》，四库全书版。

高廷法，《咸宁县志》，出版者不详，1936。缩微胶卷：哥伦比亚大学。

郭光澍、李旭春，《卢氏县志》，中国：莘原书院，1893。哥伦比亚大学东亚图书馆特藏。

韩嘉会，《新修阌乡县志》，出版者不详，1932。哥伦比亚大学东亚图书馆特藏。

何鄂联，《（道光）鄠陵县志》，出版者不详，1832（？）。哥伦比亚大学东亚图书馆特藏。

何树滋，《山阳县志》，见《故宫珍本丛刊》，册 80，海口：海南出版社，2001。

何崧泰，《遵化县志》，出版者不详，1886（？）。哥伦比亚大学东亚图书馆特藏。

河津县志编撰委员会,《河津县志》，太原：山西人民出版社，1989。

洪亮吉、万廷树,《淳化县志》，出版者不详，1931（？）。哥伦比亚大学东亚图书馆特藏。

胡谧,《(成化)河南总志》，出版者不详，1484（？）。缩微胶卷：北平图书馆善本书。

胡廷,《绛县志》，见《新修方志丛刊》，台北：学生书局，1968。

296 黄舒昺,《祥符县志》，出版者不详，1898。哥伦比亚大学东亚图书馆特藏。

黄廷桂,《(雍正)四川通志》，四库全书版。

冀兰泰,《韩城县续志》，见《中国方志丛书》，台北：成文出版社，1976。

嵇曾筠,《(乾隆)浙江通志》，四库全书版。

蒋鸣龙,《汾西县志》，见《故宫珍本丛刊》册78，海口：海南出版社，2001。

蒋骐昌、孙星衍,《醴泉县志》，出版者不详，1784。哥伦比亚大学东亚图书馆善本书。

蒋廷锡,《大清一统志》，四库全书版。

焦联甲、曹季凤,《新续渭南县志》，出版者不详，1892。哥伦比亚大学东亚图书馆特藏。

金鳌,《(乾隆)海宁县志》，见《中国方志丛书》，台北：成文出版社，1983。

金鉷《(雍正)广西通志 》，四库全书版。

金嘉琰、朱廷模,《朝邑县志》，出版者不详，1780。哥伦比亚大学东亚图书馆善本书。

靳蓉镜,《鄢陵县志》，见《中国方志丛书》，台北：成文出版社，1976。

觉罗普尔泰,《单县志》，出版者不详，1759。哥伦比亚大学东亚图书馆善本书。

觉罗石麟,《(雍正)山西通志》，四库全书版。

康海,《武功县志》，四库全书版。

康基渊,《嵩县志》，见《中国方志丛书》，台北：成文出版社，1976。

297 库增银、杨谦,《陵川县志》。出版者不详，1933（？）哥伦比亚大学东亚图书馆特藏。

奎昌、袁通,《河内县志》，出版者不详，1825（？），哥伦比亚大学东亚图书馆特藏。

赖昌期、谭云,《阳城县志》，出版者不详，1874（？），缩微胶卷：哥伦比亚大学。

李畴，《（光绪）沁水县志》，出版者不详，1881。哥伦比亚大学东亚图书馆特藏。

李焕扬、杨於铸，《垣曲县志》。出版者不详，1879（？）哥伦比亚大学东亚图书馆特藏。

李锦，《新乡县志》，见《天一阁藏明代方志选刊》，台北：新文丰出版公司，1985。

李凯朋、耿步蟾，《灵石县志》。出版者不详，1934。哥伦比亚大学东亚图书馆特藏。

李可久、张光孝，《华州四志（隆庆、康熙、乾隆、光绪）》，出版者不详，1882。哥伦比亚大学东亚图书馆特藏。

李起元、王连儒，《长清县志》。出版者不详，1935。哥伦比亚大学东亚图书馆特藏。

李廷宝、乔世宁，《耀州志》，见《中国方志丛书》。台北：成文出版社，1976。

李体仁、王学礼，《蒲城县新志》，出版者不详，1905。哥伦比亚大学东亚图书馆特藏。

李卫，《（雍正）畿辅通志》。四库全书版。

李维桢，《（万历）山西通志》，见《稀见中国地方志汇刊》，江苏：中国书店，1992。

李贤，《明一统志》，四库全书版。

李照，《荥阳县志》，见《新修方志丛刊》，台北：学生书局，1968。

李钟珩、王之哲，《岳阳县志》，见《中国方志丛书》，台北：成文出版社，1976。 298

梁善长，《白水县志》，见《中国方志丛书》，台北：成文出版社，1976。

林鸾，《襄城县志》，见《天一阁藏明代方志选刊》，台北：新文丰出版公司，1985。

刘必达、姚开第，《邠州志新稿》，见《新修方志丛刊》，台北：学生书局，1967。

刘崇元、张枚，《（雍正）太平县志》，出版者不详，1725。缩微胶卷：哥伦比亚大学。

刘懋官，《重修泾阳县志》，出版者不详，1911。哥伦比亚大学东亚图书馆特藏。

刘棨，《平阳府志》，见《稀见中国地方志汇刊》，江苏：中国书店，1992。

刘讱，《鄢陵志》，见《天一阁藏明代方志选刊》，台北：新文丰出版公司，1985。

刘绍攽，《三原县志》，见《新修方志丛刊》，台北：学生书局，1967。

刘盛藻、陈兆麟,《开州志》，出版者不详，1882。哥伦比亚大学东亚图书馆特藏。
刘师亮,《襄陵县志》，见《中国方志丛书》，台北：成文出版社，1976。
刘应时、冯惟纳,《青州府志》，见《天一阁藏明代方志选刊》，台北：新文丰出版公司，1985。
刘玉玑、张其昌,《临汾县志》。出版者不详，1933。哥伦比亚大学东亚图书馆特藏。
刘於义,《(雍正)陕西通志》，四库全书版。
刘镇华、刘莲青,《巩县志》，重印，北京：新华书店，1990。
299 陆继萼,《登封县志》，出版者不详，1787。哥伦比亚大学东亚图书馆善本书。
陆绍治,《渑池县志》，出版者不详，1928（？）。哥伦比亚大学东亚图书馆特藏。
庐崧,《彰德府志》。出版者不详，1787。哥伦比亚大学东亚图书馆善本书。
陆维垣、李天秀,《华阴县志》，西安：艺林印书社，1928。缩微胶卷：哥伦比亚大学。
卢焯,《(乾隆)福建通志》，四库全书版。
吕懋勋,《蓝田县志》，出版者不详，1875。哥伦比亚大学东亚图书馆特藏。
吕柟,《高陵县志》，见《西北稀见方志文献》册12，兰州：兰州古籍书店，1990。
罗传铭、路炳文,《商南县志》，见《中国方志丛书》，台北：成文出版社，1976。
马步蟾,《徽州府志》，出版者不详，1827（？）。哥伦比亚大学东亚图书馆特藏。
马鉴、寻銮炜,《荣河县志》，见《中国方志丛书》，台北：成文出版社，1976。
迈柱,《(雍正)湖广通志》，四库全书版。
茅丕熙、杨汉章,《河津县志》，出版者不详，1880。哥伦比亚大学东亚图书馆特藏。
聂涛,《镇安县志》，见《新修方志丛刊》。台北：学生书局，1968。
潘庭楠,《邓州志》，见《天一阁藏明代方志选刊》，台北：新文丰出版公司，1985。
潘钺、宋之树,《猗氏县志》，见《中国方志丛书》，台北：成文出版社，1976。
300 庞文中、任肇新,《重修盩厔县志》，出版者不详，1925（？）。缩微胶卷：哥伦比亚大学。
钱以垲,《隰州志》，见《中国方志丛书》。台北：成文出版社，1976。

乔光烈、周景柱,《蒲州府志》,出版者不详,1755。哥伦比亚大学东亚图书馆善本书。

秦尧曦,《开封府志》,出版者不详,1863(?)。哥伦比亚大学东亚图书馆特藏。

任耀先、张桂书,《浮山县志》,出版者不详,1935(?)。哥伦比亚大学东亚图书馆特藏。

山西省万荣县志编撰委员会,《万荣县志》,北京:海潮出版社,1995。

沈凤翔,《稷山县志》,出版者不详,1865。哥伦比亚大学东亚图书馆特藏。

沈千鉴,《(嘉庆)河津县志》,见《稀见中国地方志汇刊》,江苏:中国书店,1992。

沈锐、章过,《蓟州志》,出版者不详,1831(?)。哥伦比亚大学东亚图书馆特藏。

沈绍庆,《光山县志》,见《天一阁藏明代方志选刊》,台北:新文丰出版公司,1985。

沈锡荣、王锡章,《长武县志》,见《中国方志丛书》,台北:成文出版社,1969。

施诚,《河南府志》,出版社不详,1867(?)。哥伦比亚大学东亚图书馆特藏。

石道立,《澄城县志》,见《西北稀见方志文献》册14,兰州:兰州古籍书店,1990。

舒化民、徐德城,《长清县志》,出版者不详,1835。哥伦比亚大学东亚图书馆特藏。

孙奂仑,《洪洞县志》,上海:商务印书馆,1917。缩微胶卷:哥伦比亚大学。

汤毓倬、孙星衍,《偃师县志》,见《中国方志丛书》,台北:成文出版社,1976。 301

陶宗奇、张鹏翱,《昌黎县志》,出版者不详,1933(?)。哥伦比亚大学东亚图书馆特藏。

田光岐、陈兆凤,《富平县志》,出版者不详,1891。哥伦比亚大学东亚图书馆特藏。

田金祺,《汜水县志》,上海:世界书局,1928。缩微胶卷:哥伦比亚大学。

万启钧、张承熊,《夏县志》。出版者不详,1880(?)。哥伦比亚大学东亚图书馆特藏。

王崇庆,《开州志》,见《天一阁藏明代方志选刊》,台北:新文丰出版公司,1985。

王凤翔,《洛宁县志》,出版者不详,1917(?)哥伦比亚大学东亚图书馆特藏。

王怀斌、赵邦楹，《澄城县附志》，见《中国方志丛书》，台北：成文出版社，1969。

汪坚，《洛阳县志》，见《中国方志丛书》，台北：成文出版社，1969。

王如玖，《直隶商州志》，出版者不详，1744。哥伦比亚大学东亚图书馆善本书。

王士俊，《（雍正）河南通志》，四库全书版。

王轩，《（光绪）山西通志》，北京：中华书局，1990。

王幼侨，《续安阳县志》，出版者不详，1933（？）。哥伦比亚大学东亚图书馆特藏。

王增，《汝宁府志》，出版者不详，1796（？）。哥伦比亚大学东亚图书馆特藏。

王正茂《临晋县志》，见《中国方志丛书》，台北：成文出版社，1976。

302 魏津，《偃师县志》，见《天一阁藏明代方志选刊》，台北：新文丰出版公司，1985。

魏襄同，《清嘉庆洛阳县志》，出版者不详，1916。哥伦比亚大学东亚图书馆特藏。

文廉、蒋相南，《同州府志》，出版者不详，1851（？）。哥伦比亚大学东亚图书馆特藏。

吴庚，《乡宁县志》，出版者不详，1917（？）。哥伦比亚大学东亚图书馆特藏。

邬汉章、仇汝功，《曲沃县志》，太原：达名阁，1928。缩微胶卷：哥伦比亚大学。

巫慧、王居正，《蒲县志》，见《中国方志丛书》，台北：成文出版社，1976。

吴葵之、裴国苞，《吉县全志》，出版者不详，1879（？）。哥伦比亚大学东亚图书馆特藏。

武穆淳，《安阳县志》，北平：文岚簃古宋印书局，1933（？）。哥伦比亚大学东亚图书馆特藏。

吴森，《仙游县志》，重印，台北：台北市莆仙同乡会，1963。

吴耀门、李士彬，《襄阳县志》，出版者不详，1874（？）。哥伦比亚大学东亚图书馆特藏。

席奉乾、孙景烈，《合阳县全志》，见《中国方志丛书》，台北：成文出版社，1970。

夏子鎏、李昌时，《玉田县志》，中国：经州书院，1884。哥伦比亚大学东亚图书馆特藏。

向淮，《续潼关县志》，见《中国方志丛书》，台北：成文出版社，1969。

萧光汉,《芮城县志》,见《中国方志丛书》,台北:成文出版社,1968。

谢应起、刘占卿,《宜阳县志》,出版者不详,1881。哥伦比亚大学东亚图书馆特藏。

许容,《(雍正)甘肃通志》,四库全书版。 303

许三礼,《(康熙)海宁县志》,见《中国方志丛书》,台北:成文出版社,1983。

鄢桂枝,《翼城县志》,见《天一阁藏明代方志选刊续编》,上海:上海书店,1990。

阎佩礼、段金成,《永和县志》,出版者不详,1930。哥伦比亚大学东亚图书馆特藏。

言如泗、韩夔典,《解州平陆县志》,解州:官衙,1794。哥伦比亚大学东亚图书馆善本书。

言如泗,《解州安邑志》,见《中国方志丛书》,台北:成文出版社,1976。

杨端本,《潼关县志》,见《新修方志丛刊》,台北:学生书局,1967。

杨国泰,《太原县志》,出版者不详,1826。哥伦比亚大学东亚图书馆特藏。

杨令琢,《新修荣河县志》,见《故宫珍本丛刊》册78,海口:海南出版社,2001。

杨守礼、石茂华,《宁夏志》,见《新修方志丛刊》,台北:学生书局,1969。

杨廷亮,《赵城县志》,出版者不详,1827。哥伦比亚大学东亚图书馆特藏。

姚本、苏东柱,《(顺治)邠州志》,见《清代孤本方志选》,北京:线装书局,2001。

永济县志编撰委员会,《永济县志》,太原:山西人民出版社,1991。

余宝滋、杨韨田,《闻喜县志》,出版者不详,1918。哥伦比亚大学东亚图书馆特藏。

余正东、黎锦熙,《同官县志》,同官:县政府,1944。

岳濬,《(乾隆)山东通志》,四库全书版。 304

臧应桐,《咸阳县志》,见《新修方志丛刊》,台北:学生书局,1967。

张宝琳、王棻,《永嘉县志》,出版者不详,1882。哥伦比亚大学东亚图书馆特藏。

张承熊,《解州志》,出版者不详,1881(?)。哥伦比亚大学东亚图书馆特藏。

张纯儒、莫琛,《(康熙)长武县志》,见《清代孤本方志选》,北京:线装书局,2001。

张聪贤，《长安县志》，出版者不详，1815。哥伦比亚大学东亚图书馆特藏。

张钫、李希白，《新安县志》，见《中国方志丛书》，台北：成文出版社，1975。

张金城，《宁夏府志》，见《中国方志丛书》，台北：成文出版社，1968。

张楷，《永宁县志》，出版者不详，1790。缩微胶卷：哥伦比亚大学。

张良知，《许州志》，见《天一阁藏明代方志选刊》，台北：新文丰出版公司，1985。

张世英、王权，《武功县续志》，武功：县署，1888。哥伦比亚大学东亚图书馆特藏。

章泰，《（康熙）盩厔县志》，见《清代孤本方志选》，北京：线装书局，2001。

张心镜，《蒲城县志》，见《中国方志丛书》，台北：成文出版社，1976。

张元际，《校订兴平县志》，出版者不详，1932。哥伦比亚大学东亚图书馆特藏。

张钟秀，《（乾隆）太平县志》，出版者不详，1775。缩微胶卷：哥伦比亚大学。

305 赵葆贞、段光世，《鄠县志》，见《中国方志丛书》，台北：成文出版社，1969。

赵本荫、程仲昭《韩城县续志》，见《中国方志丛书》。台北：成文出版社，1976。

赵凤诏，《沁水县志》，见《故宫珍本丛刊》册78，海口：海南出版社，2001。

赵宏恩，《（乾隆）江南通志》，四库全书版。

赵开元、畅俊，《新乡县志》，见《中国方志丛书》，台北：成文出版社，1976。

赵希曾，《陕州直隶州志》，出版者不详，1892（？）。哥伦比亚大学东亚图书馆特藏。

赵耀彤、徐元灿，《孟津县志》，见《中国方志丛书》，台北：成文出版社，1976。

赵英祚，《（光绪）泗水县志》，出版者不详，1892。哥伦比亚大学东亚图书馆特藏。

郑德枢、杨政廉，《永寿县志》，出版者不详，1888。哥伦比亚大学东亚图书馆特藏。

郑相，《夏邑县志》，见《天一阁藏明代方志选刊》，台北：新文丰出版公司，1985。

周家楣、张之洞，《顺天府志》，出版者不详，1884。哥伦比亚大学东亚图书馆特藏。

周铭旂、王万魁，《乾州志稿》，乾州：乾阳书院，1884。哥伦比亚大学东亚图书馆特藏。

朱超，《清水县志》，见《新修方志丛刊》，台北：学生书局，1968。

朱睦㮮、李濂，《（嘉靖）河南通志》，出版者不详，1556（？）。缩微胶卷：北平图书馆善本书。

朱廷模、孙星衍，《三水县志》，见《中国方志丛书》，台北：成文出版社，1970。 306

朱樟、田嘉穀，《泽州府志》，出版者不详，1735。哥伦比亚大学东亚图书馆善本书。

2）其他资料

白新良，《中国古代书院发展史》，天津：天津大学出版社，1995。

Beattie, Hilary J. *Land and Lineage in China: A Study of T'ung-Ch'eng County, Anhwei, in the Ming and Ch'ing Dynasties*. Cambridge: Cambridge University Press, 1979.

Berthrong, John H. *Transformations of the Confucian Way*. Boulder, CO: West-view Press, 1998.

Birdwhistell, Anne D. *Li Yong (1627-1705) and Epistermological Dimensions of Confucian Philosophy*. Stanford: Stanford University Press, 1996.

Birge, Bettine. *Women, Property, and Confucian Reaction in Sung and Yuan China*. Cambridge: Cambridge University Press, 2002.

Bloom, Irene. *Knowledge Painfully Acquired*. New York: Columbia University Press, 1987.

——. "On the 'Abstraction' of Ming Thought: Some Concrete Evidence from the Philosophy of Lo Ch'in -shun." In *Principle and Practicality: Essays in Neo-Confucianism and Practical Learning*, edited by Wm. Theodore de Bary and Irene Bloom, pp.69-125. New York: Columbia University Press, 1979.

Bol, Peter K. "Local History and Family in the Past and Present." In *The New and Multiple: Sung Senses of the Past*, edited by Thomas H. C. Lee, pp. 307-48. Hong Kong: Chinese University Press, 2004.

——. "The 'Localist Turn' and 'Local Identity' in Later Imperial China." *Late Imperial China* 24.2 (December 2003): 1−50.

——. "Neo-Confucianism and Local Society: Twelfth to Sixteenth Century: A Case Study." In *The Song-Yuan-Ming Transition in Chinese History*, edited by Paul Jakov

Smith and Richard von Glahn, pp.241－83, Cambridge: Harvard University Asia Center, 2003.

307 ——. *Neo-Confucianism in History*. Cambridge: Harvard University Asia Center, 2008.

——. "On the Problem of Contextualizing Ideas: Reflection on Yu Yingshi's Approach to the Study of Song Daoxue." *Journal of Song-Yuan Studies* 34 (2004): 59–79.

——. "The Rise of Local History: History, Geography, and Culture in Southern Song and Yuan Wuzhou." *Harvard Journal of Asiatic Studies* 61.1 (2001): 37－76.

——. "Seeking Common Ground: Han Literati under Jurchen Rule." *Harvard Journal of Asiatic Studies* 47.2 (1987): 461－538.

——. "The Sung Examination System and the Shih." *Asia Major*, 3rd series, 3, no. 2 (1992): 149－71.

——. *"This Culture of Ours": Intellectual Transitions in T'ang and Sung China*. Stanford: Stanford University Press, 1992.

Brokaw, Cynthia J. *The Ledgers of Merit and Demerit: Social Change and Moral Order in Late Imperial China*. Princeton: Princeton University Press, 1991.

Brokaw, Cynthia J., and Chow Kai-wing, eds. *Printing and Book Culture in Late Imperial China*. Berkeley: University of California Press, 2005.

Brook, Timothy. *The Chinese State in Ming Society*. London: Routledge Curzon, 2005.

——. *The Confusions of Pleasure: Commerce and Culture in Ming China*. Berkeley: University of California Press, 1998.

——. *Praying for Power: Buddhism and the Formation of Gentry Society in Late-Ming China*. Cambridge, MA: Council on East Asian Studies, Harvard University, 1993.

曹端，《曹端集》，北京：中华书局，2003。

——《曹月川集》，四库全书版。（文渊阁四库全书内联网版。）

曹学佺，《蜀中广记》，四库全书版。

曹于汴，《仰节堂集》，四库全书版。

308 Chaffee, John W. *The Thorny Gates of Learning in Sung China: A Social History of Examinations*. Albany: State University of New York Press, 1995.

柴继光，《薛瑄的从政思想与实践》，见《运城师专学报》（1990.1）：84－87。

Chan, Hock-Lam 陈学霖. *China and the Mongols: History and Legend under the*

Yuan and Ming. Aldershot, U.K.: Ashgate, 1999.

——. "Historical Revisions under the Ming Yongle Emperor (r.1402—1424)." In *The Legitimation of New Orders: Case Studies in World History*, edited by Leung Yuen-sang, 75-158. Hong Kong: The Chinese University Press, 2007.

Chan, Hock-Lam, and Wm. Theodore de Bary, eds. *Yuan Thought: Chinese Thought and Religion under the Mongols*. New York: Columbia University Press, 1982.

Chan, Wing-tsit 陈荣捷. "Chu-His and Yuan Neo-Confucianism." In *Yuan Thought: Chinese Thought and Religion under the Mongols*, edited by Hock Lam Chan and Wm. Theodore de Bary, 197-231. New York: Columbia University Pressm, 1982.

——. *Historical Charts of Chinese Philosophy*. New Haven: Far Eastern Publications, Yale University, 1955.

——. *Neo-confucianism, etc: Essays*. Hanover: Oriental Society, 1969.

——《宋明理学之概念与历史》，台北："中央研究院" 中国文哲研究所筹备处，1996。

——《朱子新探索》，上海：华东师范大学出版社，2007。

——, trans. *Reflections on Things at Hand: The Neo-Confucian Anthology Compiled by Chu Hsi and Lu Tsu Ch'ien*. New York: Columbia University Press, 1967.

张艺曦，《社群、家族与王学的乡里实践——以明中晚期江西吉水、安福两县为例》，台北：台湾大学出版委员会，2006。

常建华，《明代宗族研究》，上海：上海人民出版社，2005。

常裕，《河汾道统——河东学派考论》，北京：人民出版社，2009。 309

常赞春，《山西献征》，重印，台北：山西文献社，1980。

陈棐，《陈文冈先生文集》，出版者不详，1581。缩微胶卷：国家图书馆，1968。

陈谷嘉、邓洪波主编，《中国书院史资料》，杭州：浙江教育出版社，1998。

陈九德主编，《皇明名臣经济录》，四库禁毁书丛刊版，北京：北京出版社，1997。

陈来，《宋明理学》，沈阳：辽宁教育出版社，1992。

陈瑞，《明代徽州家谱的编修及其内容与体例的发展》，见《安徽史学》(2000.4)：23–27。

Chen Wenyi 陈雯怡. "Networks, Communities, and Identities: On the Discursive

Practices of Yuan Literati," Ph.D. dissertation, Harvard University, 2007.

——《由官学到书院——从制度与理念的互动看宋代教育的演变》，台北：联经出版事业股份有限公司，2004。

陈文烛，《二酉园文集》，四库全书存目丛书版。济南：齐鲁书社，1997。

陈献章，《陈白沙集》，四库全书版。

陈扬炯，《薛瑄与佛教》，见《运城师专学报》（1990.1）：22–28。

陈祖武，《中国学案史》，台北：文津出版社，1994。

程敏政，《篁墩文集》，四库全书版。

——编，《明文衡》，四库全书版。

310 Ch'ien, Edward T 钱新祖 . *Chiao Hung and the Restructuring of Neo-Confucianism in the Late Ming*. New York: Columbia University Press, 1986.

——. "The Conception of Language and the Use of Paradox in Buddhism and Taoism." *Journal of Chinese Philosophy* 11.4 (December 1984): 375–99.

——. "Neither Structuralism Nor Lovejoy's History of Ideas: A Disidentification with Professor Ying-Shi Yu's Review as a Dis-course." *Ming Studies* 31 (Fall 1991): 42–77.

——. "The Neo-Confucian Confrontation with Buddhism: A Structural and Historical Analysis." *Journal of Chinese Philosophy* 9.3 (September 1982): 307–8.

——《中国的传统思想与比较分析的措词》，见《台湾社会研究季刊》1.1（春 1985）：189–208。

Ching, Julia 秦家懿 , trans. *The Records of Ming Scholars*. Honolulu: University of Hawaii Press, 1987.

Chow, Kai-wing 周启荣 . "Between Canonicity and Heterodoxy: Hermeneutical Moments of the Great Learning (Ta-hsueh)." In *Imagining Boundaries: Changing Confucian Doctrines, Texts, and Hermeneutics*, pp.147-64. Albany: State University of New York Press, 1999.

——. *Publishing , Culture, and Power in Early Modern China*. Stanford: Stanford University Press, 2004.

——. *The Rise of Confucian Ritualism in Late Imperial China: Ethics, Classics and Lineage Discourse*. Stanford: Stanford University Press, 1994.

Chow, Kai-wing, On-Cho Ng, and John B. Henderson, eds. *Imagining Boundaries:*

Changing Confucian Doctrines, Texts, and Hermeneutics. Albany: State University of New York Press, 1999.

Chu, Hung-Lam 朱鸿林 . "The debate over Recognition of Wang Yang-ming." *Harvard Journal of Asiatic Studies* 48.1 (June 1988): 47-70.

——《明儒学案点校释误》，台北："中央研究院"历史语言研究所，1991。

——《王阳明从祀孔庙的史料问题》，见《史学集刊》6（2008.11）：35–44。

——《元儒吴澄从祀孔庙的历程与时代意涵》，见《亚洲研究》23（1997）：269– 311
320。

——《中国近世儒家实质的思辨与习学》。北京：北京大学出版社，2005。

Clark, Hugh R. *Portrait of a Community: Society, Culture, and the Structures of Kinship in the Mulan River Valley (Fujian) from the Late Tang through the Song*. Hong Kong: The Chinese University Press, 2007.

——. "Reinventing the Genealogy: Innovation in Kinship Practice in the Tenth to Eleventh Centuries." In *The New and the Multiple: Sung Senses of the Past*, edited by Thomas Lee, pp. 237-85. Hong Kong: The Chinese University Press, 2004.

Clunas, Craig. *Fruitful Sites: Garden Culture in Ming Dynasty China*. Durham: Duke University Press, 1996.

Cohen, Myron L. *Kinship, Contract, Community, and State: Anthropological Perspectives on China*. Stanford: Stanford University Press, 2005.

——. "Lineage Organization in North China." *Journal of Asian Studies* 49.3 (August 1990): 509–34.

Cohen, Paul A. *China Unbound: Evolving Perspectives on the Chinese Past*. London: Routledge Curzon, 2003.

崔铣，《洹词》，四库全书版。

——《士翼》，四库全书版。

Dardess, John W. *Blood and History in China: The Donglin Faction and Its Repression, 1620-1627*. Honolulu: University of Hawaii Press, 2002.

——. "The Cheng Communal Family: Social Organization and Neo-Confucianism in Yuan and Early Ming China." *Harvard Journal of Asiatic Studies* 34 (1974): 7–52.

——. *Confucianism and Autocracy: Professional Elites in the Founding of the Ming Dynasty*. Berkeley: University of California Press, 1983.

——. *Conquerors and Confucians: Aspects of Political Change in Late Yuan China*. New York: Columbia University Press, 1973.

——. *A Ming Society: T'ai-ho County, Kiangsi, in the Fourteenth to Seventeenth Centuries*. Berkeley: University of California Press, 1996.

312 De Bary, Wm. Theodore. *Learning for One's Self: Essays on the Individual in Neo-Confucian Thought*. New York: Columbia University Press, 1991.

——. *The Liberal Tradition in China*. Hong Kong: The Chinese University Press, 1983.

——. *The Message of the Mind in Neo-Confucianism*. New York: Columbia University Press, 1989.

——. *Neo-Confucian Orthodoxy and the Learning of the Mind and Heart*. New York: Columbia University Press, 1981.

——. "Neo-Confucian Cultivation and the Seventeenth-Century 'Enlightenment'." In *The Unfolding of Neo-Confucianism*, edited by de Bary and the Conference on Seventeenth-Century Chinese Thought, 141－216. New York: Columbia University Press, 1975.

——. "A Reappraisal of Neo-Confucianism." In *Studies in Chinese Thought*, edited by Arthur Wright, pp. 81-111. Chicago: Chicago University Press, 1953.

——. "Reply to Frederick Mote's 'The Limits of Intellectual History.'" *Ming Studies* 21 (Fall 1985): 77-92.

—— ed. *Self and Society in Ming Thought*. New York: Columbia University Press, 1970.

——. *The Unfolding of Neo-Confucianism*. New York: Columbia University Press, 1975.

——. "The Synthesis of Song Neo-Confucianism in Zhu Xi." In *Sources of Chinese Tradition 1*, edited by Wm Theodore de Bary and Irene Bloom, pp. 697-99. New York: Columbia University Press, 1999.

——. "The Uses of Neo-Confucianism: A Response to Professor Tillman." *Philosophy East and West* 43.3 (July 1993): 541－55.

De Bary, Wm. Theodore, and Irene Bloom, eds. *Principle and Practicality: Essays in Neo-Confucianism and Practical Learning*. New York: Columbia University Press, 1979.

De Bary, Wm. Theodore, and John W. Chaffee eds. *Neo-Confucian Education: The Formative Stage*. Berkeley: University of California Press, 1989.

De Bary, Wm. Theodore, and the Conference on Seventeenth-Century Chinese Thought. 313
The Unfolding of Neo-Confucianism. New York: Columbia University Press, 1975.

De Weerdt, Hilde. *Competition over Content—Negotiating Standards for the Civil Service Examinations in Imperial China (1127—1279)*. Cambridge: Harvard University Asia Center, 2007.

邓洪波编,《中国书院学规》, 长沙：湖南大学出版社，2000。

——编,《中国书院楹联》, 长沙：湖南大学出版社，1999。

——编,《中国书院章程》, 长沙：湖南大学出版社，2000。

邓洪波、彭爱学主编,《中国书院揽胜》, 长沙：湖南大学出版社，2000。

邓以赞,《邓定宇先生文集》, 四库全书存目丛书版。

邓元锡,《皇明书》, 续修四库全书版，上海：上海古籍出版社，1995–99。

Dennerline, Jerry. *The Chia-ting Loyalists: Confucian Leadership and Social Change in Seventeenth-Century China*. New Haven: Yale University Press, 1981.

Dennis, Joseph Raymond. "Writing, Publishing, and Reading Local Histories in Ming China." Ph.D. dissertation, University of Minnesota, 2004.

Des Forges, Roger V. *Cultural Centrality and Political Change in Chinese History: Northeast Henan in the Fall of the Ming*. Stanford: Stanford University Press, 2003.

Ditmanson, Peter Brian. "Contesting Authority: Intellectual Lineages and the Chinese Imperial Court from the Twelfth to the Fifteenth Centuries." Ph.D. dissertation, Harvard University, 1999.

Dreyer, Edward L. *Early Ming China: A Political History*, 1355-1435. Stanford: Stanford University Press, 1982.

段润秀,《〈明史 · 王守仁传〉编纂考论》, 见《史学集刊》3（2007.5）: 82−87.

Duara, Prasenjit. *Culture, Power, and the State: Rural North China, 1900—1942*. 314
Stanford: Stanford University Press, 1988.

鄂尔泰等编，《世宗宪皇帝朱批谕旨》，四库全书版。

Ebrey, Patricia B. *Family and Property in Sung China: Yuan Ts'ai's Precepts for Social Life*. Princeton: Princeton University Press, 1984.

——."The Early Stages in the Development of Descent Group Organization." In *Kinship Organization in Late Imperial China: 1000-1940*, edited by Patricia B. Ebrey and James Watson, pp. 16-61. Berkeley: University of California Press, 1986.

——. *The Inner Quarters: Marriage and the Lives of Chinese Women in the Song Period*. Berkeley: University of California Press, 1993.

Ebrey, Patricia B., and James Watson, eds. *Kinship Organization in Late Imperial China: 1000—1940*. Berkeley: University of California Press, 1986.

Ebrey, Patricia B., and Peter Gregory, eds. *Religion and Society in T'ang and Sung China*. Honolulu: University of Hawaii Press, 1993.

Elman, Benjamin A. *Classicism, Politics, and Kinship: the Ch'ang-chou School of New Text Confucianism in Late Imperial China*. Berkeley: University of California Press, 1990.

——. *A Cultural History of Civil Examinations in Late Imperial China*. Berkeley and Los Angeles: University of California Press, 2000.

——. *From Philosophy to Philology: Intellectual and Social Aspects of Change in Late Imperial China*. Cambridge, MA: Council on East Asian Studies, Harvard University, 1984.

——. *On Their Own Terms: Science in China, 1550-1900*. Cambridge, MA: Harvard University Press, 2005.

——. "Where is King Ch'eng ? Civil Examinations and Confucian Ideology during the Early Ming, 1368-1415." T'oung Pao 79 (1993): 23−68.

Elman, Benjamin A., and Alexander Woodside, eds. *Education and Society in Late Imperial China, 1600-1900*. Berkeley: University of California Press, 1994.

Endicott-West, Elizabeth. *Mongolian Rule in China: Local Administration in the Yuan Dynasty*. Cambridge: Harvard University Press, 1989.

Esherick, Joseph W., and Mary Backus Rankin, eds. *Chinese Local Elites and Patterns of Dominance*. Berkeley: University of California Press, 1990.

方象瑛，《明史分稿残编》，《丛书集成续编》版，台北：新文丰出版公司，1991。 315

方学渐，《心学宗》，四库全书存目丛书版。

方扬，《方初庵先生集》，四库全书存目丛书版。

方应选，《方众甫集》，四库全书存目丛书版。

Faure, David, *Emperor and Ancestor: State and Lineage in South China*. Stanford: Stanford University Press, 2007.

Fei Siyen. "'We must be taxed': A Case of Populist Urban Fiscal Reform in Ming Nanjing (1368—1644)." *Late Imperial China* 28.2 (December 2007): 1-40.

冯从吾，《关学编》，四库全书存目丛书版。

——《少墟集》，四库全书版。

Fisher, Carney T. *The Chosen One: Succession and Adoption in the Court of Ming Shizong*. Sydney, Boston: Allen & Unwin, 1990.

Freedman, Maurice. *Lineage Organization in Southeastern China*. London: University of London, 1958.

——. *The Study of Chinese Society*. Stanford: Stanford University Press, 1979.

傅伟勋等编，《西方汉学家论中国》，台北：中正书局，1993。

Furth, Charlotte. *A Flourishing Yin: Gender in China's Medical History, 960-1665*. Berkeley: University of California Press, 1999.

Furth, Charlotte, Judith T. Zeitlin, and Ping-chen Hsiung, eds. *Thinking with Cases: Specialist Knowledge in Chinese Cultural History*. Honolulu: University of Hawaii Press, 2007.

高攀龙，《高子遗书》，四库全书版。

高树帜，《薛瑄的宇宙观、认识论与复性说》，见《运城师专学报》(1990.1)：40–46。

Gardner, Daniel K. "Modes of Thinking and Modes of Discourse in the Sung: Some 316
Thoughts on the Yu-lu ('Recorded Conversations') Texts." *The Journal of Asian Studies* 5.3 (August 1991): 574–603.

Gates, Hill. China's Motor: *A Thousand Years of Petty Capitalism*. Ithaca: Cornell University Press, 1996.

葛剑雄编，《中国人口史》册 4，上海：复旦大学出版社，2000。

葛守礼,《葛端肃公文集》，出版者不详，重印序 1791。

耿定向,《硕辅宝鉴》，台北：文海出版社，1970。

——《先进遗风》,《丛书集成初编》版，北京：中华书局，1985。

龚鹏程,《宋代的族谱与理学》，见第二届亚洲族谱学术研究会会议记录，页 49–95。

龚用卿,《云岗选稿》，四库全书存目丛书版。

Goodrich, L. Carrington, ed. *Dictionary of Ming Biography, 1368—1644*. New York: Columbia University Press, 1976.

Grafflin, Dennis. "The Onomastics of Medieval South China: Patterned Naming in the Lang-yeh and T'ai-yuan Wang." *Journal of the American Oriental Society* 103.2 (April–June 1983): 383−98.

谷方,《论薛瑄哲学的基本特征》，见《运城师专学报》(1990.1)：15−21，59。

顾璘,《凭几集》，四库全书版。

顾炎武,《日知录》，四库全书版。

谷应泰,《明史纪事本末》，上海：上海古籍出版社，1994。

谷中虚,《薛文清公要言》，续修四库全书版。

317 顾祖禹,《读史方舆纪要》，京都：中文出版社，1981。

郭润伟,《薛瑄对理学宗旨的实践》，见《山西大学学报》(1990.1)：25−27。

——《薛瑄和程朱道学的终结》，见《晋阳学刊》(1988.5)：58−62。

——《薛瑄理学的宗旨》，见《山西大学学报》(1987.4)：65−67。

过庭训,《本朝分省人物考》，台北：台湾成文出版社，1971。

郭振有,《略论薛瑄的教育思想》，见《运城师专学报》(1988.1)：68−76。

"中央"图书馆《明人传记资料索引》，台北："中央"图书馆，1965。

韩邦奇,《苑洛集》，四库全书版。

韩爌,《钦定逆案》，四库全书存目丛书版。

Handlin, Joanna F. *Action in Late Ming Thought: The Reorientation of Lü Kun and Other Scholar-officials*. Berkeley: University of California Press, 1983.

郝星久,《薛瑄的教育思想》，见《晋阳学刊》(1983.6)：98−101。

Hartwell, Robert. "Demographic, Political, and Social Transformations of China, 750—1550." *Harvard Journal of Asiatic Studies* 42:2 (December 1982): 365−442.

Hauf, Kandice J. "The Jiangyu Group: Culture and Society in Sixteenth Century China."

Ph.D. dissertation, Yale University, 1987.

——. Wang Yang-ming and the Redrawing of the Boundary of Confucianism." In *Imagining Boundaries: Changing Confucian Doctrines, Texts, and Hermeneutics*, edited by Kai-wing Chow et al., pp. 121–46. Albany: State University of New York Press, 1999.

何良俊,《四友斋丛说》, 北京：中华书局，1983。

何乔远,《名山藏》, 扬州：江苏广陵古籍刻印社，1993。

《河东薛氏世谱》, 中国：尽诚堂，三凤，1802（？）。哥伦比亚大学东亚图书馆 318
特藏。

胡居仁,《胡文敬集》, 四库全书版。

胡松,《胡庄肃公文集》, 四库全书存目丛书版。

胡务,《元代庙学——无法割舍的儒学教育链》, 见博士论文，香港中文大学，2000。

胡缵宗,《鸟鼠山人小集》, 四库全书存目丛书版。

黄淮,《黄文简公介庵集》, 四库全书存目丛书版。

黄进兴,《圣贤与圣徒》, 台北：允晨文化实业股份有限公司，2001。

——《优入圣域——权力、信仰与正当性》, 台北：允晨文化实业股份有限公司，1994。

Huang, Ray 黄仁宇 . *1587, A Year of No Significance: The Ming Dynasty in Decline*. New Haven: Yale University Press, 1981.

黄虞稷,《千顷堂书目》, 四库全书版。

黄宗羲,《明儒学案》, 台北：台湾"中华书局"，1970。

——编,《明文海》, 台北：台湾"商务印书馆"，1983。

黄佐,《翰林记》, 丛书集成初编版。

——《南雍志》, 续修四库全书版。

——《泰泉集》, 四库全书版。

黄甫建国,《薛瑄论法和执法》, 见《运城师专学报》（1990.1）：88–90。 319

皇甫汸,《皇甫司勋集》, 四库全书版。

Hucker, Charles ed. *Chinese Government in Ming Times: Seven Studies*. New York: Columbia University Press, 1969.

——. "The Tung-lin Movement of the Late Ming." In *Chinese Thought and Institutions,* edited by John K. Fairbank, pp. 132-62. Chicago: Chicago University Press, 1957.

霍韬，《渭崖文集》，重印，出版者不详。哥伦比亚大学东亚图书馆藏 1709 版。

Huters, Theodore, R. Bin Wong, and Pauline Yu, eds. *Culture and State in Chinese History—Conventions, Accommodations, and Critiques*. Stanford: Stanford University Press, 1997.

Hymes, Robert. "Lu Chiu-yuan, Academies, and the Problem of the Local Community." In *Neo-Confucian Education: The Formative Stage*, edited by Wm. Theodore de Bary and John W. Chaffee, pp. 432−56. Berkeley: University of California Press, 1989.

——. "Marriage, Descent Groups, and the Localist Strategy in Sung and Yuan Fu-chou." In *Kinship Organization in Late Imperial China:1000—1940*, edited by Patricia B., and James Watson, pp. 93−136. Berkeley: University of California Press, 1986.

——. "Not Quite Gentlemen ? Doctors in Sung and Yuan." *Chinese Science* 8 (1987): 9−76.

——. "Some Thoughts on Plague, Population, and the Sung-Yuan-Ming Transition: The McNeill Thesis after Twenty Years." Unpublished paper presented at the Conference on Sung-Ming Transition, Los Angeles, Summer 1997. Revised version 2001.

——. *Statesmen and Gentlemen: The Elite of Fu-chou, Chiang-hsi, in Northern and Southern Sung*. Cambridge; New York: Cambridge University Press, 1986.

——. *Way and Byway: Taoism, Local Religion, and Models of Divinity in Sung and Modern China*. Berkeley: University of California Press, 2002.

320 Hymes, Robert, and Conrad Schirokauer, eds., *Ordering the World: Approaches to State and Society in Sung Dynasty China*. Berkeley: University of California Press, 1993.

嵇璜等编，《钦定续通志》，四库全书版。

——《钦定续文献通考》，四库全书版。

纪昀，《四库全书总目》，四库全书版。

姜国柱，《薛瑄的理学思想》，见《孔子研究》(1995.2)：62−69。

焦竑辑，《国朝献征录》，台北 ：学生书局，1964。

——《玉堂丛语》，北京 ：中华书局，1981。

靳生禾，《从古今县名看山西水文变迁》，见《山西大学学报》(1982.4) : 61–68。

Johnson, David, and Andrew J. Nathan eds. *Popular Culture in Late Imperial China.* Berkeley: University of California Press, 1985.

觉罗石麟，《初修河东盐法志》，台北：学生书局，1966。

Ke Yan. “Scholars and Communications Networks—Social and Intellectual Change in 17th Century North China.” Ph.D. dissertation, Georgetown University, 1998.

Ko, Dorothy. *Teachers of the Inner Chambers: Women and Culture in Seventeenth-Century China.* Stanford: Stanford University Press, 1994.

Kelleher, M. Theresa. “Personal Reflections on the Pursuit of Sagehood: The Life and ‘Journal’ (Jih-Lu) of Wu Yu-Pi (1392—1469).” Ph.D. dissertation, Columbia University, 1982.

Koh, Khee Heong 许齐雄《从宗谱世系图与行序探讨宗族实力——以洪洞苏堡刘氏为例》，见王岳红编《谱牒学论丛》3，页 141-52。太原：山西古籍出版社，2008。

——. “East of the River and Beyond: A Study of Xue Xuan 薛瑄 (1389—1464) and the 321
Hedong School.” Ph.D. dissertation, Columbia University, 2006.

——. “Enshrining the First Ming Confucian.” *Harvard Journal of Asiatic Studies* 67.2 (December 2007): 327–74.

——《国家政治目的和理学家教育理想在官学和科举的结合——以薛瑄思想为例》，《汉学研究》27.1 (2009.3) : 87–112。

——. “The Hedong School: Regional and Translocal Intellectual Network.” *Ming Qing Studies* (2010): 117–56.

——《近五十年北美地区明代思想史研究之回顾》。硕士论文，新加坡国立大学，2002。

——. “Jinhua’s Leading Neo-Confucian in a Period of Transition—Understanding Zhang Mao 章懋.” *Ming Qing yanjiu* 明清研究 (2007): 1–29.

——《论山西洪洞苏堡刘氏从清初到民国时期的六次修谱》，见王岳红编《谱牒学论丛》2，页 122-34。太原：山西古籍出版社，2007。

——《事大至诚——从十六世纪末“昭雪国疑”和“壬辰请援”看朝鲜李朝政治核心对中国的想象和期许》，见复旦大学文史研究院编《从周边看中国》，页

337–45。北京：中华书局，2009。

——《为昭代真儒辩护：明朝人讨论薛瑄从祀问题的一个重要侧面》，见《晋阳学刊》(2007.4)：32–34。

——《我朝真儒的定义：薛瑄从祀孔庙始末与明代思想史的几个侧面》，见《中国文化研究所学报》47（2007）：93–114。

——.《薛瑄的"道统观"和"复性论"》，见《明清史集刊》9（2007）：49–61。

322 ——, with Peter Ditmanson and Chang Woei Ong. "Translocal Dynamics in Late Imperial China: An Introductory Essay." *Ming Qing Studies* (2010): 17–28.

许齐雄、李焯然等，《传统的开展与再生：沟口雄三的中国近代社会观评析》，见《明清史集刊》7（2004）：261–82。

许齐雄、王昌伟《评包弼德〈历史上的理学〉——兼论北美学界近五十年的宋明理学研究》，见《新史学》21.2（2010.6）：221–40。

Lai, Whalen, and Lewis R. Lancaster, eds. *Early Ch'an and Tibet*. Berkeley: Asian Humanities Press, 1983.

Langlois, John D. Jr., ed. *China under Mongol Rule*. Princeton: Princeton University Press, 1981.

Lee, Cheuk Yin 李焯然，《回顾与反思——浙东学派与明清思想史研究》，见陈祖武《明清浙东学术文化研究》，页 89–104，北京：中国社会科学出版社，2004。

——《明代国家理念的成立：明成祖与儒学》，见《新加坡国立大学中文系学术论文》83，新加坡：新加坡国立大学中文系，1989。

——《明史散论》，台北：允晨文化实业股份有限公司，1991。

——《丘濬评传》，南京：南京大学出版社，2005。

——《儒学传统与思想变迁》，香港：香港教育图书公司，2003。

——. "*Zhuzi xuedi* and the Restoration of Cheng-Zhu Tradition in Mid-Ming." *Monumenta Serica* 46 (1998): 173-93.

Lee, Thomas H. C. 李弘祺 . *Education in Traditional China: A History*. Leiden: Brill, 2000.

——. *Government Education and Examinations in Sung China*. Hong Kong: The Chinese University Press, 1985.

323 ——《精舍与书院》，见《汉学研究》10.2（1992.12）：307–32。

——编，《中国教育史英文著作评介》，台北：台湾大学出版中心，2005。

——, ed. *The New and the Multiple: Sung Senses of the Past*. Hong Kong: The Chinese University Press, 2004.

Leung Yuen-sang, ed. *The Legitimation of New Orders: Case Studies in World History*. Hong Kong: The Chinese University Press, 2007.

李安纲，《薛文清公文集校勘记》，见《运城师专学报》（1998.2）：15–18。

李才栋，《江西古代书院研究》，南昌：江西教育出版社，1993。

李国祥编，《明实录类纂——人物传记卷》，武汉：武汉出版社，1990。

李濂，《嵩渚文集》，四库全书存目丛书版。

李茂林、樊旺林，《韩爌墓》，见《文史月刊》（1999.Z1）：97–99。

李梦阳，《空同集》，四库全书版。

李清馥，《闽中理学渊源考》，四库全书版。

李绍文，《皇明世说新语》，续修四库全书版。

李霞，《明初理学向心学的演变》，见《江淮论坛》（2000.6）：82–85。

李贤，《古穰集》，四库全书版。

李孝聪，《中国区域历史地理》，北京：北京大学出版社，2004。

李元庆，《论河东文化的历史地位》，见《晋阳学刊》（1990.1）：40–48。 324

——《明代理学大师——薛瑄》，太原：山西高校联合出版社，1993。

——《薛瑄的认识理论与“实学”思想》，见《运城师专学报》（1988.3）：24–33。

——《薛瑄的实学思想和实践》，见《中国哲学史研究》（1988.4）：83–89。

——《薛瑄决非仅仅“恪守宋人矩矱”的理学家——对黄宗羲一条短语的辨析》，见《运城师专学报》（1987.3）：1–7，13。

——《薛瑄思想在河东文化史上的地位和作用》，见《运城师专学报》（1990.1）：34–39。

李之杰，《山西名人》，太原：山西人民出版社，2001。

李贽，《续藏书》，北京：中华书局，1962。

梁申威编，《中国书院对联》，太原：山西教育出版社，2002。

联合报文化基金会国学文献馆编，《第一届亚洲族谱学术研究会会议记录》，台北：联经出版事业股份有限公司，1984。

——《第二届亚洲族谱学术研究会会议记录》，台北：联经出版事业股份有限公司，1985。

——《第三届亚洲族谱学术研究会会议记录》，台北：联经出版事业股份有限公司，1987。

——《第四届亚洲族谱学术研究会会议记录》，台北：联经出版事业股份有限公司，1989。

——《第五届亚洲族谱学术研究会会议记录》，台北：联经出版事业股份有限公司，1991。

——《第六届亚洲族谱学术研究会会议记录》，台北：联经出版事业股份有限公司，1993。

325 ——《第七届亚洲族谱学术研究会会议记录》，台北：联经出版事业股份有限公司，1996。

廖道南，《殿阁词林记》，四库全书版。

林继平，《明学探微》，台北：台湾“商务印书馆”，1984。

林燫，《林学士集》，四库全书存目丛书版。

林尧俞等编，《礼部志稿》，四库全书版。

凌迪知，《万姓统谱》，四库全书版。

刘贯文等编，《三晋历史人物》，北京：书目文献出版社，1995。

刘海峰，《科举取才中的南北地域之争》，见《中国历史地理论丛》(1997.1)：153–69。

Liu, Hsiang-Kwang. "Education and Society: The Development of Public and Private Institutions in Hui-chou, 960-1800." Ph.D. dissertation, Columbia University, 1996.

Liu, Hui-chen Wang. *The Traditional Chinese Clan Rules*. New York: J. J. Augustin, 1959.

Liu, James 刘子健. *Ou-Yang Hsiu: An Eleventh-Century Neo-Confucianist*. Stanford: Stanford University Press, 1967.

Liu, K. C. 刘广京, ed. *Orthodoxy in Late Imperial China*. Berkeley: University of California Press, 1990.

Liu, K. C. and Richard Shek, eds. *Heterodoxy in Late Imperial China*. Honolulu: University of Hawaii Press, 2004.

刘孟雷，《圣朝名世考》，台北：明文书局，1991。

刘师培，《南北学派不同论》，见劳舒编《刘师培学术论著》，页131–67，杭州：

浙江人民出版社，1998。

刘纬毅编，《山西方志概述》，长春：吉林省地方志编纂委员会，1988. 326

——《山西历史地名词典》，太原：山西古籍出版社，2004。

刘元卿，《诸儒学案》，续修四库全书版。

刘宗贤，《明代初期的心性道德之学》，见《中国哲学史》(1999.2)：85–92。

卢昆、曹振武编，《山西市县简志》，太原：山西人民出版社，1990。

Lu Miaw-fen 吕妙芬，《阳明学士人社群——历史、思想与实践》，台北："中研院"近史所，2003。

——. "Local Identity and Learning in the Late Ming Yangming School in Jiangyou." Paper presented at the AAS annual meeting, Washington, D.C., 2002.

吕柟，《泾野子内篇》，四库全书版。

陆容，《菽园杂记》，四库全书版。

陆深，《俨山集》，四库全书版。

陆世仪，《思辨录辑要》，四库全书版。

罗虞臣，《罗司勋文集》，四库全书存目丛书版。

马理，《溪田文集》，四库全书存目丛书版。

马涛，《论薛瑄与明代的关学》，见《孔子研究》(1991.3)：92–97。

——《薛瑄与三原学派》，见《运城师专学报》(1990.1)：68–71。

马中锡，《东田集》，四库全书存目丛书版。

——《东田漫稿》，四库全书存目丛书版。

Ma, L. Eve Armentrout. "Genealogy and History: The 'Yu' of Yi-mei and Chang-wan 327
in Kwangtung's Xin-hui 'xian.'" *Asian Folklore Studies* 43.1: 109-31.

McDermott, Joseph. "Bondservants in the T'ai-hu Basin during the Late Ming: A Case of Mistaken Identities." *Journal of Asian Studies* 40:4 (1981): 675–702.

蒙培元，《薛瑄哲学思想与程朱理学的演变》，见《晋阳学刊》(1982.6)：73–78。

——《薛瑄哲学与理性主义》，见《运城师专学报》(1990.1)：3–10。

孟肇咏，《论薛瑄的"居官七要"》，见《运城师专学报》(1990.1)：73–77，83。

——《薛瑄论"言"》，见《运城师专学报》(1986.3)：23–27。

Meskill, John T. *Academies in Ming China: A Historical Essay*. Tucson: University of Arizona Press, 1982.

Miller, Harrison Stewart. "State versus Society in Late Imperial China, 1572—1644." Ph.D. dissertation, Columbia University, 2001.

闵如霖，《午塘先生集》，四库全书存目丛书版。

Mote, Frederick. "Surrejoinder to Professor William Theodore De Bary." *Ming Studies* 21 (Fall 1985): 93-94.

——. "The Limits of Intellectual History." *Ming Studies* 19 (Fall 1984): 17–25.

——. Book review on *Self and Society in Ming Thought. Journal of Asian Studies* 30.2 (Feb 1971): 434–36.

南炳文，《辉煌、曲折与启示：20 世纪中国明史研究回顾》，天津：天津人民出版社，2001。

Naquin, Susan. "Two Descent Groups in North China: The Wangs of Yung-p'ing." In *Kinship Organization in Late Imperial China, 1000—1940*, edited by Patricia B. Ebrey and James Watson, pp. 210-44. Berkeley: University of California Press, 1986.

Naquin, Susan, and Evelyn S. Rawski. *Chinese Society in the Eighteenth Century*. New Haven: Yale University Press, 1987.

328 倪谦，《倪文僖集》，四库全书版。

宁志荣，《略论薛瑄的理气观》，见《山西大学学报》(1988.4)：74–77。

牛建强，《明代人口流动与社会变迁》，开封：河南大学出版社，1997。

Ng On-cho. *Cheng-Zhu Confucianism in the Early Qing: Li Guangdi (1642—1718) and Qing Learning*. Albany: State University of New York Press, 2001.

Ong Chang Woei 王昌伟. *Men of Letters Within the Passes: Guanzhong Literati in Chinese History, 907—1911*. Cambridge: Harvard University Asia Center, 2008.

——《明初南北之争的症结》，见《明清史集刊》9(2007)：27–48。

——. "The Principles are Many: Wang Tingxiang and Intellectual Transition in Mid-Ming China." *Harvard Journal of Asiatic Studies* 66.2 (2006): 461-93.

——.《"求同"与"存异"：张载与王廷相气论之比较》，见《汉学研究》23.2(2005)：133–59。

——. "We Are One Family: Guanxue Vision in the Northern Song." *Journal of Sung-Yuan Studies* 35 (2005): 29–57.

——. "Zhang Zai's Legacy and the Construction of Guanxue in Ming China." *Ming*

Studies 51–52 (2005): 58－93.

彭泽,《段容思年谱纪略》，见《中国西北文献丛书》，系列 3，册 99，兰州：兰州古籍书店，1990。

——《段容思先生年谱纪略》，见《北京图书馆藏珍本年谱丛刊》册 39，北京：北京图书馆出版社，1999。

彭珍凤,《先贤先儒从祀孔庙东西两庑之探讨》，见《台湾文献》33.3（1982.9）：53－116。

Peterson, Willard J. *Bitter Gourd: Fang I-chih and the Impetus for Intellectual Change*. New Haven: Yale University Press, 1979.

Pomeranz, Kenneth. *The Making of a Hinterland: State, Society, and Economy in Inland North China, 1853-1937*. Berkeley: University of California Press, 1993.

祁明,《山西地方志综录》，山西：山西省地方志编纂委员会，1986。 329

钱杭,《血缘与地缘之间——中国历史上的联宗与联宗组织》，上海：上海社会科学院出版社，1990。

钱茂伟,《明代史学的历程》，北京：社会科学文献出版社，2003。

钱穆,《宋明理学概述》，台北：学生书局，1984。

乔家才,《山西行政区划古今谈》，台北：台湾山西文献社，1975。

乔全生,《论晋方言的形成》，见《山西大学学报》27.4（2004.7）：17－21。

乔宇,《乔庄简公集》，出版者不详，1571。缩微胶卷：哥伦比亚大学。

秦蕙田,《五礼通考》，四库全书版。

屈大钧,《广东新语》，北京：中华书局，1985。

全祖望,《鲒埼亭集外编》，续修四库全书版。

Rawski, Evelyn S. "The ma Landlords of Yuan-chia-kou in Late Ch'ing and Republican China." In *Kinship Organization in Late Imperial China, 1000—1940*, edited by Patricia B. Ebrey and James Watson, pp. 245－73. Berkeley: University of California Press, 1986.

容肇祖,《明代思想史》，台北：台湾开明书店，1969。

Ropp, Paul S., ed. *Heritage of China*. Berkeley: University of California Press, 1990. 330

Rowe, William. "Approaches to Modern Chinese Social History," in *Reliving the Past: The Worlds of Social History*, edited by Olivier Zunz, pp 236-84. Chapel Hill: University of North Carolina Press, 1985.

——. "Success Stories: Lineage and Elite Status in Hanyang county, Hubei, c.1368-1949." In *Chinese Local Elites and Patterns of Dominance*, edited by Joseph W. Esherick and Mary Backus Rankin, pp. 51－81. Berkeley: University of California Press, 1990

Schneewind, Sarah K. *Community Schools and the State in Ming China*. Stanford: Stanford University Press, 2006.

——. "Competing Institutions: Community Schools and Improper Shrines in Sixteenth Century China." *Late Imperial China* 20.1 (June 1999): 85－106.

——. "Visions and Revisions: Village Policies of the Ming Founder in Seven Phases." *T'oung Pao* 87 (2002): 1－43.

Schirokauer, Conrad and Robert Hymes, "Introduction." In *Ordering the World: Approaches to State and Society in Sung Dynasty China*, edited Robert Hymes and Conrad Schirokauer, pp. 1－58. Berkeley: University of California Press, 1993.

Schorr, Adam Wilder. "The Trap of Words: Political Power, Cultural Authority, and Language Debates in Ming Dynasty China." Ph.D. dissertation, University of California at Los Angeles, 1994.

尚恒元,《史穷其理，格物致知——浅析薛瑄的历史观》，见《运城师专学报》（1990.1）：91-97。

Shang Wei 商伟 . *Rulin Waishi and Cultural Transformation in Late Imperial China*. Cambridge: Harvard University Asia Center, 2003.

山西省社会科学院家谱研究中心,《中国家谱目录》，太原：山西人民出版社，1992。

沈德符,《万历野获编》，北京：中华书局，2004。

沈佳,《明儒言行录》，四库全书版。

沈鲤,《亦玉堂集》，四库全书版。

沈懋孝,《长水先生文钞》，四库禁毁书丛刊版。

沈思孝,《晋录》，丛书集成初编版。

——《秦录》，丛书集成初编版。

沈应魁,《皇明名臣言行录新编》，海南：海南出版社，2001。

331 盛清沂,《论方孝孺先生之谱学》，见《第三届亚洲族谱学术研究会会议记录》，页 223–95。台北：联经出版事业股份有限公司，1987。

——《试论宋元族谱学与新宗法之创立》，见《第二届亚洲族谱学术研究会会议记录》，页 97－159，台北：联经出版事业股份有限公司，1986。

Shirai Jun 白井順，《東アジアにおける薛瑄讀書錄の刊行と變容》，《日本中國學會報》61 (2009): 151–66。

Shryock, John K. *The Origin and Development of the State Cult of Confucius*. New York: Paragon Book Reprint Corp., 1966.

四库全书索引编撰小组，《四库全书传记资料索引》，台北：台湾“商务印书馆”，1991。

Skinner, William G., ed. *The City in Late Imperial China*. Stanford: Stanford University Press, 1977.

Smith, Paul, and Richard von Glahn, eds. *The Song-Yuan-Ming Transition in Chinese History*. Cambridge: Harvard University Asia Center, 2003.

Stover, Leon. *Imperial China and the State Cult of Confucius*. Jefferson, N.C.: McFarland & Company, 2005.

孙承恩，《文简集》，四库全书版。

孙承泽，《春明梦余录》，四库全书版。

孙奇逢，《中州人物考》，四库全书版。

Szonyi, Michael. *Practicing Kinship Lineage and Descent in Late Imperial China*. Stanford: Stanford University Press, 2002.

Taga, Akigoro 多賀秋五郎，《中國宗譜の研究》，东京：日本学术振兴会，1981–82。

——《宗譜の研究：資料編》，东京：东洋文库，1960。 332

谭其骧，《中国历史地图集》册 7，上海：地图出版社，1982。

汤斌，《洛学编》，续修四库全书版。

——《汤子遗书》，四库全书版。

唐鹤征，《皇明辅世编》，见《北京图书馆古籍珍本丛刊》，北京：书目文献出版社，1987。

唐顺之，《荊川集》，四库全书版。

唐枢，《国琛集》，丛书集成初编版。

田继综，《八十九种明代传记综合引得》，台北：成文出版社，1966。

T'ien, Ju-K'ang. Male Anxiety and Female Chastity: A Comparative Study of Chinese Ethical Values in Ming-Ch'ing Times. Leiden: G. J. Brill, 1988.

Tillman, Hoyt Cleveland《80 年代中叶以来美国的宋代思想史研究》,《中国文哲研究通讯》3.4（1993）: 63−70。

——. *Confucian Discourse and Chu Hsi's Ascendancy*. Honolulu: University of Hawaii Press, 1992.

——. "A New Direction in Confucian Scholarship: Approaches to Examining the Differences between Neo-Confucianism and Tao-Hsueh." *Philosophy East and West* 42.3 (July 1992): 455−74.

——. "The Uses of Neo-Confucianism, Revisited: A Reply to Professor de Bary." *Philosophy East and West* 44.1 (January 1994): 135−42.

——. *Utilitarian Confucianism: Ch'en Liang's Challenge to Chu-Hsi*. Cambridge: Harvard University Press, 1982.

——. "Yu Yingshi's 'The Historical World of Zhu Xi.'"《湖南大学学报》18.5（2004.9）: 35−38。

——. "Zhu Xi's Prayers to the Spirit of Confucius and Claim to the Transmission of
333 the Way." *Philosophy East and West* 54.4 (October 2004): 489−513.

童承叙,《内方先生集》, 四库未收书辑刊版，北京：北京出版社，2000。

屠应埈,《屠渐山兰晖堂集》, 四库全书存目丛书版。

Von Glahn, Richard. *Fountain of Fortune: Money and Monetary Policy in China, 1000-1700*. Berkeley: University of California Press, 1996.

Wakeman, Frederic Jr., and Carolyn Grant, eds. *Conflict and Control in Late Imperial China*. Berkeley: University of California Press, 1975.

Waltner, Ann. *Getting an Heir: Adoption and the Construction of Kinship in Late Imperial China*. Honolulu: University of Hawaii Press, 1990.

Walton, Linda. *Academies and Society in Southern Sung China*. Honolulu: University of Hawaii Press, 1999.

——. "Charitable Estates as an Aspect of Statecraft in Southern Sung China." In *Ordering the World: Approaches to State and Society in Sung Dynasty China*, edited Robert Hymes and Conrad Schirokauer, pp. 255−79. Berkeley: University of California

Press, 1993.

——. "Southern Sung Academies as Sacred Places." In *Religion and Society in T'ang and Sung China*, edited by Patricia Ebrey and Peter Gregory, pp. 335–63. Honolulu: University of Hawaii Press, 1993.

万斯同,《儒林宗派》, 四库全书版。

王鏊,《守溪笔谈》, 百部丛书集成版, 台北：艺文印书馆, 1966。

王崇古,《公余漫稿》, 出版者不详, 序于1568。缩微胶卷：中国国家图书馆。

——《王鉴川文集》, 见陈子龙编《明经世文编》, 北京：中华书局, 1962。

王德毅,《明人别名字号索引》, 台北：新文丰出版公司, 2000。

王汎森,《历史方法与历史想象：余英时的〈朱熹的历史世界〉》,《中国学术》5.2 (2004): 219–37。

——《晚明清初思想十论》, 上海：复旦大学出版社, 2004。

王鹤鸣等编,《中国谱牒研究》, 上海：上海古籍出版社, 1999。

王鸿,《薛文清公行实录》, 续修四库全书版。 334

王洪瑞、吴宏岐,《明代河南书院的地域分布》, 见《中国历史地理论丛》17.4 (2002.12): 86–102。

王鸿绪,《明史稿》, 台北：文海出版社, 1962。

王祎,《王忠文集》, 四库全书版。

王健,《中国明代思想史》, 北京：人民出版社, 1994。

王教,《中川遗稿》, 四库全书存目丛书版。

王家屏,《复宿山房集》, 山西：民治学社, 1928。

王铭,《山西的自然环境与人口活动》, 见《山西大学学报》(1985.4): 78–86, 45。

汪森,《粤西文载》, 四库全书版。

王尚义、徐宏平,《宋元明清时期山西文人的地理分布及文化发展特点》, 见《山西大学学报》(1988.3): 38–49。

王慎中,《遵岩集》, 四库全书版。

王世贞,《嘉靖以来首辅传》, 四库全书版。

——《弇山堂别集》, 四库全书版。

——《弇州四部稿》, 四库全书版。

王守仁,《王阳明全书》, 台北：正中书局, 1955。

王元林，《关中东部河道变迁对自然环境的影响》，见《中国历史地理论丛》17.1（2002.3）：41−46。

——《明代黄河小北干流河道变迁》，见《中国历史地理论丛》14.2（1999.3）：
335 187−99。

王云五，《明代政治思想史》，台北：台湾“商务印书馆”，1969。

王振芳、吴海丽，《明代山西进士的地域分布特点及其成因》，见《沧桑》（2002.5）：22−24。

Watson, James, "Anthropological Overview: The Development of Chinese Descent Groups." In *Kinship Organization in Late Imperial China: 1000—1940*, edited by Patricia B. Ebrey and James Watson, pp. 274−92. Berkeley: University of California Press, 1986.

Watters, T. *A Guide to the Tablets in a Temple of Confucius*. Shanghai: The American Presbyterian Mission Press, 1879.

魏宗禹，《古代三晋学者对理学的历史贡献》，见《晋阳学刊》（1990.2）：73–78。

——《明初理学与薛瑄思想》，见《运城师专学报》（1986.3）：6−14，27。

——《薛瑄思想特点三论》，见《山西大学学报》（1987.4）：59−64。

——《薛瑄思想与明代理学的发展》，见《孔子研究》（1988.2）：79−86。

——《薛瑄性说简论》，见《运城师专学报》（1990.1）：29-33，61。

Weisfogel, Jaret Wayne. "Confucians, the Shih Class, and the Ming Imperium: Uses of Canonical and Dynastic Authority in Kuan Chih-tao's (1536-1608) Proposal for Following the Men of Former Times to Safeguard Customs (Ts'ung-hsien wei-su i). Ph.D. dissertation, Columbia University, 2002.

温纯，《温恭毅集》，四库全书版。

Wilson, Thomas A. *Genealogy of the Way: The Construction and Uses of the Confucian Tradition in Late Imperial China*. Stanford: Stanford University Press, 1995.

——. "Sacrifice and the Imperial Cult of Confucius." *History of Religions*. Vol. 41, no. 3 (February 2002): 251–87.

Wilson, Thomas A., ed. *On Sacred Grounds: Culture, Society, Politics, and the Formation of the Cult of Confucius*. Cambridge: Harvard University Asia Center, 2002.

吴伯与，《国朝内阁名臣事略》，见《北京图书馆古籍珍本丛刊》，北京：书目文

献出版社，1987。 336

吴宽，《家藏集》，四库全书版。

吴孟谦，《默识天人之际——薛敬轩理学思想探微》，硕士论文，台湾大学，2007。

Wu Pei-Yi 吴百益. *The Confucian's Progress: Autobiographical Writings in Traditional China*. Princeton: Princeton University Press, 1990.

吴与弼，《康斋集》，四库全书版。

吴智和，《明初地方儒学教育体制运作》，见《庆祝王恢教授九秩高寿论文集》，页 83–93，台北：乐学书局，1997。

吴中行，《赐余堂集》，四库全书存目丛书版。

习经，《长乐习先生文集》，四库全书存目丛书补编版，济南：齐鲁书社，1997。

项德桢，《太师杨襄义公年谱》，见《北京图书馆藏珍本年谱丛刊》，册 48，北京：北京图书馆出版社，1999。

项笃寿，《今献备遗》，四库全书版。

谢伟锋，《实用与实行——论薛瑄的治学思想》，见《运城师专学报》(1990.1)：62–67，71。

谢肇淛，《五杂俎》，沈阳：辽宁出版社，2001。

许湝祥，《海宁乡贤录》，出版者不详，1903。

徐纮，《皇明名臣琬琰录》，台北：文海出版社，1970。

徐阶，《世经堂集》，四库全书存目丛书版。

徐乾学，《明史列传》，台北：学生书局，1985。 337

徐显卿，《天远楼集》，四库全书存目丛书补编版。

徐学谟，《归有园稿》，四库全书存目丛书版。

——《徐氏海隅集》，四库全书存目丛书版。

许赞，《松皋集》，出版者不详，序于 1543。重印，内阁文库。台北：汉学研究中心，1990。

徐贞明，《潞水客谈》，丛书集成初编版。

徐梓，《元代书院研究》，北京：社会科学文献出版社，2000。

薛瑄，《敬轩文集》，见杨讷、李晓明编《文渊阁四库全书补遗》，北京：北京图书馆出版社，1997。

——《薛文清公从政录》，丛书集成初编版。

——《薛文清公全书》，北京：中国书店，1985。

——《薛瑄全集》，太原：山西人民出版社，1990。

——《薛子道论》，丛书集成初编版。

——細谷惠志日文导读《読書錄》，京都：明德出版社，1995。

——佐籐仁解题《读书录》，台北：中文出版社，1975。

阎若璩，《潜邱劄记》，四库全书版。

杨博，《大椿堂诗选》，见《天津图书馆孤本秘籍丛书》，北京：中华书局，1999

——蒲坂杨太宰献纳稿，出版者不详，万历年间（1573—1620）。缩微胶卷：中
338 国国家图书馆。

——《杨襄毅公本兵疏议》，续修四库全书版。

——《杨襄毅公文集》，见陈子龙编《明经世文编》，北京：中华书局，1962。

杨鹤、杨嗣昌，《薛文清公年谱》，见《北京图书馆藏珍本年谱丛刊》，册38，北京：北京图书馆出版社，1999。

杨爵，《杨忠介集》，四库全书版。

杨俊民，《杨司农奏疏》，见陈子龙编《明经世文编》，北京：中华书局，1962。

杨慎初，《中国书院文化与建筑》，武汉：湖北教育出版社，2001。

杨希闵，《明薛文清公年谱》，见《北京图书馆藏真本年谱丛刊》册39，北京：北京图书馆出版社，1999。

杨宗礼，《薛瑄对朱熹哲学最高范畴“理”的改造》，见《运城师专学报》（1990.1）：54−59。

——《薛瑄太极论初探》，见《运城师专学报》，（1987.3）：8−13。

姚镆，《东泉文集》，四库全书存目丛书版。

姚之骃，《元明事类钞》，四库全书版。

叶春及，《石洞集》，四库全书版。

于慎行，《谷城山馆文集》，四库全书存目丛书版。

俞宪，《盛明百家诗》，四库全书存目丛书版。

Yu Yingshi 余英时 . “The Intellectual World of Chiao Hung Revisited.” *Ming Studies* 5 (Spring 1988): 24-66.

339 ——《历史与思想》，台北：联经出版事业股份有限公司，1976。

——《论戴震与章学诚》，台北：东大图书公司，1996。

——《宋明理学与政治文化》，桂林：广西师范大学出版社，2006。

——《朱熹的历史世界——宋代士大夫政治文化的研究》，台北：允晨文化实业有限公司，2003。

余有丁，《余文敏公文集》，续修四库全书版。

袁帙，《皇明献实》，台北：文海出版社，1970。

运城师专中文系，《河东史话》，太原：山西人民出版社，1986。

张邦奇，《张文定公觐光楼集》，续修四库全书版。

张岱年，《薛瑄“性天通”的思想境界》，见《运城师专学报》(1990.1)：1–2。

张国祥编，《山西通史》，太原：山西人民出版社，2001。

张海瀛，《修谱宗旨的演变与明代的“亲亲之恩”》，见《晋阳学刊》(1991.6)：22–26。

——《中国大陆家谱收藏与研究概况》，见《山西档案》(1994.2)：35–37。

张瀚，《松窗梦语》，上海：上海古籍出版社，1986。

张居正，《新刻张太岳文集》，续修四库全书版。

张四维编，《名公书判清明集》，续修四库全书版。

——《条麓堂集》，续修四库全书版。

——《张凤盘文集》，见陈子龙编《明经世文编》，北京：中华书局，1962。 340

张仁福，《中国南北文化的反差：韩愈与欧阳修德文化透视》，北京：中国社会科学出版社，2009。

张廷玉，《明史》，北京：中华书局，1997。

张夏，《雒闽渊源录》，续修四库全书版。

Zhang Xin. *Social Transformation in Modern China: The State and Local Elites in Henan, 1900—1937*. Cambridge: Cambridge University Press, 2000.

张英等编，《御定渊鉴类函》，四库全书版。

张元忭，《张阳和文选》，丛书集成初编版。

张载，《张载集》，四部刊要，台北：汉京文化事业有限公司，2004。

张正明，《〈明代山西碑刻选刊〉(35通)》，见王春瑜编《明史论丛》册2，页364–416，兰州：兰州大学出版社，2003。

——《明代重臣王琼〉，《晋阳学刊》(1997.5)：103–108。

张治，《张龙湖先生文集》，四库全书存目丛书版。

张宗舜，《薛瑄在山东论述》，见《齐鲁学刊》（1995.4）：103–5。

赵北耀，《薛瑄学术思想论文集》，太原：山西古籍出版社，1997。

——《薛瑄是一位具有唯物主义倾向的理学家》，见《运城师专学报》（1990.1）：60–61。

赵时春，《浚谷先生集》，四库全书存目丛书版。

赵用光，《苍雪轩全集》，四库禁毁书丛刊版。

341 赵用贤，《松石斋集》，四库禁毁书丛刊版。

郑晓，《今言》，台北：广文书局，1969。

——《吾学编》，续修四库全书版。

中国谱牒研究会，《谱牒学研究》册 1，北京：书目文献出版社，1989。

——《谱牒学研究》册 2，北京：文化艺术出版社，1991。

——《谱牒学研究》册 3，北京：书目文献出版社，1992。

——《谱牒学研究》册 4，北京：书目文献出版社，1995。

真德秀，《西山读书记》，四库全书版。

“中央研究院”历史语言研究所，《明实录》，台北：“中研院”史语所，1962—1966。

周国义、周瑾编，《薛氏家族人物志》，太原：山西人民出版社，1990。

周瑾，《薛瑄论为政之道》，见《运城师专学报》（1990.1）：78–83。

周庆义，《从孟、荀论性说观照薛瑄复性论》，见《运城师专学报》（1989.2）：56–59。

——《薛瑄对朱熹理学的发展》，见《晋阳学刊》（1988.4）：76–80。

——《薛文清是开明代心学于王阳明之前吗？》，见《运城师专学报》（1990.1）：47–53。

——《薛瑄思想初探》，见《运城师专学报》（1986.3）：15–22。

周琦，《东溪日谈录》，四库全书版。

Zhou Qin 周勤. “The Cult of Worthies: Localization and Centralization in Ming Dynasty
342 Jinhua.” *Papers on Chinese History* (Spring 1995): 65–90.

朱大韶，《皇明名臣墓铭》，台北：学生书局，1969。

朱汉民、邓洪波、陈和编，《中国书院》，上海：上海教育出版社，2002。

朱睦㮮，《皇朝中州人物志》，台北：学生书局，1970。

Zhu Xi 朱熹. *Reflections on Things at Hand*. Trans Wing-tsit Chan. New York: Columbia University Press, 1967.

——《近思录》，台北：台湾"商务印书馆"，1980。

——《伊洛渊源录》，四库全书版。

——《朱子全书》，四库全书版。

朱彝尊，《明诗综》，上海：上海古籍出版社，1993。

邹守益，《东廓邹先生文集》，四库全书存目丛书版。

邹元标，《愿学集》，四库全书版。

Zurndofer, Harriet T. *Change and Continuity in Chinese Local History: The Development of Hui-Chou Prefecture 800 to 1800*. Leiden: E. J. Brill, 1989.

——. "Learning, Lineages, and the Locality in Late Imperial China. A Comparative Study of Education in Huichow (Anhwei) and Foochow (Fukien) 1600-1800." *Journal of the Economic and Social History of the Orient* 35.2 (May 1992): 109−144; 35.3 (August 1992): 209−238.

索　引

（条目后面的数字为原书页码，即本书边码。）

A

Academies (private) 书院, 9, 10, 105–08, 115, 116, 196, 200; building 修建, 5, 11, 69, 105,116, 130–34, 142–45, 197–98; Xue Xuan and 薛瑄与, 9, 12, 60, 106, 112–13, 117–19, 131, 144

Affiliations: teacher-student 关系：师承, 11, 60, 198; with intellectual lineage 有学术宗派的, 149.*See also* Intellectual lineage 另见学术宗派

Agnates 父系宗亲, 67, 76–84, 245–6n38

Ancestors 祖先, 9, 66–68, 89–91, 158; and Xue Xuan 与薛瑄, 62–65, 77, 81–87, 98, 197; modern studies on 相关的现代研究, 68, 92

Anfu county 安福县, 69–70, 84

Anthropologists: study of Chinese kinship 人类学家：中国宗族研究, 8, 9, 67–71, 79, 97

Antiquity: and Xue Xuan 古代：与薛瑄, 45, 56, 85, 86, 150, 153; modern studies on 相关的现代研究, 58, 68; efforts to restore 复古的努力, 156

Anyi county 安邑县, 129, 134, 189, 224, 230, 234, 240

Associational mode (of kinship) 平行支派式宗族组织, 67

Authority 权威, 11, 91, 199; of the state 国家的, 14, 59, 134, 197

B

Bai Liangfu 白良辅 (1451 进士), 125, 128, 129, 130, 141

Bai Xinliang 白新良, 115

Baojia 保甲, 5

Bol, Peter K., 包弼德 5, 6, 47, 62, 90, 91, 199

Buddhism 佛教, 21, 35, 46, 162, 167, 179, 181

Burial 墓葬, 9, 95, 84, 120

C

Cao Duan 曹端 (1376—1434), 18, 47, 93–96

Chai Sheng 柴升 (1487 进士), 130–133

Chan, Wing-tsit 陈荣捷, 23

Chang'an 长安, 135–36, 231, 234, 239

Changli county 昌黎县, 125

Chaoyi county 朝邑县, 160, 189

Chen Cong 陈聪, 136

Chen Dace 陈大策, 189

Chen Fei 陈棐, 185

Chen Quan 陈铨, 141, 149, 155

Cheng Hao 程颢 (1032—85), 1, 41, 56

Cheng Yi 程颐 (1033—1107), 1, 21, 41, 59

Cheng brothers 程氏兄弟, 18, 26, 41–47, 111, 114, 174

ChengZhu (tradition of Neo-Confucianism) 程朱（理学传统）, 1, 2, 14, 17, 22, 24, 33–35, 48, 52, 54, 60, 98, 131, 143–46, 153, 166, 168, 171, 181, 195–98

Chu Hung-lam 朱鸿林, 165

Civil service examinations 科举考试, 7, 83, 101, 119, 126, 127, 166, 192; students' attitudes toward 读书人的态度, 6, 10, 39, 142, 197;state's effort on 国家的相关努力, 11, 17, 35; XueXuan's view on 薛瑄的看法, 28, 54, 87, 112, 113,114, 197; and officialdom 与

仕途 , 1, 8, 44,57, 69, 74, 81–85, 91, 101, 108, 109,119, 125, 142, 145, 147–150, 154–58,161, 164–80, 184, 187–92, 197–99
Clans 宗族 , 60–106, 115, 140
Classics 经典 , Confucian 儒家经典 , 11, 36, 38, 54, 94,98–103, 111, 153, 159, 162–168; *FiveClassics*《五经》, 11, 35, 43, 113; *Six Classics*《六经》, 101, 162, 174. *See also Sishu* 另见《四书》
Cohen, Myron, 67, 68, 77, 83
Coherence 理气合一 , 50–61
Collected Sayings on Government《薛文清公从政名言》, 82, 184
Commemorative essays（Xue Xuan）记文（薛瑄）, 107–17, 192, 224
Commercialization 商业化 , 96
Communal consciousness（among literati） 公共群体意识（士人之间）: 5, 7, 197
Communal family 家族 , 94, 95
Community schools 社学 , 131–33, 147
Community compact 乡约 , 8, 9, 58–59
Community（literati）社群（士人）, 90, 93, 124, 142, 144, 171
Community organizations 社会组织 , 13
Confucianism 儒家 , 23, 160, 179. See also *Ru* 另见儒
Confucius 孔子 , 1, 43, 44, 100, 102, 111–14, 145–48, 156–67, 174, 182
Congsi 从祀 , 141, 146, 151, 152, 160, 169, 173
Corporate 合作群体 , 9, 65, 67, 68, 95, 197
Court debate 廷议 , 156, 165, 172–81, 193
Cultivation 修养 , 34, 38, 39, 43, 47, 55, 88, 102, 112, 119, 136, 138, 140, 160
Curriculum 课程 , 6, 10, 35, 42, 111–13, 118, 127, 142, 189

D

Daode（morality）道德 , 157
Daoism 道教 , 162, 167
Dardess, John, 约翰 · 达德斯 92
De Bary, William T., 狄百瑞 2, 3
Degree holders 有科第功名者 , 1, 66, 69, 74, 81, 114, 118, 140, 147, 169
Demographic 人口 , 96, 133
Descendants 后嗣 , 68, 87, 88, 129, 140, 142; of Xue Xuan 薛瑄的 , 9, 62–66, 70–83, 89, 121, 140, 161, 188, 189, 197, 198; studies on 相关的研究 , 63, 67, 90, 92
Ditmanson, Peter, 7, 91, 151
Dong Fang 董芳（1459 举人）, 133
Donglin 东林 , 20, 22, 33
Dong Ling 董龄（1464 进士）, 133
Dong Zhongshu 董仲舒（前 179 – 前 104）, 152, 189
Du Jian 杜渐（1522 举人）, 142
Du Jun 杜骏（生卒年不详）, 141
Dualism 二元 , 13, 40
Dushu Lu《读书录》, *See under* Xue Xuan: works of 见薛瑄的著作

E

Economic conditions 经济条件 , 133, 147; 195; in south China 中国南方的 , 6, 9, 93, 199; of Xue Xuan's family 薛瑄家族的 74, 83, 84, 117; in north China 中国北方的 , 96, 131, 135
Education 教育 , 3, 161, 197; doctrines 学说 , policies 政策 , 6, 130, 143; history of 历史 , 17; position 立场 , 28, 89, 109; apparatus 公器 , 60, 127; philosophy of 思想 , 98, 117, 127; institutions 机构 , 105, 107; activities 活动 , 107, 130 , 134; state system 国家体制 , 109, 112, 133, 197, 200
Elementary Learning《小学》, 43, 54, 111, 113
Elites 精英 , 1, 5, 6, 9, 11, 65–69, 74, 84, 89, 91, 95, 134, 197, 200
Elman, Benjamin, 埃尔曼 192
Emperor: influence on Temple to Confucius and sacrificial rolls 皇帝：对孔庙和祀典的影响 , 147–48, 152–53, 162–63, 171, 193
Emperor Song Lizong 宋理宗皇帝（1205—1264 年在位）161, 193
Emperor Hongwu 洪武皇帝（1368—1398 年在位）, 28
Emperor Chengzu 成祖皇帝（1402—1425 年在位）, 11, 17, 39, 99, 151, 200
Emperor Xuanzong 宣宗皇帝（1426—1435 年在位）27, 28, 99
Emperor Yingzong 英宗皇帝（1436—1449, 1457—1464 年在位）, 29–30, 126, 149, 168
Emperor Daizong 代宗皇帝（1450—1457 年在位）30–31

Emperor Xianzong 宪宗皇帝（1465—87 年在位）149, 158
Emperor Xiaozong 孝宗皇帝（1488—1505 年在位）154-58
Emperor Wuzong（1506—21 年在位），157-58
Emperor Shizong 世宗皇帝（1522—66 年在位），137, 156-58, 161-63, 168, 193
Emperor Longqing 隆庆皇帝（1567—1572 年在位）1, 172-73, 178
Enshrinement 入祀，18, 60, 64, 193, 154; exclusivity 排他性，9, 18, 60, 65, 67, 73, 74, 83; state-sponsored 国家赞助，148-55,168
Complete Works of the Two Chengs, 131
Ercheng quanshu《二程全书》，131

F

Family 家族，89, 92-95, 137, 148; intellectual connection 学术关系，11, 180, 193; of Xue Xuan 薛瑄的，25-28, 64-65, 74, 78-84, 120-21, 149; Zhang Zai's views on 张载的看法，58; Xue Xuan' s views on 薛瑄的看法，58-59, 84-88, 96, 200; Fang Xiaoru's views on 方孝孺的看法，91. See also *Jia* 另见家
Fan Ji 范济（Ruzhou 汝舟，1354 进士），27
Fang Tai 方泰 (1492 举人），33
Fang Xiaoru 方孝孺（1357—1402），10, 11, 14, 17, 90-93
Faure, David, 科大卫 93
Fixed genealogical mode（of kinship）固定的宗法式宗族组织，67-69, 77, 79, 83
Freedman, Maurice, 8, 67
Fu Guang 辅广（生卒年不详），151, 153
Fujian province 福建省，20, 33, 65, 85, 127, 139, 144, 154, 185
Fushan county 福山县，130-31
Fuxing 复性，*see* Restoring Nature
Fuzhou prefecture 抚州府，65, 67, 199

G

Gao Jian 高坚（1474 举人），33
Gao Panlong 高攀龙（1562—1626），21-23, 33
Gao Yi 高仪（1541 进士），180, 181
Gardner, Daniel, 35, 36
Gazettes/gazetteers 方志，90, 99, 123, 124, 128-133, 149
Genealogies 族谱，compilation of 编纂，62-73, 77-96, 200, 223. See also *Xueshi zupu*（Xue Genealogy）另见《薛氏族谱》
Geng Dingxiang 耿定向（1524—96），171, 179, 180
Gentry 士绅，65, 72, 79. *See also Shidafu* (scholar-gentry) 另见士大夫
Government schools 官学，5, 9-12, 17, 27, 61, 89, 98, 104-19, 125, 131-36, 142-46, 182, 197; studentship/students in 生员，72, 79, 81, 102, 118, 128, 133
Great Compendium of Nature and Principle, The《性理大全》，38-40
Great Compendium on Human Nature and Universal Principle, The《性理大全》，11
Great Compendium on the Five Clas-sics, The《五经大全》，11
Great Compendium on the Four Books, The《四书大全》，11
Gu Zhongxu 谷中虚（生卒年不详），184, 185
Guangdong province 广东省，8, 20, 93, 239; circuit office 道署，28
Guangxi province 广西省，127
Guangxin prefecture 广信府，27, 238
Guo Fu 郭郛（1558 举人），139
Guo Xi 郭玺（1480 举人），136

H

Han Ji 韩辑（1565 进士），172-77, 182, 183
Hancheng county 韩城县，33, 122-24, 224, 231, 234, 240
Han Yu 韩愈（768-824），44
Hanlin Academy 翰林院，30, 63, 137, 149, 150. *See also Schools* 另见学校
He Ji 何基（1188—1269），17, 151, 153
He Qiaoyuan 何乔远（1558-1632），104
He Tang 何瑭 (1474—1543），33
Hedong（region）河东（区域），20, 84, 98, 99, 109, 122-130, 140
Hedong School: as an intellectual movement 河东学派：作为学术运动，1, 2, 10-16, 20-24, 33, 97, 98, 100, 105,106, 117-30, 134-44, 148-155, 160, 167, 171, 182, 187-200; tradition of 传统，12, 97, 98, 115, 127, 128,

134, 139, 143, 228−33; network of 网络 , 97, 98, 142, 143
Hefen shiji《河汾诗集》, 183
Hejin county 河津县 , 25, 33, 62−64, 66, 73, 79, 83−84, 94, 100, 108−9, 120−25, 140−41, 154−55, 161, 181, 183−85, 187−89, 224, 229, 234; school, 24;（Xue Xuan 薛瑄）, 34
Henan province 河南省 , 1, 20, 33, 85, 87, 94, 107, 120, 122−25, 130−31, 135, 140−41, 143, 149, 152, 168, 183, 222, 232, 234, 238−39; prefecture 府 , 94, 120−21, 123−24, 183, 190, 232, 234, 238−39
Henei county 河内县 , 28, 33, 107−8, 232, 234
Hengzhou sub-prefecture 横州 , 127
Hu Song 胡松（1503—66）, 185
Hu Zuanzong 胡缵宗（卒于 1560 年）, 33, 184
Huaiqing prefecture 怀庆府 , 123, 232, 234
Huang Gan 黄干 (Huang Zhiqing 黄直卿）（1152—1221）, 17
Huang Zongxi 黄宗羲（1610—1695）, 12, 18−24, 39, 50, 93, 134, 137−40, 196
Huizhou prefecture 惠州府 , 126
Hunpo 魂魄 , 49
Hunyuan sub-prefecture 浑源州 , 137
Huo Tao 霍韬（1487—1540）, 167

I

Identity 身份 , 7, 47, 65, 68, 109, 183
Inclusiveness 包容性 , 65, 80, 132
Important Extracts from the Reading Notes《读书录要语》, 184
Inscriptions 碑文 , 12, 84, 99, 125, 137, 139, 148, 155, 181, 192
Institutions/institutionalization 建制 / 机构化 , 2−6, 10, 59, 95, 105−7, 116, 117, 132, 143; social 社会 , 3, 11, 32, 60, 200; state 国家 , 10−14, 105, 106, 147, 196−99
Intellectual history/historians 思想史 / 思想史学家 , 3, 15, 145, 194; modern studies on 相关的现代研究 , 4; and social history 与社会史 , 15; studies on Ming intellectual history 明代思想史研究 , 17−19, 24, 25, 125, 138, 140. *See also* Social his- tory/historians 另见社会史 / 社会史学家
Intellectual inheritance 学术继承 , 4, 68, 88, 11, 40−45, 56, 82, 90, 127, 137−41, 151, 153, 196
Intellectual lineage 学术宗派 , 9, 10, 11, 17, 18,26−28, 39, 45−60, 69, 70, 88−94, 98, 133, 140−44, 148−53, 160, 192, 197, 198

J

Ji Ren 吉人（1487 进士）, 136
Ji'an prefecture 吉安府 , 69, 92
Jiangsu province 江苏省 , 85, 129, 143−44
Jia, 91. *See also* Family 家族
Jianning prefecture 建宁府 , 28
Jiangzhou sub-prefecture 绛州 , 109, 224
Jin Lüxiang 金履祥（1232—1303）, 17, 151, 153
Jinan prefecture 济南府 , 149, 232, 235, 238
Jing Xu 荆诩 (1447 举人）, 141, 142
Jinhua（Wuzhou）prefecture 金华府（婺州）, 10, 11, 17, 18, 26, 42−47, 60, 88−96, 136, 151, 153, 160, 192, 197−200
Jinjiang county 晋江县 , 33, 239
Jishan county 稷山县 , 33
Jishui county 吉水县 , 69, 84
Judicial Review（Court of）大理寺 , 29, 30, 88, 99
Judicial Review（Office of）大理寺 , 152, 153, 161, 178

K

Kaifeng prefecture 开封府 , 169, 233−34, 238−39
Kaizhou sub-prefecture 开州 , 125−27
Kinship 宗族 , 8, 9, 60, 67, 127; organizations 组织 , 2, 9, 14, 56, 62−71, 75, 77, 84,85, 97; kinsmen 族亲 , 9, 10, 17, 62−68, 77, 84−96, 127, 198 ; practices 实践 , 65−70, 74, 79
Kunshan county 崐山 , 144

L

Laizhou prefecture 莱州府 , 130, 132
Learning of Principle 理学 , 38
Learning, *lixue*, of the principle 理学 , 5, 23, 24, 99, 153, 159, 181; xinxue, of the mind 心学 , 23, 24, 44, 165, 166, 198; *Daoxue*, of the Way 道学 , 6, 26, 45, 57, 58, 100−105, 113, 138,

143, 158, 180; for one's self 为己之学，11, 102, 136; *Zhengxue*, Correct 正学，12–14, 141, 158, 182
Legitimate 正统，23, 42, 43, 96, 167
Li（principle）: versus *qi*（material-force）理：对应气，5, 12, 13, 32, 39, 40, 45–61, 94, 101, 102, 111, 121, 126, 127, 144, 153, 159, 175, 181, 187, 196, 197; unity of 合一，13, 39, 48, 51, 52, 56–58, 196, 197; integration and disintegration 聚散，39, 48–53; priority and posterity 先后，51–53
Li Chang 李昶（1456 举人），129, 134, 135, 141, 142
Li Chenghua 李承华（1547 进士），188
Li Guangdi 李光地（1642—1718），3
Li Jin 李锦（1462 举人），135
Li Lian 李濂（1514 进士），169–71, 193
Li Mengyang 李梦阳（1472—1529），136
Li Shen 李伸（绅）（生卒年不详），149–52, 184–89
Li Ting 李挺（生卒年不详），139
Li Tingji 李廷机（1583 进士），33
Li Xian 李贤（1408—1467），54, 98–105, 123, 126, 130, 131, 150, 155, 170
Li Zhen 李贞（Daheng 大亨，活跃于 1398—1426 年），28
Liangzhi（innate knowledge）良知；54, 137, 174, 175
Lide（establishing morality）立德；164
Ligong（establishing merits）立功，164, 191
Like（Office of Scrutiny for Rites）礼科，152,172
Lin Xiyuan 林希元 (1517 进士)；33
Lineage 宗族，8, 9, 62–84, 90–98, 128, 197, 198
Liu Dingzhi 刘定之（1409—1469），149–60, 170,193
Liu Hongbao 刘弘宝 (1586 进士)，33
Liu Yin 刘因（1249—1293），149–51
Liuzhou prefecture 柳州府，127
Liyan（establishing words）立言，164, 191
Localism 地方意识，4–11, 19, 47–48, 60, 66, 69, 86, 90, 96, 107–9, 118, 119, 123, 134, 142, 146, 154, 170, 171, 188, 196–200; local institutions 地方建制，5, 106, 107; local literati 地方士人，6; local officials 地方官员，6, 189, 197; local elites 地方精英，6, 200; local history 地方史，7, 25, 90, 124, 195, 199; local shrines 地方祠，25, 126, 187, 193; local gentlemen 地方士绅，34, 108, 109; local leadership 地方领导权，59, 68, 92, 96, 197, 200; local defense 地方防卫，65; local lineages 地方宗族，69, 70; local gazettes/gazetteers 方志，90, 99, 124, 128, 149; local government schools 地方官学，115, 134; local administrators 地方行政官员，117, 130–33
Lou Xing 娄性（生卒年不详），151, 152
Lu Jiali 陆嘉鲤（1492 举人），127, 167
Lu Jiuyuan 陆九渊（1139—1193），5, 166, 167, 195–99
Lu Shen 陆深（1477—1544），162, 165
Lu Shiyi 陆世仪（1611—1671），143, 144, 198
Lü Dajun 吕大钧（1031—1082），58
Lü Jing 吕经（1508 进士），136
Lü Kun 吕坤（1536—1618），35
Lü Nan 吕柟（1479—1542），2, 21, 22, 134–39, 144, 145, 187, 200
Lü Qian 吕潜（1546 举人），139
Luo Qinshun 罗钦顺（1465—1574），13, 50, 153
Luo Rufang 罗汝芳（1515—1588），34, 179
Luo Rui 罗睿（1466 进士），133
Luo Zun 雒遵 (1565 进士)，172–6

M

Ma Li 马理（1514 进士），135, 139
Ma Rong 马融（79—166），152, 158, 167
Ma Sanle 马三乐（活跃于 1561—1571 年），172–7
Ma Ziqiang 马自强（1513—1578），182
Maping county 马平县，127
Marriage 婚姻，9, 69, 73, 83, 207–15; patterns of 规律，72–74; inter-marriage 通婚，73, 182; alliances 联盟，74, 197
Master-disciple relationships 师承关系，10–12, 42, 97, 100, 102, 105, 144, 145, 196, 198
Memorial/memorialists 奏疏 / 上疏者，27, 148–78, 184–93, 236–37
Mianchi county 渑池县，94
Mingru xue'an《明儒学案》(Huang Zongxi 黄宗羲），16, 19, 23, 24, 48, 50, 54, 129, 137, 143
Mingru yanxing lu《明儒言行录》（Shen Jia

沈佳）, 24, 129
Ministry of Personnel 吏部 , 27, 99, 100, 125
Ministry of Punishment 刑部 , 30
Ministry of Rites 礼部 , 30, 151–161, 171–82, 193
Ministry of War 兵部 , 151
Mongols 蒙古人 , 7, 29, 30, 31, 43, 158
Mourning, 63, 85; of death, 25, 28, 29, 93, 94, 99, 108, 120, 130, 137
Movements 运动 , intellectual 学术 , 1, 7, 33, 118, 123, 139, 171, 196; social 社会 , 6, 196, 199

N

Naming patterns 命名规律 , in traditional China 传统中国中的 , 70, 75; of the Xues 薛氏一族的 , 72–77, 83, 197, 216–19
National Academy 国子监 , 63, 81, 111, 126, 135, 138, 142, 146, 149, 153, 154, 177, 178, 182, 189; and intellectual transmission of Neo-Confucians 与理学家的学术传承 , and, 1, 2, 10–12, 17, 18, 26, 36, 42–47, 56, 60, 69, 88, 90, 91, 92, 94, 97, 108, 127–36, 142, 151, 153, 160, 167 192, 196–200. *See also* Academies and Schools 另见书院和学校 ; Institutions 建制
Nanning prefecture 南宁府 , 127
Nanyang prefecture 南阳府 , 130, 132–33, 135, 232, 234
Networks 网络 , *see* Social networks 见社会网络 ; Hedong School 河东学派
New Policies 新法（Wang Anshi 王安石）, 5

O

Officialdom 官场 , 25, 83, 88, 89, 93, 96, 112, 197. *See also* Civil service examinations 另见科举考试
Ong Chang Woei 王昌伟 , 7, 58, 134
Orthodoxy 正统（Neo-Confucian 理学家）, 1, 11, 17, 24, 41–43, 99, 140, 147, 157, 158, 163, 166, 174, 191, 199; state-endorsed 国家认可 , 1, 17, 147, 192
Ouyang De 欧阳德（1496—1554）, 166
Ouyang Xiu 欧阳修（1007—1072）, 63, 68

P

Pan Cheng 潘晟 (1541 进士）, 178, 179
Patriline 父系 , 63–67
Pei county 沛县 , 27
Peng Ze 彭泽（1490 进士）, 129, 133
Peterson, Willard, 3, 119
Petitions/petitioners 请愿 / 请愿者 , 94, 172–77, 193
Philosophers 思想家 , 3, 48, 105, 119
Pingding sub-prefecture 平定州 , 207
Pingyang prefecture 平阳府 , 109, 111, 120–23, 137, 139, 141–42, 155, 183, 189, 224, 228, 234, 238–40
Prefaces 序文 , 24, 34, 41, 42, 63–91, 96, 114, 131, 148, 183–92, 200
Printing industry 出版业 , 7, 131, 149, 153, 192
Provinces 省份 , 98, 123, 183
Provincial examination 乡试 , 28, 82, 85, 94, 135, 137, 169
Public interest 公共利益 , 90–93, 134, 143, 144, 156, 169, 177, 178, 189–93, 198, 200
Public opinion/consensus 公议 / 共识 (regarding Xue Xuan's enshrinement 有关薛瑄的从祀), 147– 50, 159, 163, 170–93 *passim* 各处
Puzhou sub-prefecture 蒲州 , 73, 94, 109–13, 120–24, 140, 146, 160, 172, 179–84, 189

Q

Qian Mu 钱穆 , 12, 21, 23
Qiao Yu 乔宇（1464—1531）, 188, 190
Qin'an county 秦安县 , 33, 239
Qingmiao（Green Sprouts）farm-loan program 青苗农贷法 , 5
Qingshui county 清水县 , 134
Qinzhou sub-prefecture 秦州 , 134–35, 239
Qiu Donglu 邱东鲁（1516 举人）, 139
Quan Zuwang 全祖望（1705–1755）, 23
Qufu county 曲阜县 , 207
Quwo county 曲沃县 , 139, 188, 213, 240

R

Record of conduct 行状 , 26, 54, 104, 122, 125
Recorded Conversations 语录 , 35–37, 144, 200
Relatives 亲属 , 179, 190; Xue Xuan's 薛瑄的 ,

38, 65, 81–83, 168; agnatic 父系, 78, 84
Restoring Nature 复性, 11, 12, 32, 34, 55–60, 112–115, 131, 197. See also *Xing* (Nature) 另见性
Renyi (humanness and righteousness) 仁义, 157
Rites 礼, 9, 91, 113, 156, 181
Ru 儒, 20, 24, 147, 187; *zhenru* (True Confucian) 真儒, 146, 148, 152, 157, 158, 170–75, 182, 192; *xianxian* (past worthies) 先贤, 39, 45, 47, 55–60, 101–3, 111, 147, 154, 174, 187; *ruchen* (Confucian officials) 儒臣, 154, 161, 176. *See also* Confucianism 另见儒家; Confucius 孔子

S

Sacrifices 祭祀, 1, 82, 131, 141, 146–58, 163, 165, 169, 173, 175, 181–89; sacrificial rolls 祀典, 1, 47, 66, 141, 142, 146–52, 156, 158, 165–71, 175, 180, 186–93, 198, 238
Sages 圣人, 38, 39, 43–47, 55, 56, 58, 60, 101–3, 111, 150, 156–58, 162, 167, 175, 185, 187
Sanbuxiu (three everlasting deeds) 三不朽, 165
Sanyuan county 三原县, 20, 134, 139
Schneewind, Sarah, 147
Scholar-official 官僚士人, 4, 118
Shidafu (scholar-gentry) 士大夫, 4, 86–92, 96. *See also* Gentry 另见士绅
Shaanxi province 陕西省, 1, 20, 33, 94, 108, 109, 120–24, 128, 129, 134–42, 161, 172, 183, 189
Shang Weichi 尚维持 (1541 进士), 168, 171, 188, 193
Shandong province 山东省, 20, 27, 29, 85, 100, 105, 129, 130, 149, 154
Shanxi province 山西省, 1, 13, 20, 29, 33, 54, 79, 85, 94, 99–101, 108, 109, 115, 120–24, 130–33, 140, 155, 159, 171, 178, 181–87
Shanzhou sub-prefecture 陕州, 120, 152, 183, 238–39
Shao Bao 邵宝 (1460—1527), 143, 144
Shao Yong 邵雍 (1011—1077), 40–42
Shaoyang county 邵阳县, 124, 224
Shen Defu 沈德符 (1578—1642), 182, 183
Shen Jia 沈佳 (1688 进士), 24, 25
Shen Weifan 沈维藩 (生卒年不详), 185
Shi Ying 史瑛 (1478 进士), 33
Shi'er zhe (twelve savants) 十二哲, 146
Shijing (*Book of Poetry*)《诗经》, 142
Shun 舜, 56, 111, 113
Sima Guang 司马光 (1019—1086), 42, 166, 167
Sipei (four correlates) 四配, 146
Sishu (*Four Books*)《四书》, 18, 35, 43, 111–13, 174
Sishu (self-proclaimed followers) 私淑, 161
Sishu daquan《四书大全》, 11
Sishui county 汜水县, 150, 232, 234, 238
Smith, Joanna Handlin, 38
Social networks 社会网络, 3–9, 63–68, 72, 74, 86, 92–97, 117, 124, 131, 195–200. See also under Institutions 另见建制, *under* Movements 运动
Social history/historians 社会史 / 社会史学家, 2–5, 9, 14, 15, 62, 97, 194, 195
Song Jun 宋钧 (1468 举人), 142
Song Lian 宋濂 (1310—1381), 10, 11, 47, 90, 91, 151
Song Zhen 宋震 (1486 举人), 142
Soul 魂魄, 49
State 国家 (-sponsored 赞助, -oriented 以国家为主的取向), 5–7, 33, 56, 65, 107, 147–51, 155, 185, 187, 200; the state apparatus 国家公器, 10, 56, 60, 98, 106, 113, 115, 119, 127, 133, 194; state objectives 国家之意, 112–5. *See also under* Authority 另见权威; Institutions 建制; Orthodoxy 正统
Su Xun 苏洵 (1009—1066), 63, 68
Sun Feng 孙芳 (1492 举人), 133
Sun Qifeng 孙奇逢 (1585—1675), 19, 23, 126
Supreme Ultimate 太极, 41, 46, 47, 150, 157, 258n
Szonyi, Michael, 宋怡明 63–7

T

Taicang county 太仓县, 143
Taihe county 泰和县, 92
Taiyuan prefecture 太原府, 33, 124, 229, 234
Tang Shunzhi 唐顺之 (1507—1560), 162, 167
Tao-t'ung 道统, 18
Temple of the Military 武庙, 181
Temple to Confucius 孔庙, 1, 8, 14, 17, 35, 47,

66, 71, 73, 81, 107–13, 132, 141–49, 154–73, 180, 181, 185–94, 198, 200
Three dynasties 三代 , 91, 111, 114
Ties 关系 , 10, 67, 18, 120, 150, 171, 182
Tomb 墓茔 , 66, 128, 131, 140, 188, 189
Tong'an county 同安县 , 33
Tongzhou sub-prefecture 同州 , 120, 183, 224, 232, 234, 238, 240
Translocalism 跨地方性 , 123, 124
Transmission of the Way 道统 , 11, 13, 18, 32, 40–48, 60, 98, 102, 151–58, 174, 193
Tu Yingjun 屠应埈 (1502–1546) , 163–67

V

Veritable Records《实录》, 25, 148, 149, 159, 169, 172, 193
Volunteerism 公益意识 , 5–11, 106, 196–200

W

Wang Anshi 王安石（1021—1086）, 4, 5, 199
Wang Bi 王弼（226—49）, 152
Wang Bo 王柏（1197—1274）, 17, 151
Wang Fu 王复（生卒年不详）, 141
Wang Guangzu 王光祖（1520 贡生）, 139
Wang Hongru 王鸿儒（1487 进士）, 133
Wang Ji 王畿（1498–1583, prominent direct follower of Wang Yangming 王阳明著名的弟子）, 167
Wang Ji 王畿（1598 进士 , late Ming Fujian scholar 明末福建士人）, 33
Wang Jue 王爵（生卒年不详）, 135
Wang Sheng 王盛（1475 进士）, 105, 121, 123, 141, 142, 174, 187
Wang Shenzhong 王慎中（1509–1559）, 185
Wang Shi 汪禔（生卒年不详）, 33,
Wang Shizhen 王世贞（1526—1590）, 104
Wang Shu 王恕 (1416—1508）, 134
Wang Yangming 王阳明 (Wencheng 文成 , 1472– 1529）, 2, 19–24, 48, 54, 138, 143, 145, 166–68, 171, 172, 180, 181, 186, 191, 198; enshrinement of 的入祀 , 1, 34, 148, 165–171, 186, 283n68; school 学派 , 2, 18–24, 33, 34, 136, 138, 145, 163–67, 171–75, 179–82, 191; tradition 传统 , 18, 20, 23, 48, 98, 106, 136–40, 144, 178–80; teachings of 的学说 , 69, 137, 138
Wang Zhen 王振（eunuch 宦官 , ? —1449）, 25, 29, 30, 104
Wanquan 万泉 , 66
Way（concrete things）器 , 12, 22, 26, 36, 40–45, 51–60, 86, 98–104, 110–15, 138–44, 150–53, 157–165, 170, 174, 175, 179, 181, 186, 187, 193, 197
Wei Chun 魏纯（希文 , 卒于 1426 年）, 27
Wei Jiao 魏校（1483—1543）, 144
Weinan county 渭南县 , 135
Wei Shu 卫述（1450 举人）, 141
Wen 文 (literary works 著作）, 102, 113, 150, 157
Wenxi county 闻喜县 , 185
Wilson, Thomas, 147
Worship 供奉 , 9, 66, 146
Wu Cheng 吴澄（1249—1333）, 17, 47, 137, 152, 156, 189
Wu Ne 吴讷（1372—1457）, 151
Wu Shidao 吴师道（1283—1344）, 47
Wujing daquan《五经大全》, 11
Wuxi county 无锡县 , 144

X

Xia Yan 夏言（1482—1548）, 180
Xi' an（Chang'an 长安）prefecture 西安府 , 109, 120–24, 128, 135–39, 143, 183, 189, 224, 231, 234, 238–40
Xiang Shifang 相世芳（1514 进士）, 189
Xiangfu county 祥符县 , 169
Xiangxian ci（shrines for local wor- thies）乡贤祠 , 154
Xianning county 咸宁县 , 135–39, 184
Xianyou county 仙游县 , 127
Xie Ju 谢琚（1423 举人）, 141, 184
Xie Tinggui 谢庭桂（生卒年不详）, 184
Xiezhou sub-prefecture 解州 , 137, 139, 185
Ximing（Western Inscriptions）《西铭》, 41, 58, 59
Xin'an county 新安县 , 33
Xing（Nature）性 , 32, 36, 40, 41, 45–49, 54–61, 126–28, 157, 179, 181, 186, 187. *See also* Restoring Nature 另见复性
Xinghua prefecture 兴化府 , 127
Xingli daquan《性理大全》, 11

Xingshilu《行实录》, 190
Xingguo county 兴国县, 27
Xingyang county 荥阳县, 25–26, 64
Xinjian county 新建县, 33
Xiong Ji 熊纪（1502 进士）, 133
Xu Heng 许衡（1209—1281）, 7, 18, 26, 43–47, 126, 137–40, 159, 160, 174, 187, 193
Xu Huaiyu 徐怀玉（蕴夫, 1390 举人）, 26, 27
Xu Jie 徐阶（1503—83）, 164–67, 182
Xu Qian 许谦（1270—1337）, 17, 151, 153
Xu Zan 许赞（1473—1548）, 156–64, 170, 171, 185–89, 193
Xue Heng 薛亨（1571 进士）, 33
Xue Ji 薛禨 (Xue Yuanji 薛元吉）, 183–87
Xue Jingzhi 薛敬之（1435–1508）, 135, 136
Xue Kan 薛侃（卒于 1545 年）, 166
Xue Genealogy《薛氏族谱》63–67, 71–81, 89
Xue Xuan 薛瑄, works of 的著作: *Collected Poems*《诗集》, 160, 184, 186; *Collected Works*《文集》, 81, 82, 96, 157, 184–87; *Reading Notes*《读书录》, 13, 14, 21, 25–40, 44, 48–60, 107, 112, 125, 142, 143, 150, 154–57, 160–64, 174, 183–89, 196; *Record of Conduct*《行实录》, 190
Xue Wenqing gong congzheng mingyan《薛文清公从政名言》, 82, 184
Xue Wenqing gong yaoyan《薛文清公要言》, 184
Xue Zhen 薛贞（1355—1452）, 25–28, 64
Xue Zhongyi 薛仲义（？—1419）, 26, 65
Xun Kuang 荀况（？—前 230）, 152

Y

Yan Song 严嵩（1480—1567）, 180
Yan Yuan 颜元（Yen Yuan, 1635—1704）, 35
Yan Yuxi 阎禹锡（1426—1476）, 26, 30, 54, 104, 122–33, 137, 141, 142, 170, 183–86
Yanling county 鄢陵县, 27–28, 185, 232, 234, 239
Yang Bo 杨博（1509—1574）, 160, 178–182
Yang Chen 杨谌（生卒年不详）, 141, 142, 160, 178
Yang Lian 杨廉（1452—1525）, 33, 141, 142, 153–57, 187, 189
Yang Pu 杨溥（1372—1446）, 29
Yang Rong 杨荣（1371—1440）, 29
Yang Run 杨润（1453 举人）, 141
Yang Shiqi 杨士奇（1365—1444）, 29, 91, 92, 96, 151, 197
Yang Xiong 扬雄（前 53—后 18）, 152, 158
Yang Yingzhao 杨应诏（1531 举人）, 139, 140
Yang Zhan 杨瞻（？—1555）, 73, 160, 161, 178, 181, 189, 193
Yangzhou prefecture 扬州府, 28
Yao 尧, 56, 111, 113
Yao Mo 姚镆（1465—1538）, 156–60, 188, 193
Yaojiang 姚江, 10, 24
Yi 意, 46
Meaning 意, 46
Yijing《易经》, 55
Yishi county 猗氏县, 142, 230, 234
Yuan dynasty 元朝（1271—1368）, 2, 7–9, 16–18, 26, 27, 35, 47, 59, 89, 106, 126, 139, 158, 173, 199; Confucians 儒士, 7, 10, 17, 18, 26, 137, 149, 156–59, 168, 174, 192
Yuanshi county 元氏县, 25, 120
Yutian county 玉田县, 26–28

Z

Zhan Ruoshui 湛若水（Ganquan 甘泉, 1466–1560）, 20, 138
Zhang Bangqi 张邦奇（1484—1544）, 167
Zhang Ding 张鼎（1466 进士）, 141, 184
Zhang Jie 张节（？—1582）, 139
Zhang Jiugong 张九功（1478 进士）, 141, 142, 152, 157, 161, 188, 189
Zhang Juzheng 张居正（1525—1582）, 106, 180
Zhang Mao 章懋（1437—1522）, 138
Zhang Pinfu 张聘夫（1564 举人）, 33
Zhang Siwei 张四维（1526—1585）, 179–82
Zhang Zai 张载（1020—1077）, 42, 37, 58, 59, 99, 135, 138; Xue Xuan and 薛瑄与; 37, 40–42, 48, 58, 59, 102, 111, 196
Zhangqiu county 章丘县, 154
Zhao Guang 赵輄（1544 进士）, 171, 175
Zhao Kongzhao 赵孔昭（1537 进士）, 185
Zhao Zhenji 赵贞吉（1508—1576）, 182
Zhejiang（Yue 越）province 浙江省, 10, 17–20, 122, 129, 136, 178–81
Zhen Dexiu 真德秀（1178—1235）, 36

Zhengding prefecture 真定府, 25, 120
Zheng Weixin 郑维新（生卒年不详）, 185
Zhengdao（Orthodox Way）正道, 158
Zhongzheng（the mean and correct-ness）中正, 157
Zhou Dunyi 周敦颐（1017—1073）, 99; Xue Xuan and 薛瑄与, 40-42, 46, 47, 102, 111
Zhou Hongzu 周弘祖（1559 年进士）, 171, 175
Zhou Hui 周蕙（生卒年不详）, 134-6
Zhou Sheng 周胜（生卒年不详）, 141
Zhu Xi 朱熹（Kaoting 考亭, 1130—1200）, 3, 13, 21, 22, 39-43, 47, 94, 99, 102, 126, 137, 151, 160, 174, 187, 191, 192; Xue Xuan and 薛瑄与, 1, 18, 26, 36, 40-53, 60, 94, 111-17, 159, 196; and teachings 与学说, lineage 宗派, 6-11, 18, 35, 41, 42, 50, 51, 140, 195-99
Zidezhi（gaining it for oneself）自得之, 47
Zongfa 宗法, 68, 77, 79, 85
Zou Shouyi 邹守益（1491—1562）, 70, 138, 166, 167
Zou Zhengfang 邹正芳（1609 年举人）, 33
Zu（clan）族, 91
Zu（lineage）族, 84

图书在版编目（CIP）数据

北辙：薛瑄与河东学派/(新加坡)许齐雄著；叶诗诗译.—杭州：浙江大学出版社，2015.12

书名原文: A Northern Alternative: Xue Xuan (1389–1464) and the Hedong School

ISBN 978-7-308-15107-8

Ⅰ.①北… Ⅱ.①许… ②叶… Ⅲ.①薛瑄（1389～1464）—人物研究②理学—研究—中国—明代 Ⅳ.①B248.99②B248.99

中国版本图书馆CIP数据核字（2015）第209478号

北辙：薛瑄与河东学派

[新加坡] 许齐雄 著 叶诗诗 译

责任编辑	王志毅
文字编辑	赵 波
装帧设计	罗 洪
出版发行	浙江大学出版社 （杭州天目山路148号 邮政编码310007） （网址：http:// www.zjupress.com）
制 作	北京大观世纪文化传媒有限公司
印 刷	北京天宇万达印刷有限公司
开 本	635mm×965mm 1/16
印 张	19
字 数	274千
版 印 次	2015年12月第1版 2015年12月第1次印刷
书 号	ISBN 978-7-308-15107-8
定 价	52.00元

浙江大学出版社发行部联系方式：（0571）88925591；http://zjdxcbs.tmall.com

浙江省版权局著作权合同登记图字：11-2015-198